中国住房金融发展报告
（2019）

顾问/李　扬
蔡　真　等/著

社会科学文献出版社
SOCIAL SCIENCES ACADEMIC PRESS (CHINA)

开启住房金融新篇章（代序）

李 扬

由国家金融与发展实验室房地产金融研究中心编写的《中国住房金融发展报告（2019）》（以下称"报告"），终于同读者见面了。这份凝聚了蔡真博士及其团队近一年之心血的报告，全面回顾了中国住房金融的发展历程，概括了中国住房金融的巨大成就，总结了它对国民经济发展的重大贡献，展望了未来我国住房金融发展的前景。这是目前国内有关住房金融最为全面、较为权威的一份研究报告。作为国家级专业金融研究智库，我们将定期出版《中国住房金融发展报告》（年度），同时还将针对市场热点发布专题报告，以期为我国住房金融市场健康发展贡献绵薄之力。

一 警惕房地产市场成为"灰犀牛"

党的十九大报告对住房市场的发展重新做了定位，那就是习近平总书记一句非常平实的话："房子是用来住的，不是用来炒的。"落实这一定位，需要沿着两条线展开工作：一条是落实"住"，就是要建立多主体供给、多渠道保障、租购并举的住房制度；另一条就是抑制"炒"，那就需要建立支持房地产市场可持续发展的长效机制。毫无疑问，这两条线的努力，都离不开有效的房地产金融体系的支撑。

报告的第十章和第十一章，主要围绕第一条发展线索涉及的金融问题展开分析。第十章集中讨论了金融支持住房租赁市场的基本原则，并提出了具体的政策建议，指出，对住房租赁市场的金融支持，应该集中于供给端，而对需求端的支持，则应财政、金融并举且以财政手段为主。在地域配置上，以集中于大城市（更准确地说是特大城市）为宜，等等。第十一章则对金融支持的重要工具 REITs 的海外发展经验进行了总结。

针对第二条线索，报告的第九章对住房金融的风险进行了分析，重点回应了社会各界对房地产泡沫问题的关切。

报告认为：我国住户部门的房贷金融风险整体可控。尽管从房价收入比、租金资本化率等指标的国际比较来看，我国整体和一线城市都处于高位，可明显观察出泡沫，但是，从贷款偿债率指标来看，2018年的5.5%则明显标识着偿债压力较小。究其原因，一方面，在我国房贷大规模发放的年代，房价总体处于历史低位，此后房价上涨，提高了住房的重置价格，客观上对偿债形成"保护"；另一方面，我国居民储蓄率一直较高，拥有足够的金融资源支撑还款。然而，值得注意的是，2016年以来，居民杠杆率的急剧攀升和居民储蓄率随经济下行而开始下降，在减缓房价上升压力的同时，也给未来房地产市场的发展投上了一抹清淡的色彩。

报告同时指出了房地产开发企业蕴含的金融风险。根据对上市房地产企业财务数据的分析，一方面，自实施去杠杆政策以来，它们的资产负债率和杠杆率从未下降；另一方面，尽管这些企业的销售利润率还在上升，但净资产收益率已露下降之疲态，这说明，房地产企业的盈利正在被高额债务侵蚀，这种形势如果持续，极有可能滑入明斯基所定义的"庞氏融资"阶段。

总之，报告的分析显示：在未来，房地产市场可能成为中国经济金融领域最大的"灰犀牛"，其发展趋缓以及金融风险（特别是房地产企业）的"水落石出"，可能成为高悬于中国经济之上的达摩克利斯之剑。对此，我们必须保持高度警觉。

二　房地产金融的证券化趋势

房地产金融的证券化趋势，主要表现在居民个人抵押贷款市场上。如所周知，在物理上，房地产的流动性是极差的。然而，一旦金融因素介入，也就是说，一旦我们基于流动性极差的房地产业，在其上附加足够多的创新金融产品，这个非流动的房地产，便可能在金融上获得足够的流动性。现实发展正是如此。首先，银行针对住房提供抵押贷款，其期限，美国最长可达50年，我国则是30年。长达30～50年的贷款活动出现在银行的资产负债表中，无疑会导致期限错配；倘若住房抵押贷款规模上升到一个显著水平，则会使提供抵押贷款的银行陷入严重的流动性不足风险之中。

开辟抵押贷款的交易市场，是解决问题的途径之一。但是，抵押贷款期限过长、规模过大且非标准化，以至于住房市场有一点风吹草动，市场交易便会停止，流动性风险将立即降临。金融工程的出现，完美地解决了此处的期限错配问题。我们可以把足够规模的抵押贷款聚合在一起，将附着于它们之上的资金流汇聚成一个贷款池。进而，基于"池"中的现金流，对之进行分拆、重组、打包，形成符合要求的新的现金流，然后，以这些现金流为据，发行新的债券（抵押贷款证券），如此，通过这个被称作抵押贷款证券化的一系列操作，住房市场的流动性便奇迹般地提高了。显然，抵押贷款证券化的原理是可以大范围复制和推广的，于是我们就有了各式各样的资产证券化。正是这样一些证券化产品，构成20世纪以来影子银行体系的主体。

当前，中国的个人住房抵押贷款规模已接近26万亿元，四大国有银行资产中，个人住房贷款所占比重均高达30%，占据贷款行业集中度之首。面对如此之巨的贷款规模，流动性的压力不言而喻，大力推行抵押贷款证券化，借以提高流动性，遂成必然选择。

抵押贷款证券化的另一优势是节约资本占用。随着《巴塞尔协议Ⅲ》在中国落地，银行业对资本管理的要求越来越严苛和精细，个人抵押贷款风险高、期限长，在风险管理的框架里，本就属于资本耗用较高的资产，更何况，近年来，伴随着经济下行，银行（尤其是中小银行）不良率上升较快，补充资本金的需求更殷，这也成就了抵押贷款证券化的趋势。

我国抵押贷款证券化的试验始自21世纪初，但是，长期以来，由于贷款余额不大、金融体系储蓄来源充足，加之我国以大陆法系为主的法律环境，客观上难以有效支持证券化的推行，我国抵押贷款证券化的进程一直比较缓慢，只是近年来，随着经济增长从高速转向中高速，随着房地产市场在国民经济中的支柱地位日趋巩固，银行的流动性风险开始凸显，抵押贷款证券化方才有了长足发展。2018年底，RMBS余额7477亿元，已经成为信贷类资产证券化中最大的品种。然而，与个人抵押贷款一级市场近26万亿元的存量相比，抵押贷款的二级市场以及抵押贷款证券化的发展，都还有相当大的潜力。

三 REITs：聚集权益资金、促进金融分享化

近年来，房地产投资信托金（REITs）开始在中国房地产金融领域大行

其道，并展现出很好的发展潜力。REITs 是一种采取公司、基金或信托的组织形式，通过发行股票、受益凭证或其他权益凭证的方式向投资者募集资金，由专业投资管理机构投资和经营可产生收益的房地产来获取租金收益和资本增值，并将绝大部分收益分配给投资者的投资信托基金。

REITs 的直接作用，就是实现了债务资金向权益性资金的转换，在我国直接融资比重一直得不到提高，致使杠杆率不断攀升的背景下，它的发展，对于建立多层次资本市场具有重要意义，值得大力推广。如所周知，长期以来，我国资本市场筹集权益资金的能力较弱，这种发展格局不利于吸引长线资金，不利于降低杠杆率，也助长了我国资本市场的投机氛围。REITs 产品既具有债权产品特征，因为 REITs 管理人每年必须将 90% 以上的投资收益强制分配给投资者；同时还兼具股权产品特征，管理人的主动管理能力会影响 REITs 产品的估值，而投资人也可采取用脚投票的方式买卖 REITs 份额。这种类似于夹层资本但又更偏向于股权的性质，无疑有助于丰富我国资本市场的产品结构，有助于促进多层次资本市场发展。

进一步分析，REITs 的发展，还在房地产金融领域引领了分享化趋势，因为，REITs 投资收益的 90% 以上须分配给投资者，因而，REITs 的份额化发行，势必使更多的投资者分享房地产市场的收益。过去二十多年来，房地产成为收入差距加大和财富分配不均衡的重要工具，而通过 REITs 这一工具将房地产投资大众化，或可为解决这一问题提供一种途径。

我们认为，REITs 将在中国房地产市场上展现出强大的发展活力，首先是因为，它能够更好地满足正在到来的我国房地产市场"存量时代"的金融需求。经过二十多年的发展，我国居民（包括城市和农村）人均住房建筑面积已经大大提升，从人均角度看，40.8 平方米，已经高于俄罗斯，从户均角度看甚至高于德国、荷兰等发达国家，这意味着，我国住宅市场已经进入"存量时代"。开发商过去那种拿地—开发—销售的资金密集型运行模式已不可持续，因为销售端的需求已不再强劲。取而代之的是在城市化不断深化背景下流动人口的住房租赁需求，这种需求在现金流上的特点是额度小、频率高，它与开发商大规模运筹资金模式较难契合，却适合有众多小额投资者共同参与的共享金融的发展。从这一视角看，"租购并举"制度的落地，可能对 REITs 这种金融工具产生巨大的需求。

从更高层次的经济发展视角看，伴随着我国经济逐渐走向后工业化时代，服务业的发展将渐成主导。发达国家的经验显示，服务业的发展离不开两个重要因素，一是专业的人力资本，二是专业的房地产设施。以人力资本为重要载体的服务业，大都是轻资产公司，它们不大有能力专购房地产设施用以经营，大都采取租赁经营的方式；而服务业房地产设施的经营又具有专业性，这就催生了专门的房地产设施管理经营者，它们往往以 REITs 管理人的身份出现，并且行业细分程度极高。运营商业地产类 REITs 的核心，是要找到好的品牌销售商并优化商场的装修程度，REITs 的租金收益与商场的销售收入紧密相连，因而租赁合同条款除了规定一个固定底线外还会按销售收入分成。运营仓储物流类 REITs 的核心是要选取一个综合运输成本最低的位置，同时在分拣、包装设备上进行大量投资，其租赁特点是客户相对稳定，但租金上涨的可能性极低。REITs 资产的专业化特点在金融上的表现就是：投资金额大、回收周期长，这显然适合份额化发行并提供相对稳定回报的金融产品。从美国的情况看，REITs 已经衍生出诸多细分行业，除传统的商业类 REITs、办公类 REITs、公寓类 REITs 之外，还出现了数据中心类 REITs（即管理数据存储中心的 REITs）、生活存储类 REITs（即为居民旧物提供存储空间的 REITs）、学生宿舍类 REITs（这类 REITs 具有典型的季节性特点），如此等等，花样翻新，若非亲眼所见都难以想象。我以为，恰恰是这些专业化 REITs 管理团队促进了相关服务业的发展，从而为金融业的发展提供了新的动力源。

中国经济目前已进入城市化、服务化的阶段，但城市服务设施的专业化管理水平还不高。近年来自称自诩的养老地产概念，认真考察下来，无非还是"卖房子"的老故事，究其根本，还是缺乏服务意识和服务理念。因此，要想进一步提升经济服务化的程度，应针对诸如人口老龄化、少子化的新挑战，进一步构建对房地产设施进行专业化管理的体系。在这方面，发达国家在发展 REITs 方面的经验，可为借鉴。

仔细分析，发展 REITs，还有一重应对房地产泡沫及其严重后果的意义。房地产泡沫破裂后的最大问题是如何筹集资金处理大量不良资产，REITs 份额化发行的特点有利于筹集资金，专业化主动管理的特点有利于盘活资产。纵观世界主要国家的 REITs 发展史，其发展的初衷都包含着处置危机的因素。近期看，次贷危机后美国房地产市场的恢复，REITs 亦有重要贡献。鉴此，发展真正的公募性质的 REITs 产品，在中国已经提上议事议程。

四　要有防控风险的准备

我们看到，传统上最"实体"的房地产市场，如今已开始大规模地金融化。从世界眼光来看，这是一种不可逆转的趋势。

房地产市场的金融化，不可避免会带来新的风险因素，为了有效管理这些风险，我们必须未雨绸缪。管理房地产金融风险千头万绪，最关键的则是如下两条。

第一，金融创新不可过于复杂，新产品的风险要充分揭示，而且要易于理解。2008年美国次贷危机中，所涉贷款的规模自身并不大，却产生如此恶性的影响，重要原因之一，便是产品过于复杂化：其一，结构化分档之后，优先档和劣后档之间的违约相关性并不真实，危机发生前，这一参数都是基于模拟结果得出的，遑论证券化的"平方"以及"立方"了，蕴含的违约风险不清，当然就很难指望提出有针对性的监管和救助措施了；其二，证券化之后，市场并不清楚新的证券交易的网络结构，雷曼的倒闭，正可归因于监管当局对其在做市商中的系统性重要性地位无所了解；其三，市场对移动互联背景下信息传播模式的理解不够深入，这还有待传媒理论的深入研究。

第二，金融创新应置于监管之下。这里需要特别指出的是，脱离监管是美国次贷危机发生的重要原因。危机前，房贷一级市场中前十大次贷放款机构（约占次贷总份额的59%）都不是联邦住房贷款银行系统（FHLBs）的会员，因此脱离了联邦住房金融委员会的监督；二级市场中约20%的抵押支持证券不在联邦住房企业监督办公室（OFHEO）的监管之下，而它们大部分都是次级贷款支持证券。危机后，美国当局采取了扩大次贷支持证券购买比重的紧急措施，对稳定市场发挥了积极的作用。这说明，在提高监管体系有效性的同时，还应当尽可能扩大监管的覆盖范围。

目 录

总报告

第一章　中国住房金融：历史进程、演进逻辑和重大问题／003
  一　中国住房金融发展的巨大贡献／006
  二　中国住房金融的历史和现状／009
  三　中国住房金融发展的三条主线／019
  四　中国住房金融的调控政策及效果／022
  五　中国住房金融发展中的问题／032
  六　未来展望及对策建议／037

市场篇

第二章　个人住房贷款市场／043
  一　个人住房贷款市场总量及结构／044
  二　个人住房贷款利率走势／052
  三　个人住房贷款风险情况／054
  四　2019年个人住房贷款市场展望／061

第三章　房地产开发企业融资市场／063
  一　房地产开发企业主要融资渠道现状／064
  二　房地产开发企业融资成本情况／082
  三　2019年房地产开发企业融资情况展望／086

第四章　住房公积金市场／089

　　一　住房公积金运行情况／090

　　二　当前住房公积金制度存在的问题／097

　　三　住房公积金制度的改革方向／101

第五章　个人住房抵押贷款资产支持证券（RMBS）市场／107

　　一　发展现状／109

　　二　现存问题／127

　　三　发展建议／130

第六章　房地产投资信托基金（REITs）市场／133

　　一　REITs市场的发展历程／134

　　二　境内REITs市场发展现状／137

　　三　目前境内"类REITs"模式问题剖析／145

　　四　发展建议／152

第七章　住房租赁金融市场／157

　　一　住房租赁企业的金融支持／158

　　二　个人租赁及出租住房的金融支持／166

　　三　2019年住房租赁金融市场展望／170

第八章　小众住房金融市场／173

　　一　住房抵押P2P贷款市场／174

　　二　个人住房典当融资市场／177

　　三　个人住房反向抵押贷款市场／179

专题篇

第九章　住房金融风险分析／185

　　一　住户部门住房金融风险分析／187

　　二　房地产开发企业金融风险分析／196

三　房地产市场的系统性风险——基于横向关联的视角 / 203
　　四　对策建议 / 207

第十章　住房租赁市场的金融支持 / 209
　　一　我国发展住房租赁市场的必要性 / 211
　　二　金融支持住房租赁市场发展的国际经验 / 225
　　三　我国金融支持住房租赁市场的问题及对策 / 237

第十一章　境外主要 REITs 市场发展 / 241
　　一　全球 REITs 市场发展情况 / 242
　　二　美国 REITs 市场发展情况 / 244
　　三　日本 REITs 市场发展情况 / 251
　　四　新加坡 REITs 市场发展情况 / 255
　　五　中国香港 REITs 市场发展情况 / 258

总报告

第一章　中国住房金融：历史进程、演进逻辑和重大问题*

- 中国住房金融 20 年的发展可以用"高速"二字来概括。一级市场方面：个人住房贷款余额由 1998 年的 0.07 万亿元上升至 2018 年的 25.75 万亿元，增长了 366.9 倍，年均复合增长率为 36.46%；房地产开发贷款余额由 2004 年的 0.78 万亿元上升至 2018 年的 10.19 万亿元，增长了 12.1 倍，年均复合增长率为 10.20%。二级市场方面：RMBS 余额由 2005 年的 30.17 亿元上升至 2018 年的 7477.61 亿元，增长了 246.8 倍，年均复合增长率为 19.18%；REITs 余额由 2014 年的 96.05 亿元上升至 2018 年的 730.23 亿元，增长了 6.6 倍，年均复合增长率为 66.05%。

- 住房金融的大发展对居民生活条件的改善和经济增长做出了巨大贡献：2016 年中国居民人均住房建筑面积达到 40.8 平方米，人均超过俄罗斯，户均甚至超过德国和荷兰；2016 年房地产投资占固定资产投资的比例达到 42.4%，从房地产投资对 GDP 的贡献率来看，金融危机后保持在 20%，发挥了经济稳增长"压舱石"的作用。中国住房金融的大发展源自三大力量：制度改革、城市化和银行经营转变。

- 中国住房金融的大发展不仅做出了巨大贡献，也形成了房价泡沫。2005 年之前住房金融政策基本以扶持房地产市场发展为主，2005 年之后调控成为主基调。2005 年以来，住房金融经历了四轮调控，其中从紧的调控时间长且见效慢，放松的

---

* 本章作者：蔡真，国家金融与发展实验室房地产金融研究中心主任、高级研究员，中国社会科学院金融研究所金融实验室副主任、副研究员。

调控时间短且见效快，总体而言调控效果不佳。

● 中国住房金融存在三个深层次问题：第一，住房金融支持的方向有失偏颇，表现为"轻租重售"；第二，住房金融性质定位不清晰，经历了从商业性金融主导向政策性金融主导的转变，此后以公积金为主体的制度又被边缘化；第三，住房金融缺乏顶层设计，既没有住房金融相关法律支撑又缺乏专业的监管机构，住房金融的产品结构体系也不尽合理。

● 展望未来，住房金融一级市场的发展将逐渐放缓，这是因为房地产市场已经进入白银时代甚至青铜时代，住房金融二级市场将迎来发展的黄金时期。为使中国住房金融体系更好发展，我们提出"形成多层次住房金融体系，完善住房金融监管架构"的构想。一级市场方面，应形成涵盖低收入、中等收入和高收入群体的三个层次的住房体系并给予相应的金融支持，同时针对一级市场设立专门的监管机构，该机构主要负责房价、租金市场运行监测，房租补贴、房贷首付比例标准制定，房贷压力测试等。二级市场方面，应设立政府支持机构负责住房抵押贷款的发起、担保等工作，从国外经验来看这些工作都是由政策性金融机构承担的，这是由流动性要求和金融稳定的公共物品性质决定的，同时二级市场也需成立监管机构，负责贷款入池标准化、政府支持机构的资本充足率监管、二级市场流动性及利率风险监测等工作。

住房金融，概括地讲就是与住房相关的融资活动，包括住房开发建设中的融资、住房购买或租赁的金融支持以及在住房金融资产基础上进行的转让等。从国际上来看，住房金融在发展初期大多是以合作金融和政策性金融的形式存在的，如1775年英国在伯明翰成立了世界首家住房协会，该协会采用会员制，吸收会员的存款和认购股份，再向会员发放购房或建房的贷款。美国在1929年大萧条之后形成了以联邦国民抵押贷款协会（Federal National Mortgage Association，简称FNMA或Fannie Mae，中文简称"房利美"）和联邦住宅贷款抵押公司（Federal Home Loan Mortgage Corp.，简称Freddie Mac，简称"房地美"，与"房利美"合起来简称"两房"）为核心的住房金融体系。"两房"的主要作用是购买由联邦住宅管理局和退伍军人管理局担保的抵押贷款，并通过证券化的方式将这些贷款出售给债券市场。就国内而言，住房金融在发展初期也具有政策性金融的特质，如1987年成立的烟台住房储蓄银行和蚌埠住房储蓄银行专营住房金融业务，1991年上海借鉴新加坡经验试行住房公积金制度，随后在全国推广。经过20多年的发展，我国住房金融体系已经发生了巨大改变，目前已形成以商业性金融为主导，涵盖个人住房抵押贷款、房地产开发贷款、个人住房抵押贷款资产支持证券（RMBS）、房地产投资信托基金（REITs）、住房租赁金融、住房典当融资等诸多品种的住房金融体系。

本书首次对中国住房金融体系进行全景式描述和分析，包括三部分。第一部分为总报告，主要对中国住房金融发展的历史和现状进行分析，指出发展中的问题并提出对策。第二部分为市场篇，这部分内容从结构上分为三大块：一是与住房建设、购买直接相关的市场，包括个人住房贷款市场、房地产开发企业融资市场、住房公积金市场，我们称之为住房金融一级市场；二是住房金融证券化市场，包括RMBS市场和REITs市场，我们称之为住房金融二级市场；三是由一些新兴品种和小众品种构成的市场，具体包括住房租赁金融市场和小众住房金融市场两章。第三部分为专题篇，2019年的主题集中在两个方面：一是针对住户部门杠杆率上升较快的问题，我们展开住房金融风险分析；二是针对国家"租购并举"的战略，提供《住房租赁市场的金融支持》和《境外主要REITs市场发展》两篇报告，前者对金融支持住房租赁市场进行原则性分析并指出当前问题，后者介绍了住房租赁市场最重要的工具REITs的国外经验。

中国住房金融体系 20 多年发展蔚为壮观，对这段宏大历史我们力求从三个方面展现：第一，成就与贡献，即住房金融深化发展对整个经济和人民生活改善产生的积极效应；第二，推动住房金融发展的政策线索，我们从一级市场和二级市场的诸多方面进行梳理；第三，住房金融发展背后的经济逻辑，中国的改革在初期主要源于强制性的制度变迁，而开放后一些内生因素就会推动诱致性制度变迁。在完成历史回顾后，宏大历史的卷轴仍需展开，然而中国住房金融发展到今天正面临"福兮，祸之所伏"的境地：短期来看，以住房金融为主要手段的调控效果并不理想，长期来看，存在金融支持的导向偏颇以及缺乏维持长效调控机制的政策性机构等问题。

一　中国住房金融发展的巨大贡献

就微观而言，住宅是个人消费中最大金额的耐用品消费，因而居民居住条件的改善离不开个人住房融资的发展，另外，房地产企业的开发过程具有资金规模大、周期长的特点，也离不开金融的支持。就宏观而言，在发展阶段中金融深化可以促进经济增长，戈德史密斯关于金融相关比率的计算证明了这一点。具体到住宅金融，IMF 的《全球金融稳定报告》指出，住户部门杠杆率超过 65% 才会影响金融稳定。自 1998 年住房货币化制度改革以来，住房金融获得了长足发展，亦为居民生活和经济增长做出了巨大贡献。

（一）极大改善居民居住条件

住房市场化改革使居民的住房状况发生了显著的变化。改革开放之初，我国城市人均住宅建筑面积和农村人均住房面积仅为 6.7 平方米和 8.1 平方米；住房市场化改革开始的 1998 年，城市人均住宅建筑面积和农村人均住房面积分别为 18.7 平方米和 23.3 平方米；经过近 20 年的发展，城市居民和农村居民的居住面积几乎翻了一番，2016 年两者分别达到 36.6 平方米和 45.8 平方米，按人口加权后全国居民人均住房建筑面积达到 40.8 平方米（见图 1-1）。从国际比较来看，我国人均居住面积已远远高于俄罗斯，2016 年俄罗斯人均居住面积仅为 24.9 平方米[1]，从户均居住面积看我国甚至高于德国、

1　资料来源：WIND，俄罗斯联邦统计局。

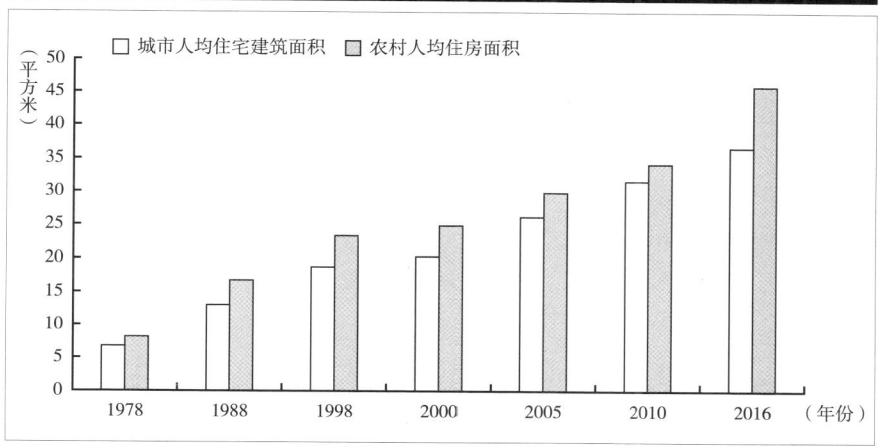

图1-1 城市居民和农村居民居住面积情况

资料来源：WIND，国家统计局。

荷兰[1]。

不仅居民的居住面积大幅提高，与住房相关的生活质量也出现了明显提升：用水普及率由1978年的81%上升至98%以上，燃气普及率由1989年的17.8%上升至2015年的95%，电话普及率从1%（1989年）上升至109%（2015年），电视普及率由68%（1985年）上升至98.9%（2016年），人均公园绿地面积由1.8平方米（1990年）上升至13.45平方米（2016年）。

（二）投资和稳增长的重要力量

人均居住水平的提高离不开房地产业供给侧的投资，1998年房地产业固定资产投资完成额为4697亿元，2016年固定资产投资完成额达到13.53万亿元，经过近20年的发展增长了27.8倍。房地产业不仅自身快速发展，其在整个投资中的作用和地位也越发凸显：1998年房地产业固定资产投资额在固定资产投资总额中的比重仅为16.3%，2016年这一比例上升至42.4%（见图1-2）。在宏观经济中投资是"三驾马车"中的最重要力量，而从以上数据可以看出房地产投资是重中之重。

我们测算了房地产投资对GDP的直接贡献率。自1998年住房市场化

---

[1] 资料来源：网易新闻，http://news.163.com/17/0708/21/CORRRAPO0001875N.html。按户均3.02人计算，我国平均每户家庭的居住面积为123.2平方米，德国家庭和荷兰家庭的平均居住面积分别为109.2平方米和115.5平方米。

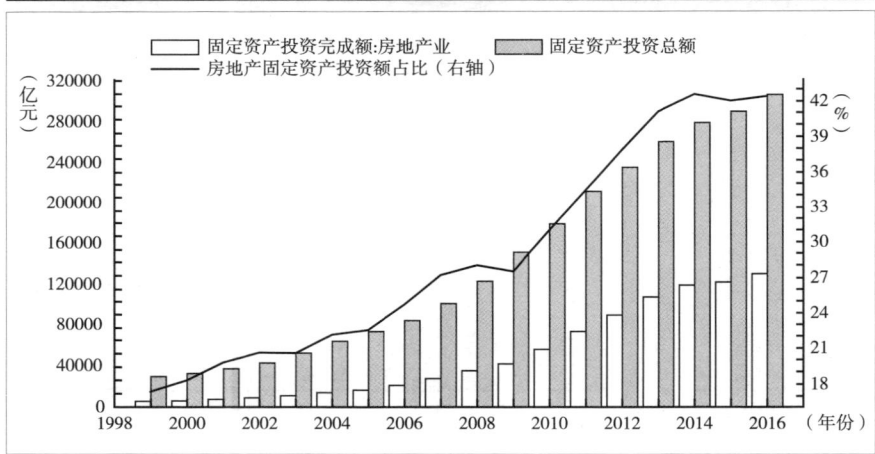

图 1-2 房地产业固定资产投资额

资料来源：WIND，国家统计局。

改革至 21 世纪初，房地产投资对 GDP 的直接贡献率一直保持在 10% 左右；全球金融危机爆发以来，房地产投资的贡献率进一步提升，基本保持在 20% 左右的水平，在 2013 年达到峰值 34.1%（见表 1-1）。全球金融危机后我国经济进入"三期叠加"阶段，面临"硬着陆"的压力，从行业对 GDP 的贡献率数据来看房地产投资发挥了"压舱石"的作用。

表 1-1 房地产投资对 GDP 直接贡献率

年份	房地产投资增量（亿元）	GDP 增量（亿元）	贡献率（%）
1998	595	5481	10.9
1999	562	5369	10.5
2000	888	9716	9.1
2001	1392	10583	13.2
2002	1490	10854	13.7
2003	2075	15705	13.2
2004	3442	24418	14.1
2005	2551	25479	10.0
2006	4488	32120	14.0
2007	7033	50794	13.8
2008	7295	49283	14.8

表 1-1 房地产投资对 GDP 直接贡献率　　　　　　　　　　（续表）

年份	房地产投资增量（亿元）	GDP 增量（亿元）	贡献率（%）
2009	7213	29566	24.4
2010	14505	63949	22.7
2011	18031	76270	23.6
2012	16976	51067	33.2
2013	18740	54877	34.1
2014	12179	48730	25.0
2015	3148	45078	7.0
2016	8578	55075	15.6

资料来源：WIND，国家统计局，国家金融与发展实验室。

二　中国住房金融的历史和现状

（一）住房金融原生品市场的发展历程

1. 第一阶段：住房改革和住房金融业务起步阶段（1978~1987 年）

1978 年党的十一届三中全会之后，我国开始全面实施经济体制改革，住房制度改革是其重要组成部分。1980 年 4 月，邓小平同志提出突破城镇住房公有制、福利制，进行住房制度改革的设想。1980 年 6 月，我国开始进行城镇住房改革试点，国家正式准许居民拥有自己的产权住房，试行住房商品化政策，试点城市开始试行按土建成本向城镇居民全价售房，城镇居民个人可以购买房屋，也可以自建房屋，不但新房子可以出售，老房子也可以出售。1984 年全国建筑业和基本建设管理体制改革座谈会召开以后，6 月《国务院关于改革建筑业和基本建设管理体制若干问题的暂行规定》（〔1984〕123 号）发布，提出要推行住宅商品化，大中城市都要逐步扩大商品化住宅的建设规模，建设周转资金通过建设银行贷款、企业事业单位集资等多种渠道解决。同年 10 月，建设银行发布《关于城市土地开发和商品房贷款问题的通知》，提出在全国范围内开展城市土地开发和商品房贷款业务，并将其作为一项主要业务进行开拓。

1985 年 4 月，建设银行深圳分行借鉴香港住房按揭贷款的方式，向南油集团 85 户"人才房"发放我国第一批个人住房按揭贷款，至此我国个人住房融资业务正式产生。为了更好地推动个人购房制度改革，1987年12月，经中国人民银行批准，烟台和蚌埠成立住房储蓄银行，专营住房金融业务，同时开办商品房经营贷款和个人住房贷款业务。同月，建设银行总行发布《中国人民建设银行住宅储蓄存款和住宅借款试行办法》，在全国范围内试行开办个人住房抵押贷款业务。

2．第二阶段：住房金融体系的初步建立（1988~1997年）

1988年，国务院召开首次全国住房制度改革工作会议，发布《关于全国城镇分期分批推行住房制度改革的实施方案》（国发〔1988〕11号）。这是我国第一个住房改革总体方案，提出配套改革金融体制，调整信贷结构，除烟台、蚌埠已成立住房储蓄银行，其他城市可由当地政府委托银行设立房地产信贷部，专门办理住房生产、消费资金的筹集、融通，以及信贷结算等业务。受经济过热和通货膨胀影响，1989年下半年国家开始紧缩银根，缩减投资计划，房改方案未能全面实施，房地产业开始萧条，房地产金融业务也陷入停滞。1991年，《国务院关于继续积极稳妥地进行城镇住房制度改革的通知》（国发〔1991〕30号）发布，提出分步提租、出售公有住房、集资合作建房、发展住房金融业务等措施，继续推进住房制度改革，住房制度改革进入全面推进阶段。这是国务院文件第一次提出发展住房金融业务，开展个人购房建房储蓄和贷款业务，实行抵押信贷购房制度。1991年，建设银行、工商银行先后成立了房地产信贷部。

1993年之后，我国房地产投资出现局部过热的现象，广东、广西和海南等地出现了较为严重的房地产泡沫，给经济发展带来严重的负面影响；6月中共中央和国务院发布《关于当前经济情况和加强宏观调控的意见》（中发〔1993〕6号，"国16条"），要求各地整顿金融秩序、严控信贷规模、加强房地产市场的宏观管理。1994年，政府实施收紧银根和紧缩财政支出的"双紧政策"，为进一步规范房地产金融业务发展，12月中国人民银行发布《政策性住房信贷业务管理暂行规定》（银发〔1994〕313号），规定蚌埠住房储蓄银行、烟台住房储蓄银行、建设银行、工商银行、农业银行为办理政策性住房信贷业务的指定银行，其他任何金融机构均不得吸收政策性住房资金存款和办理政策性住房信贷业务。

1995年，中国人民银行发布《商业银行自营住房贷款管理暂行规定》（银发〔1995〕220号），对商业银行个人住房贷款和住房开发贷款的借款人资格、借款利率、期限、借款金额等进行初步规范。1996年，工商银行发布《中国工商银行个人购房担保贷款管理试行办法》。1997年，中国人民银行发布我国第一个国家级个人购房抵押贷款部门规章《个人住房担保贷款管理试行办法》，试行办法对个人住房贷款对象、贷款程序、贷款期限和利率、贷款用途、抵押物的抵押及保险、贷款的偿还和回收做出了较具体的规定。随着个人住房信贷政策的出台，商业银行开始全面推行个人住房抵押贷款业务，为我国个人住房抵押贷款的发展掀开了新的一页，我国个人住房消费信贷也逐步有了政策依据。

与此同时，1991年上海借鉴新加坡住房公积金经验率先试行住房公积金制度，1992年《上海市住房制度改革实施方案》正式出台，实施"建立住房公积金、提租补贴、配房买债券、买房给优惠、建立房委会"五位一体的住房制度改革方案。上海住房公积金制度的试行开辟了新的个人住房融资渠道，不仅增加了职工购房资金，而且扩充了建房资金来源，极大缓解了当地职工住房紧张状况。在上海住房公积金制度试点成功之后，北京、天津、辽宁、黑龙江、湖北等地也陆续开始住房公积金试点。1994年在对住房公积金制度试点情况进行考察后，《国务院关于深化城镇住房制度改革的决定》（国发〔1994〕43号）颁布，决定将住房公积金制度作为房改的核心内容之一，在全国普遍建立住房公积金制度，住房公积金制度从试点阶段进入全面推行阶段。

至此，随着政策性住房储蓄银行的设立、商业银行个人住房抵押贷款制度和住房公积金制度的确立，我国个人住房融资业务体系初步建立。

3．第三阶段：住房金融业务的规范化发展（1998~2007年）

1998年5月，中国人民银行对《个人住房担保贷款管理试行办法》进行了修订，发布《个人住房贷款管理办法》，成为规范个人住房消费融资的重要保证。1998年7月，《国务院关于进一步深化城镇住房制度改革加快住房建设的通知》（国发〔1998〕23号）下发，这是我国住房制度改革的转折点，要求1998年下半年开始停止住房实物分配，逐步实行住房分配货币化，建立和完善以经济适用住房为主的多层次城镇住房供应体系，发展住房金融，培育和规范住房交易市场。在发展个人住房融资方面提出扩大个人住房贷款发放范围，所有商业银行在所有城镇均可以发放个人住房贷款；调整住房公积金贷款方向，发展住房公积金贷款和商业银行贷款相结合的组合个人住房贷款；完善住房产权抵押登记制度，发展住房贷款保险。1999年3月，中国人民银行发布《关于鼓励消费贷款的若干意见》，将住房贷款占房价款比例从70%提高到80%，9月，中国人民银行将个人住房贷款的最长期限由20年调整至30年。1999年4月，国务院还出台了《住房公积金管理条例》，用于对住房公积金业务的规范管理，以法律形式规定了缴存住房公积金的职工使用住房公积金的范围、时限、权利和义务，同时明确了住房公积金贷款风险由住房公积金管理中心承担。2001年，《中国人民银行关于规范住房金融业务的通知》发布，要求金融机构规范住房金融业务，防范住房贷款风险，严格审查住房开发贷款发放条件。住房开发贷款对象应为具备房地产开发资质、信用等级较高的房地产开发企业，企业自有资金应不低于开发项目总投资的30%，且必须具备"四证"(《国有土地使用证》、《建设用地规划许可证》、《建设工程规划许可证》和《建设工程施工许可证》)；个人住房贷款首付比例不得低于20%，严禁发放"零首付"的个人住房贷款。2002年5月，《国务院关于进一步加强住房公积金管理的通知》对《住房公积金管理条例》进行修订，进一步扩大了住房公积金的外延，要求完善决策和管理机制、健全监督体系、规范业务管理、加大资金归集和贷款发放力度。2003年8月，《国务院关于促进房地产市场持续健康发展的通知》再一次提出加强住房公积金管理的总体要求，公积金制度进入全面改革完善阶段。

随着住房制度改革深化和住房商品化进程的加快，我国住房融资业务体系也不断规范，这些政策的实施在很大程度上促进了住房融资业务的快速发展。

4. 第四阶段：住房融资体系不断调整和完善（2008年至今）

2008年美国次贷危机的蝴蝶效应引发房地产市场一度陷入萧条，交易量和价格纷纷下降，一些地方的个人住房融资业务也出现负增长现象。为应对金融危机造成的经济困境，国家放松了对利率和信贷规模的管制，2008年10月央行和银监会联合发文，决定将商业银行住房贷款利率的下限扩大为贷款基准利率的0.7倍，最低首付款比例调整为20%，个人住房公积金贷款利率相应下调0.27个百分点。这种房地产优惠政策促使房地产市场迅速回暖，也造成房地产投资日渐白热化，房价重回高位，并快速上涨。房地产泡沫化将给银行带来巨大的金融风险，为此，为抑制房价过高、投资过热的现象，2009年底至今，国家先后出台了"国四条""国十一条""国十条""国五条""新国八条""新国五条""9·30新政""房住不炒"等一系列引导和调控房地产市场的政策。通过"提高首付比例""提高二套房贷利率""停止三套房公积金贷款"对个人住房融资业务进行调整，实行更为严格的差别化住房信贷政策，打压投机、投资性购房，支持自住需求，控制房价进一步上涨，受宏观调控政策的影响，个人住房融资业务增速逐渐放缓。

在此期间，住房公积金管理制度体系也得到不断完善。全国各地以地方性法规、政府规章、政府文件等形式，明确了住房公积金缴存、提取、使用各环节的管理制度，制定了业务操作流程，建立了包括财务制度、统计制度、岗位责任制度、档案制度、审计制度以及考核奖惩制度等内容的内部管理体系。基本形成了以《住房公积金管理条例》为主导、以地方性法规和政府规章为依据、以业务操作规范为基础的多层次制度体系。

（二）住房金融证券化市场的发展历程

1. 个人住房抵押贷款资产支持证券（RMBS）的发展历程

RMBS市场的发展可谓命运多舛，大体上经历了三个阶段。

第一阶段：2005年之前的准备阶段。20世纪90年代，美国的资产证券化快速发展，被认为是金融市场的最重要、最有生命力的金融创新之一；1995年之后，亚洲的日本、韩国等地先后引进资产证券化。中国学术界在20世纪90年代已经关注资产证券化的研究，进入21世纪后，实务界的关注点集中于不良资产证券化的处理，因为四大资产管理公司刚刚从国有银行接手大量不良资产。此时，个人住房抵押贷款并不是大家的关注重点，因为1998年才刚刚进行住房制度改革，基础资产还不具规模，RMBS也就无从谈起。2001年4月，《中华人民共和国信托法》（简称《信托法》）正式出台，为资产证券化扫除法律障碍，成为里程碑式的事件。2003年，华融不良资产信托分层证券化案例成为准资产证券化的典型。

第二阶段：2005~2012年的"石火光阴"阶段。2005年，国家开发银行的"开元"和建设银行的"建元"两只资产支持证券的发行标志着我国真正意义上资产证券化的发端。"开元"和"建元"的试点凸显了决策层的良苦用心：一是在资产选择上，典型的现金流稳定且期限错配问题突出的资产，具有示范意义；二是在发行主体上，具有国家信用背景的政策性银行和最先上市的国有银行,凸显了引导作用。"建元"是我国首个RMBS产品,此后2007年又发行一期。然而,2008年美国次贷危机的爆发影响了中国资产证券化的发展历程,使其直到2012年一直处于停滞状态。

第三阶段:2012年至今的再出发阶段。2012年,中国人民银行会同银监会和财政部出台了《关于进一步扩大信贷资产证券化试点有关事项的通知》,正式重启资产证券化试点。重启后由于对发起机构风险自留比例要求较高,银行积极性并不高,2013年,中国人民银行会同银监会出台了《关于规范信贷资产证券化发起机构风险自留比例的文件》,将原来的"最低档自持规模不低于整个产品的5%"改为"最低档自持规模不低于本身档次的5%"。2014年,银监会出台简化资产证券化备案流程的相关规定,2015年,中国人民银行推动资产证券化实施注册制(见表1-2)。这一系列政策推动着住房贷款二级市场的发展,截至2018年底,RMBS在银行间市场共发行106只,总计规模9416.08亿元,存量余额7477.61亿元。

表1-2 RMBS重要政策及事件梳理

时间	政策出台机构	政策文件	主要内容
2005年3月	中国人民银行 银监会	《信贷资产证券化试点管理办法》	信贷资产证券化试点正式启动,2005年12月,"开元""建元"两只信贷资产支持证券发行
2005年5月	建设部	《关于个人住房抵押贷款证券化涉及的抵押权变更登记有关问题的试行通知》	规定以个人住房抵押贷款证券化为目的设立信托,可以批量办理个人住房抵押权变更登记
2012年5月	中国人民银行 银监会 财政部	《关于进一步扩大信贷资产证券化试点有关事项的通知》	正式重启信贷资产证券化试点,国务院批复500亿元额度
2013年12月	中国人民银行 银监会	《关于规范信贷资产正确化发起机构风险自留比例的文件》	可采取垂直自留方式自留风险,发起机构发行意愿大大增强
2014年11月	银监会	《关于信贷资产证券化备案登记工作流程的通知》	银监会主管的资产证券化项目实施备案制,有效简化了审批流程
2015年4月	中国人民银行	中国人民银行公告〔2015〕第7号	符合条件的机构可以向中国人民银行申请注册,并在注册有效期内自主分期发行信贷资产支持证券

表1-2 RMBS重要政策及事件梳理　　　　　　　　　　　　　　　　　（续表）

时间	政策出台机构	政策文件	主要内容
2015年5月	国务院常务会议	李克强总理谈话内容	新增5000亿元信贷资产证券化试点规模，鼓励一次注册，自主分期发行
2015年5月	中国银行间市场交易商协会	《个人住房抵押贷款资产支持证券信息披露指引（试行）》	在简政放权、提高效率的基础上，更好地保护投资者的合法权益，增强市场透明度
2016年2月	中国人民银行等八部委	《关于金融支持工业稳增长调结构增效益的若干意见》	加快推进住房贷款资产证券化
2016年11月	中国银行间市场交易商协会	《信贷资产支持证券信息披露工作评价规程（试行）》	进一步完善信贷资产支持证券信息披露"事中事后"监管机制，维护投资者合法权益

资料来源：中债资信。转引自中债资信评估有限公司、中国建设银行股份有限公司编著《个人住房抵押贷款证券化的中国实践》，中国金融出版社，2018。

2．房地产投资信托基金（REITs）的发展历程

REITs市场的同样经历了一波三折的过程，大体上也可分为三个阶段。

第一阶段：2007年之前，政策研究和海外探索阶段。2001年《信托法》《产业投资基金管理暂行办法》等法律法规的出台对REITs的发展起到一定的推动作用。2005年末，越秀集团携所辖的广州和上海7处优质物业赴港发行REITs成功，成为我国第一只真正意义上的房地产投资信托基金。REITs的海外上市点燃了国内房地产金融行业的热情，但后续政策转向，《信托投资公司房地产信托业务管理暂行办法（征求意见稿）》《关于加强信托投资公司部分业务风险提示的通知》等文件提高了房地产信贷和房地产信托业务门槛，国家外管局联合多部门发布的《关于规范房地产市场外资准入和管理的意见》也严格限制了境外公司收购内地物业，REITs进程放缓。

第二阶段：2007~2014年，政策再研究和产品破茧而出阶段。2007年"一行三会"联合成立"房地产投资基金专题研究领导小组"，推动REITs的研究工作，但受美国金融危机影响，REITs的实践工作并没有得到实质性推进。2008年12月，《国务院办公厅关于促进房地产市场健康发展的若干意见》，首次在国务院层面将REITs明确为一种拓展企业融资渠道的创新融资方式。2009年，央行和银监会联合拟定了《房地产集合投资信托业务试点管理办法》，提到REITs将由两家监管机构共同监管，明确了中

国REITs的产品结构、投资范围和收益分配等内容，在业务的实质上又向前迈进了一大步。2014年《中国人民银行 中国银行业监督管理委员会关于进一步做好住房金融服务工作的通知》则清晰表述，积极稳妥开展房地产投资信托基金（REITs）试点。2014年5月，"中信启航专项资产管理计划"（简称"中信启航"）成功发行，虽然部分分层产品仍为债权性质，但底层资产为国内优质商业不动产资产的股权权益和经营性现金流，标志着中国通过私募方式成功实现了权益型类REITs产品的破冰。

第三阶段：2014年至今，进一步发展阶段。随着"中信启航"项目的破冰，私募"类REITs"的模式逐渐成为主流的业务模式并在交易所和银行间两个市场发展。2015年6月，"鹏华前海万科REITs"封闭式混合投资基金发行，这是目前国内首个也是唯一面向普通公众发行的大规模投资不动产对应权益的公募基金产品。2017年2月，我国首个银行间"类REITs"——"兴业皖新阅嘉一期"房地产投资信托基金发行（见图1-3）。政策方面，由于房地产政策由"轻租重售"向"租售并举"转变，REITs在多份官方文件中被提及，如《住房城乡建设部关于加快培育和发展住房租赁市场的指导意见》和《关于在人口净流入的大中城市加快发展住房租赁市场

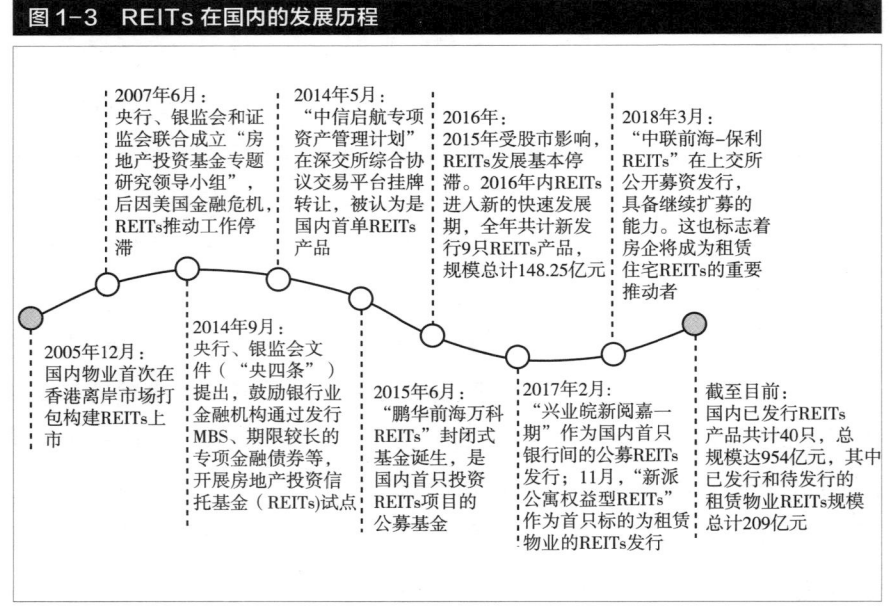

图1-3 REITs在国内的发展历程

资料来源：《中金公司：REITs大门徐徐开启》，新浪财经，2018年4月26日。

的通知》提出积极支持并推动发展房地产投资信托基金（REITs），2018年证监会系统年度工作会议提出研究出台公募 REITs 相关业务细则，支持符合条件的住房租赁、PPP 项目开展资产证券化。

（三）中国住房金融的现状

中国住房金融 20 余年的发展可以用"高速"二字来概括。一级市场方面，个人住房贷款余额由 1998 年的 0.07 万亿元上升至 2018 年的 25.75 万亿元，增长了 366.9 倍，年均复合增长率为 36.46%；房地产开发贷款余额由 2004 年的 0.78 万亿元上升至 2018 年的 10.19 万亿元，增长了 12.1 倍，年均复合增长率为 10.20%（见表 1-3）。横向比较来看，住房金融表现出三个特性。第一，与住房相关的贷款在银行体系中占主导地位，2018 年，仅个人住房贷款（个贷）和房地产开发贷款（开发贷）两项占金融机构总贷款的比例就达到 26.37%，如果考虑保障房建设贷款、公积金贷款、房地产企业并购贷款等其他项目，这一比例将超过 35%。第二，我国的住房金融一级市场是一个以商业性贷款为主体的市场，2018 年商业性贷款（仅包括个贷和开发贷）余额近 36 万亿元，而公积金贷款余额估计仅在万亿元级别。第三，商业性贷款中个人住房贷款又是重中之重，一方面满足了个人购房需求，另一方面对住房供给形成金融支撑。由于我国实行商品房预售制度，开发商在缴足土地出让金、"四证"齐全以及开发资金达到总投资一定比例时就可以向当地房地产管理部门申请《商品房预售许可证》，通过预售获得资金进一步开发项目。根据对房地产开发企业资金来源结构的统计，最大部分是其他资金来源，其中最主要的就是个人按揭贷款，2016 年后其他资金来源所占比例超过 50%（见图 1-4）。

表 1-3 中国主要住房金融产品情况								
年份	个人住房贷款		房地产开发贷款		公积金贷款余额（万亿元）	RMBS		REITs	
	余额（万亿元）	占总贷款的比例（%）	余额（万亿元）	占总贷款的比例（%）		余额（亿元）	占 ABS 的比例（%）	余额（亿元）	占 ABS 的比例（%）
1998	0.07	0.82	—	—	—	—	—	—	—
1999	0.14	1.46	—	—	—	—	—	—	—
2000	0.33	3.34	—	—	—	—	—	—	—

表 1-3　中国主要住房金融产品情况　　　　　　　　　　　　　（续表）

年份	个人住房贷款		房地产开发贷款		公积金贷款余额（万亿元）	RMBS		REITs	
	余额（万亿元）	占总贷款的比例（%）	余额（万亿元）	占总贷款的比例（%）		余额（亿元）	占ABS的比例（%）	余额（亿元）	占ABS的比例（%）
2001	0.56	4.95	—	—	—	—	—	—	—
2002	0.83	6.29	—	—	—	—	—	—	—
2003	1.20	7.55	—	—	—	—	—	—	—
2004	1.60	9.02	0.78	4.40	—	—	—	—	—
2005	1.84	9.45	0.91	4.67	—	30.17	25.52	—	—
2006	2.27	10.08	1.41	6.26	—	21.79	7.22	—	—
2007	3.00	11.46	1.80	6.88	—	21.09	6.39	—	—
2008	2.98	9.82	1.93	6.36	—	42.87	8.70	—	—
2009	4.76	11.91	2.53	6.33	—	29.89	12.76	—	—
2010	6.20	12.94	3.13	6.53	—	22.08	19.73	—	—
2011	7.14	13.03	3.49	6.37	—	17.45	25.45	—	—
2012	7.50	11.91	3.86	6.13	0.56	13.94	4.34	—	—
2013	9.00	12.52	4.60	6.40	0.77	10.64	2.39	—	—
2014	10.60	12.98	5.63	6.89	0.66	69.78	2.24	96.05	3.08
2015	13.10	13.94	6.56	6.98	1.11	353.72	5.39	225.97	3.44
2016	18.00	16.88	7.11	6.67	1.27	1498.18	13.67	341.95	3.12
2017	21.90	18.23	8.30	6.91	0.95	2758.68	14.58	534.71	2.83
2018	25.75	18.89	10.19	7.48	—	7477.61	27.97	730.23	2.73

资料来源：WIND。

二级市场方面，RMBS 余额由 2005 年的 30.17 亿元上升至 2018 年的 7477.61 亿元，增长了 246.8 倍，年均复合增长率为 19.18%；REITs 余额由 2014 年的 96.05 亿元上升至 2018 年的 730.23 亿元，增长了 6.6 倍，年均复合增长率为 66.05%。横向比较来看，RMBS 已成为资产支持证券中最大的品种，占 ABS 的比例达到 27.97%，如果以窄口径的信贷类 ABS 统计，这一比例高达 68.35%。RMBS 在二级市场具有如此重要的地位，其原因是基础资产规模庞大且银行出于集约资本使用的诉求出表动力较强。REITs 所占比例不高，2018 年仅为 2.73%，其原因是税收和公募方面

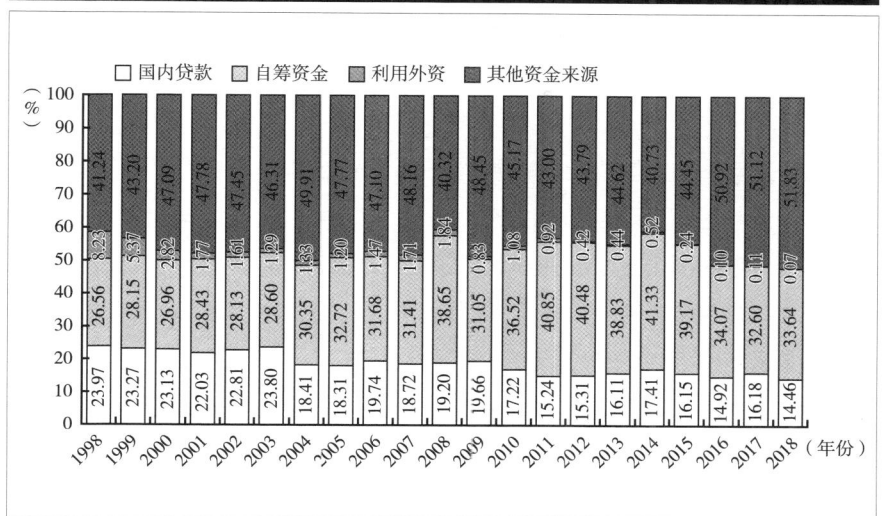

资料来源：WIND。

的诸多制度障碍还有待突破，但由于国家"租售并举"战略的推进，其初期发展较为迅猛。

三　中国住房金融发展的三条主线

（一）制度改革和经济增长的推动

中国住房金融的发展以1998年为分水岭，标志性事件是《国务院关于进一步深化城镇住房制度改革加快住房建设的通知》（国发〔1998〕23号）的出台，该文件要求从1998年下半年开始停止住房实物分配，逐步实行住房分配货币化。

在此之前，尽管决策层希望通过强制性制度变迁推动改革，但因为经济水平和社会环境等因素并没有较大进展。1984年《国务院关于改革建筑业和基本建设管理体制若干问题的暂行规定》提出：大中型城市要逐步扩大商品化住宅的建设，建设周转资金通过建设银行贷款、企业事业单位集资等多种渠道解决，然而在当时"拨改贷"大背景下，资金投向主要是工业企业设备改造。住房消费方面，尽管1985年已经开始发放住房按揭贷款，但在国有企业改革背景下，大量下岗人员面临的是收入和生活问题，住房在没有完全货币化之前并不是他们最迫切的需求。1988年"价格闯关"以及随后的海南房地产泡沫使得国家实行财政和银行信贷双紧的政策，对住房金融商业主导的倾向也进行了一些反思，这也是具有政策性金融属性的住房公积金制度在1992~1994年得以在全国推广的原因之一。

1998年停止住房实物分配的政策出台，开启强制性制度变迁，但各种诱致性因素也已具备，至少包括三个方面。经济方面，20年的改革开放使得民营经济和乡镇企业发展并壮大，轻工业产品和日用消费品已出现一定程度的过剩，居民的消费需求有了向更高层次转移的物质基础。银行体系方面，发生了两件大事：一是国有商业银行上万亿元不良资产剥离，通过外科手术的方式解决了"拨改贷"的历史遗留问题，使得银行可以轻装上阵为重工业化和城市化提供金融服务；二是中央银行的调控由直接调控信贷规模的"切块式"向间接调控货币数量的模式转变，这使得商业银行的经营有了较大自主权。外部环境方面，1998年东南亚金融危机爆发，为应对外部冲击而启动内需，"三驾马车"中房地产投资成为重要抓手。

随后的两个重要事件使得住房金融走上快速发展通道：其一，2001年中国加入WTO，使得过剩产品找到外部出口，而形成的外汇储备构成发钞基础，进一步增强了信用循环；其二，2003年8月《国务院关于促进房地产市场持续健康发展的通知》（国发〔2003〕18号）发布，将房地产业定位为国民经济的支柱产业，并强调了住房市场化的导向。居民的购房热情经过若干年孕育终于爆发，我们统计了1998年以来的住房销售率（住房销售面积除以住房竣工面积），该指标大于1说明市场供不应求，反之说明供大于求。1998~2005年该指标一直小于1，但呈上升趋势；2005年之后该指标就再也没有低于过1，也正是在2005年，中国住房金融的调控框架被基本确定下来。

（二）城市化的推动

住房金融发展的第二条主线是城市化。城市化使得人们向城市聚集，在城市工作生活的一个重要需求是居住，而住房购买作为个人一生中最大一笔消费，自然离不开金融支持。根据"纳瑟姆曲线"对城市化进程的划分：当城市人口占比超过10%即进入城市化的初期阶段，城市人口的增长以自然增长为主；当城市人口占比超过30%则进入城市化加速阶段，城市人口迅猛增长,其中人口迁移占多数;当城市人口占比超过70%则进入城市化后期阶段,城市化进程放缓,以郊区化和形成城市带为主。1998年住房货币化改革之时恰好是我国城市化加速发展的起点,当年城市化率33.35%,2018年我国城市化率达到59.58%,平均每年增加1.31个百分点(见图1-5),而改革开放的1978年至住房制度改革的1998年这20年,城市化率平均每年只增长0.77个百分点。

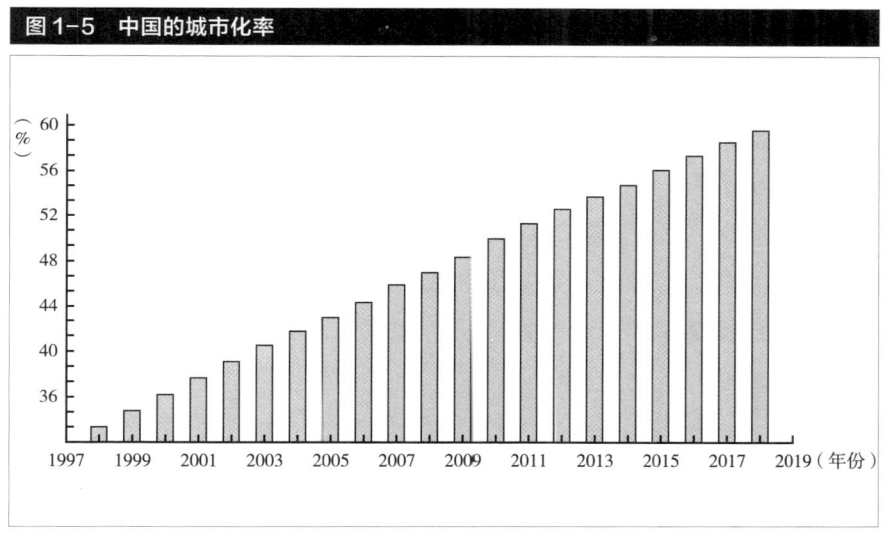

资料来源:WIND。

中国进入城市化加速发展的第二阶段还存在一个分水岭,即2005年。从产业结构变化的角度来讲,一国完成轻工业化之后还需经过重工业化才会真正向后工业化和城市化过渡。2005年之前,学术界存在"中国是否可以跨越重工业化阶段直接进入信息化阶段"的讨论。从三次产业结构变动的数据来看,二次产业增加值占比在2005年之后呈稳步下降趋势,这时重工业化才基本完成;另外,由于城市是人和信息的聚集地,城市化程度越高则服务业占比越大,从这一代表性数据来看,服务业占比在2005年之后呈稳步上升趋势(见图1-6)。经济由后工业化向城市化转型产生了更多的消费贷款需求。人们落脚于城市最大的需求是住房购买或住房租赁,由于住房消费具有大额、长周期特点,自然会产生住房抵押贷款的需求。对应房地产市场,2005年出现了房改以来的首轮房价上涨。

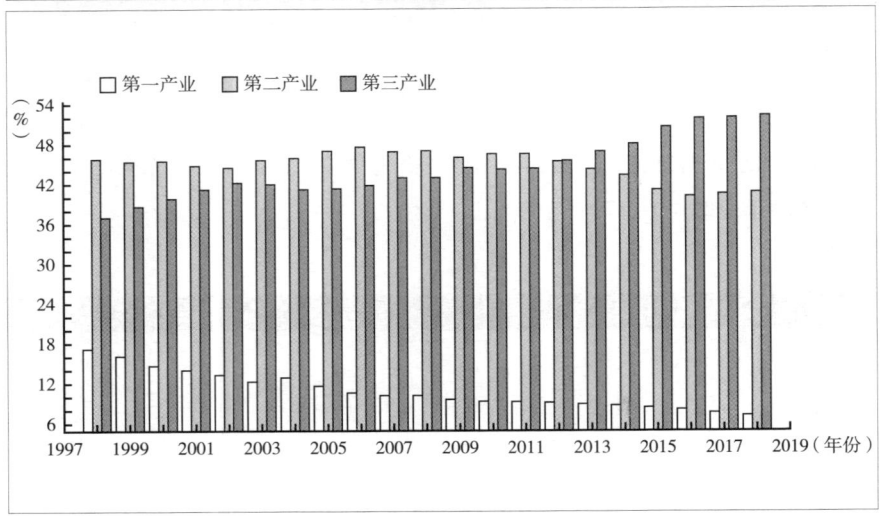

图1-6 中国的三次产业增加值构成

资料来源：WIND。

（三）银行经营模式转变的推动

住房金融发展的第三条主线来自银行自身经营模式的转变，即向零售方向的转变，而这种转型的动力主要来自金融脱媒：在金融脱媒的大背景下，银行资产端传统的批发贷款业务资本市场尤其是债券市场大发展的冲击。大企业尤其是国有企业规模大、信用风险低、财务信息透明，这些优势得到债券市场的青睐，对银行传统批发业务形成挤压。在这种形势下银行不得不转向零售业务，而个人抵押贷款无疑是零售业务中最具价值的：其一，个人抵押贷款是规模较大的零售业务，因而交易成本相对较低；其二，受城市化进程的影响，抵押物价值一直呈上升趋势，风险相对低；其三，通过办理个人抵押贷款可以形成理财、消费贷款、代收费等多种产品的交叉销售格局，综合收益较高。

以上三个方面的力量推动了中国住房金融的大发展，也推高了房价，因此调控（尤其是借助金融手段的调控）一直是房地产市场的焦点议题。

四　中国住房金融的调控政策及效果

2005年之前，住房金融政策基本以扶持房地产市场发展为主，尤其是

2003年房地产业被定位为国民经济的支柱产业之后,迎来超常规发展时期,房地产投资规模迅速提高,住房价格不断攀升。为防范房价过快上涨带来的潜在金融风险,2005年我国真正意义上的第一轮房地产宏观调控启动,随着我国宏观经济形势的不断变化,房地产经历了多轮调控周期。而住房金融政策作为房地产宏观调控的重要工具,也经历了多轮的调整。

(一)第一轮房地产调控中的住房金融政策(2005~2009年)

1. 住房金融政策收紧阶段(2005年~2008年8月)

2005年3月17日,《中国人民银行关于调整商业银行住房信贷政策和超额准备金存款利率的通知》(银发〔2005〕61号)发布,旨在通过提高需求方信贷价格来引导合理住房消费,取消了商业银行自营性个人住房贷款的利率优惠政策,并将利率上限放开,实行下限管理,下限利率水平为相应期限贷款基准利率的90%;同时将住房价格上涨过快地区个人住房贷款最低首付款比例由20%提高至30%。2005年3月26日和5月9日国务院连续发布《国务院办公厅关于切实稳定住房价格的通知》(国办发明电〔2005〕8号,老"国八条")和《国务院办公厅转发建设部等部门关于做好稳定住房价格工作意见的通知》(国办发〔2005〕26号,新"国八条")两份重要文件,提出要加强房地产开发贷款和个人住房贷款的信贷管理,严格控制不合理房地产信贷需求。2005年9月,《中国银行业监督管理委员会办公厅关于加强信托投资公司部分业务风险提示的通知》(银监办发〔2005〕第212号)要求房地产信托贷款的发放必须严格执行项目"四证齐全"、房地产开发企业资质不低于二级、项目资本金比例不低于35%的要求,新增房地产信托贷款规模开始收紧。

2006年6月,《国务院办公厅转发建设部等部门关于调整住房供应结构稳定住房价格意见的通知》(国办发〔2006〕37号,"国六条")提出要发挥信贷的调节作用,住房市场供给端要严格执行房地产开发贷款发放条件,商业银行不得对项目资本金低于35%的房地产企业发放开发贷款,严控展期贷款或任何形式的滚动授信;需求端要执行差别化住房消费信贷政策,对90平方米以下的自住住房仍执行20%的首付款比例,其他个人住房贷款的最低首付款比例提高到30%。在人民币升值和房价上涨预期带动下,国际资本加速进入我国房地产领域,助推了我国住房价格的持续上涨。为限制境外资金流入我国房地产领域，2006年7月住建部发布《关于规范房地产市场外资准入和管理的意见》（建住房〔2006〕171号），9月国家外管局和住建部联合发布《关于规范房地产市场外汇管理有关问题的通知》（汇发〔2006〕第47号），对外商在境内投资开发房地产和境外机构、个人在境内购买房地产做出明确规定，大幅提高了外资进入我国房地产市场的门槛。

虽然两年来，房地产调控政策密集出台，但住房价格上涨的脚步并未停止。2007年，9月发布的《中国人民银行 中国银行业监督管理委员会关于加强商业性房地产信贷管理的通知》（银发〔2007〕359号）、12月发布的《中国人民银行 中国银行业监督管理委员会关于加强商业性房地产信贷管理的补充通知》（银发〔2007〕452号），要求各商业银行要加强房地产信贷管理。2008年1月，中国人民银行和银监会联合发布《经济适用住房开发贷款管理办法》（银发〔2008〕13号），鼓励金融机构加大对经济适用房开发建设的金融支持力度，意图通过提高保障性住房的供给来抑制房价上涨。2008年7月，中国人民银行和银监会联合发布《关于金融促进节约集约用地的通知》（银发〔2008〕214号），要求商业银行严格商业性房地产信贷管理，禁止向房地产开发企业发放用于缴交土地出让价款的贷款；土地储备贷款抵押率最高不得超过评估价值的70%，期限原则上不超过2年；优先支持节地房地产开发项目。

货币政策方面，在本轮调控中，2006年至2008年金融危机爆发前，中国人民银行对金融机构存款准备金率进行了19次上调，将存款准备金率从2006年初的7.5%提高到金融危机爆发前的17.5%；对人民币贷款基准利率进行了8次上调，以5年以上人民币贷款基准利率为例，从2006年初的6.12%提高到金融危机爆发前的7.83%；对个人住房公积金贷款利率进行了7次上调，以5年以上个人住房公积金贷款利率为例，从2006年初的4.23%提高到金融危机爆发前的5.22%。旨在通过收缩银根和提高资金价格来影响房地产开发投资和住房消费。

从政策效果来看，在调控初期，住房价格仍不断上涨。在不断趋紧的住房金融政策影响下，政策的累积作用在2008年初开始显现，表现为全国商品住房销售面积月度累计同比开始由正转负，70城住宅价格指数同比上涨幅度开始下降，房地产开发投资热现象也出现缓解。

2. 住房金融政策放松阶段（2008年9月~2009年11月）

随着2008年9月全球金融危机的爆发，我国经济增速下行压力不断增大。为应对金融危机带来的冲击，发挥房地产作为支柱产业的经济带动作用，房地产调控政策由紧缩转变为扶持。2008年10月22日，《中国人民银行关于扩大商业性个人住房贷款利率下浮幅度有关问题的通知》（银发〔2008〕302号）要求各商业银行自2008年10月27日起将居民首套自住房和改善型自住房的住房款利率下限扩大为贷款基准利率的0.7倍，最低首付款比例调整为20%，同时将个人住房公积金贷款各档次利率下调0.27个百分点。这标志着住房金融政策由收紧转为放松。2008年12月，《国务院办公厅关于促进房地产市场健康发展的若干意见》（国办发〔2008〕131号）提出加大对廉租住房和棚户区改造的投资支持力度，加大对自住型和改善型住房消费的信贷支持，支持房地产开发企业的合理融资需求。为贯彻国务院要求，2009年初，四大国有银行宣布，在2008年10月27日前执行基准利率0.85倍优惠且无不良信用记录的优质客户，原则上均可以享受住房贷款利率的七折优惠。2009年5月，《国务院关于调整固定资产投资项目资本金比例的通知》（国发〔2009〕27号）将保障性住房和普通商品住房项目的最低资本金比例下调至20%，其他房地产开发项目的最低资本金比例下调至30%。

货币政策方面，中国人民银行在2008年9月16日后实施了4次降准和5次降息。

整体来看，为应对金融危机带来的冲击，我国住房金融政策从收紧转变为放松。从政策效果来看，通过降低首付比例、降低个人住房贷款利率、降低房地产开发企业贷款自有资金比例、加大对房地产开发企业信贷支持等措施，伴随宽松的货币政策和政府"四万亿"投资计划的刺激，一年时间内我国住房销售面积、房地产投资和住房价格等均经历了从下降迅速转为上升的深"V"形走势，房地产市场从低迷转为亢奋，住房销售面积和价格均大幅上涨，前期紧缩的房地产调控措施带来的政策效果荡然无存。

（二）第二轮房地产调控中的住房金融政策（2009年12月~2012年）

1. 住房金融政策收紧阶段（2009年12月~2011年）

2009年12月，时任国务院总理温家宝在国务院常务会议上提出"国四条"，标志着房地产市场进入新一轮住房金融政策收紧时期。2010年1月，

《国务院办公厅关于促进房地产市场平稳健康发展的通知》（国办发〔2010〕4号，"国十一条"）要求加大差别化信贷政策执行力度，已利用贷款购买住房又申请二套住房贷款的家庭，其住房贷款最低首付比例提高至40%；加强房地产信贷风险管理，严格房地产项目资本金要求，防范信贷资金违规进入房地产市场。2010年4月，《国务院关于坚决遏制部分城市房价过快上涨的通知》（国发〔2010〕10号，"国十条"）提出实行更为严格的差别化住房信贷政策，购买首套自住房且超过90平方米的家庭，住房贷款首付款比例不得低于30%，贷款购买第二套住房的家庭，住房贷款首付款比例不得低于50%，利率不得低于基准利率的1.1倍；对不能提供1年以上当地纳税证明或社会保险缴纳证明的非本地居民暂停发放住房贷款（限贷）；地方政府可根据实际情况，在一定时期内限定居民家庭购房套数（限购）。2010年5月，住建部与中国人民银行、银监会联合发布《关于规范商业性个人住房贷款中第二套住房认定标准的通知》（建房〔2010〕83号），明确差别化信贷政策中二套房认定标准为既认房又认贷。2010年9月24日，《中国人民银行 中国银行业监督管理委员会关于进一步完善差别化住房信贷政策有关问题的通知》提出在不实施"限购"措施的城市，居民家庭首次购买普通住房的商业性个人住房贷款，最低首付款比例调整为不低于25%。2010年9月30日，《中国人民银行 中国银行业监督管理委员会关于完善差别化住房信贷政策有关问题的通知》（银发〔2010〕275号）要求商业银行将家庭首套住房首付款比例调整到30%及以上；家庭二套住房首付款比例不低于50%，贷款利率不低于基准利率的1.1倍。2011年1月，《国务院办公厅关于进一步做好房地产市场调控工作有关问题的通知》（国办发〔2011〕1号，新"国八条"）将贷款购买第二套住房的最低首付款比例进一步提高到60%。2011年2月，住建部发布《关于调整住房公积金存贷款利率的通知》（建金〔2011〕15号），将5年期以下（含5年）个人住房公积金贷款利率由3.75%上调至4.00%，5年期以上个人住房公积金贷款利率由4.30%上调至4.50%。2011年7月，国务院常务会议要求继续严格实施差别化住房信贷，并将限购政策实施范围扩大到房价上涨过快的二线、三线城市。

货币政策方面，从2010年1月开始，中国人民银行对金融机构存款准备金率进行了11次上调，对贷款基准利率进行了5次上调，货币政策全面趋紧。受上述调控政策影响,住房销售面积增速和住房价格上涨幅度从2010年初开始下降,房地产开发投资同比增速也从2011年4月开始下降,调控政策成效开始显现,房地产步入深度调整时期。

2. 住房金融政策放松阶段（2012年）

2012年,国家层面房地产调控政策进入空窗期,但受前期调控政策影响,市场预期发生转变,土地市场交易冷清,地方政府土地出让金收入大幅下降,部分地方政府开始放松房地产调控政策,主要表现为增加首套住房贷款利率优惠力度和提高住房公积金贷款限额。如2012年2月,南京多家银行首套住房贷款利率回归基准利率;5月,重庆将个人住房公积金贷款最高限额从20万元提高到40万元,家庭住房公积金贷款最高限额从40万元提高到80万元;6月,河南省将家庭购买首套住房贷款利率优惠调整至基准利率下浮30%。

货币政策方面,受欧债危机影响,我国经济又一次面临下行压力,货币政策从前期的收紧转为稳健略宽松。中国人民银行在2月和5月两次下调金融机构存款准备金率0.5个百分点,在6月和7月两次下调金融机构贷款基准利率,并扩大利率浮动区间。

受上述有所放松的住房金融政策影响,房地产市场开始回暖,商品住房销售面积同比增速和住房价格在2012年第二季度开始触底回升,在第四季度开始由负转正,一线、二线热点城市"地王"频现,住房价格暴涨,房地产市场步入新一轮的上行周期。

（三）第三轮房地产调控中的住房金融政策（2013年~2016年9月）

1. 住房金融政策收紧阶段（2013年~2014年8月）

自2013年开始,商品住房销售面积大幅增加,房价持续上涨,迎来了国家层面房地产调控政策的再次收紧。2013年2月20日,国务院常务会议确定了五项加强房地产市场调控的政策措施（"新国五条"）,重申要坚持以限购和限贷为核心的房地产调控政策。"新国五条"的出台,标志着新一轮从紧的住房调控政策同期正式开启。以"新国五条"为基础,2013年3月1日,《国务院办公厅关于继续做好房地产市场调控工作的通知》（国办发〔2013〕17号）要求继续严格实施差别化住房信贷政策,落实好首套住房贷款政策,严格执行二套及以上住房信贷政策。

从政策效果来看，随着各地落实"新国五条"的房地产调控地方版细则持续发布，政策实施力度不断加码，"京七条"、"沪七条"、"深八条"、"穗六条"和"汉七条"等相继出台，商品住房成交面积增速应声回落，累计同比增速断崖式下跌；住房价格环比涨幅开始下落；住房开发投资额累计同比增速也大幅下滑。

2．住房金融政策放松阶段（2014年9月~2016年8月）

2014年，中国经济进入新常态，经济增速步入换挡期，GDP增长率一路下行，中央层面稳增长诉求凸显。而房地产市场受"新国五条"政策影响，2014年第一季度，住房销售面积增速由正转负，三线、四线城市房地产市场库存高企，2014年5月，70城新建商品住宅价格指数出现环比下跌。2014年初，部分地方政府开始逐渐放开限购政策，而央行也要求商业银行优先满足居民家庭首套住房的信贷需求。然而，这些政策的作用非常有限，住房市场仍处于持续下行状态。

为稳增长、去库存和防范住房价格下跌带来的金融风险，2014年9月30日，《中国人民银行 中国银行业监督管理委员会关于进一步做好住房金融服务工作通知》（"9·30新政"）提出放松限贷，将首套住房贷款利率下限下调至基准利率的0.7倍，二套住房认定标准改为只认贷；支持房地产开发企业的合理融资需求，合理配置信贷资源，支持符合条件的房地产开发企业在债券市场发行债务融资工具，稳妥开展房地产投资信托基金（REITs）试点；鼓励商业银行通过发行住房抵押贷款支持证券（MBS）和金融债券融资，增强金融机构个人住房贷款投放能力；将棚户区改造等纳入开发性金融支持范围。这标志着新一轮全国性的住房金融管制放松的开启。2014年10月，《住房城乡建设部 财政部 中国人民银行关于发展住房公积金个人住房贷款业务的通知》（建金〔2014〕148号）要求各地放宽公积金贷款条件，职工连续足额缴存住房公积金6个月（含）以上即可申请住房公积金个人住房贷款，并适度提高首套贷款额度，推进住房公积金异地贷款业务。

2015年3月，《中国人民银行 住房城乡建设部 中国银行业监督管理委员会关于个人住房贷款政策有关问题的通知》（银发〔2015〕98号，"3·30新政"）进一步放松个人住房贷款信贷政策，将二套改善型住房贷款的最低首付比例下调至40%；将住房公积金贷款购买首套住房的最低首付比例下调至 20%，已结清首套住房贷款，申请住房公积金贷款购买二套住房时最低首付款比例下调至 30%。2015 年 6 月，《国务院关于进一步做好城镇棚户区和城乡危房改造及配套基础设施建设有关工作的意见》（国发〔2015〕37 号）首次明确提出积极推进棚改货币化安置，可以通过发行地方政府债券和国开行棚改专项过桥贷款来获得资金支持。2015 年 9 月 30 日，《中国人民银行 中国银行业监督管理委员会关于进一步完善差别化住房信贷政策有关问题的通知》，将不限购城市首套住房商业银行贷款的最低首付款比例进一步下调至 25%。2015 年底的中央经济工作会议将化解房地产库存列为 2016 年五大任务之一，要求取消过时的限制性措施。2016 年 2 月，《中国人民银行 中国银行业监督管理委员会关于调整个人住房贷款政策有关问题的通知》将不限购城市居民家庭首套住房商业银行个人住房贷款最低首付比例下调至 20%，二套个人住房贷款最低首付比例下调至 30%。

货币政策方面，2014 年 11 月以后，中国人民银行进行了 6 次降息和 5 次降准，市场流动性较为充裕，融资成本大幅降低，极大地刺激了房地产投资的增长和住房消费的增长。

从政策效果来看，2014 年"9·30 新政"实施之后，住房金融政策进入新一轮宽松周期，一线、二线城市住房市场率先复苏，住房价格开始回升，70 城住宅价格指数环比降幅开始逐渐缩小，但因三线、四线城市住房市场库存高企，成交低迷，房地产市场整体走势仍然较弱。2015 年，"3·30 新政"、棚改货币化安置政策和中央去库存政策的全面推进，住房市场开始全面复苏。从 2015 年 4 月起，商品住房销售面积大幅增加，住房价格开始上涨。随着个人住房信贷政策、房地产企业融资政策和货币政策的不断放松，三线、四线城市住房市场也全面回暖。这些强有力的救市政策，极大地助长了一线城市和二线热点城市房地产市场泡沫的形成，一线城市和二线热点城市住房价格飙升。

（四）第四轮房地产调控中的住房金融政策（2016 年 9 月~2018 年）

前期宽松的住房金融政策使一线城市和二线热点城市住房价格快速上涨，并呈现一线、二线、三线城市住房价格轮番上行的态势。2016 年 7 月，中央政治局会议首次提及要抑制资产价格泡沫。2016 年 9 月 30 日，北京市住建委等多部门联合发布《关于促进本市房地产市场平稳健康发展的若干措施》，将首套普通自住房的最低首付比例提高到35%，二套住房最低首付比例提高到50%，二套房标准为既认房又认贷；首套非普通自住房首付款最低比例为40%，二套最低70%。紧随其后，10月天津、广州、深圳、南京、合肥、上海等20多个房价上涨过快的热点一线、二线城市相继出台限贷、限购等政策，开启了以因城施策为特点的新一轮住房金融政策紧缩阶段。2016年底的中央经济会议提出"房子是用来住的，不是用来炒的"政策定位，要求运用金融、土地、财税等手段，加快房地产市场长效机制建设，抑制房地产泡沫的同时也要防止房地产市场出现大起大落。

从地方层面调控政策的出台来看，2016年9~11月、2017年3~9月和2018年3~8月这三个调控政策密集出台时期，出台住房调控政策区域从一线城市和二线热点城市扩展到几乎所有一线、二线城市和部分三线、四线城市。

从中央层面住房金融调控政策来看，主要集中在收紧房地产开发企业融资渠道和中性偏紧的货币政策两个方面。2016年11月，银监会发布《关于开展银行业金融机构房地产相关业务专项检查的紧急通知》（银监办便函〔2016〕1846号），对房价上涨过快的热点城市的银行业进行检查，主要内容包括个人住房贷款限贷政策执行情况、房地产开发贷情况、房地产信托合规情况和涉房贷款、理财资金违规流入房地产领域问题等。2016年11月，国家发改委发布《关于企业债券审核落实房地产调控政策的意见》，提出严格限制房地产开发企业发行企业债券融资用于商业性房地产项目（用于保障性住房、棚户区改造、安置性住房项目的除外），房地产开发企业信用债融资渠道开始收紧。2017年5月，银监会发布《2017年信托公司现场检查要点》（银监办便函〔2017〕667号），加强了房地产信托业务的合规性监管，禁止信托资金违规进入房地产市场，导致房地产信托融资渠道开始收紧。2018年4月，国家发改委发布《关于完善市场约束机制严格防范外债风险和地方债务风险的通知》，要求房企境外发债融资主要用于偿还到期债务，限制其流向房地产项目和用于补充房地产开发企业运营资金，海外债券融资渠道也开始收紧。

从政策效果来看，2016年10月之后，随热点城市房地产调控政策的密集出台，房地产成交面积累计同比增速大幅下滑，直到2018年下半年调控政策进入平稳期才重新开始上涨。住房价格方面，热点城市住房价格涨幅逐渐缩小，但三线、四线城市房价出现快速上涨的情形。

（五）房地产调控中住房金融政策效果分析

2005年到2018年底，我国住房市场经历了四轮房地产调控周期。从调控政策目的来看，主要包括促进经济增长、稳定住房价格和防范住房金融风险。当住房价格出现持续快速上涨时，为平抑住房价格和防范住房金融风险，房地产调控政策会转向紧缩；当经济增速下行压力较大或住房价格持续下滑时，为稳定经济增长，房地产调控政策会转向放松。

住房金融政策是房地产调控政策最重要的组成部分，主要包括个人住房贷款信贷政策（主要内容为首付比例、商业银行住房贷款利率、住房公积金贷款额度、住房公积金贷款利率、利率优惠等）、房地产开发企业融资政策（主要内容为房地产开发项目自有资金比例要求及房地产开发贷款、并购贷款、信用债发行、信托贷款、REITs等融资政策）和货币政策（主要内容为调整金融机构存款准备金率和基准贷款利率）。个人住房贷款信贷政策可以从需求端直接影响居民的住房消费；房地产开发企业融资政策可以影响房地产业的投资规模，从而间接影响住房市场的供给；货币政策可以调节货币市场流动性，影响资金的价格，间接影响住房消费和供给。

从几轮房地产调控中的住房金融政策效果来看，基本遵循"住房金融政策—住房销售情况—住房价格—房地产投资规模"的路径来影响住房市场。住房销售面积对住房金融政策的反应最快，基本上没有时滞，政策出台直接对住房销售面积累计同比增速产生明显的影响。在住房金融政策紧缩阶段，住房销售面积累计同比增速下滑，随着后续政策出台和政策效果的累积，住房销售面积可能会出现大幅下滑；在住房金融政策放松阶段，住房销售面积累计同比增速会快速上升，销售市场很快变得火热。住房价格对住房金融政策的反应存在政策时滞，一般滞后两个月左右。在住房金融政策紧缩阶段，住房价格在之后两个月左右会出现环比增速下滑，随着后续政策的出台和政策效果的累积，住房价格可能会阶段性见顶回落；在住房金融政策放松阶段，住房价格环比增速会快速上升，住房价格也会快速上涨。但从几轮房地产调控期间我国70个大中城市新建商品住宅价格指数环比增速的月度数据来看，绝大部分时间均为正，表明虽然进行了多轮房地产调控，但政策只能对短期住房价格增速产生影响，整体来看我国主要大中城市住房价格仍不断上升，住房价格越调控越高。房地产投资对住房金融政策的反应存在较明显的时滞，时间一般为半年以上。在住房金融政策紧缩阶段，房地产投资的政策时滞相对较长，一般只有在房地产调控导致住房销售面积和住房价格同比增速均出现较大幅度下滑，整个住房市场预期出现实质性的转变时，房地产开发企业才开始逐渐缩小房地产投资规模，房地产投资完成额累计同比增速才会逐渐下降；在住房金融放松阶段，房地产投资的政策时滞相对较短，当住房销售面积和住房价格出现快速上涨时，房地产开发企业对住房市场预期明显转好，房地产投资增速会快速上升，土地拍卖市场"地王"频现（见图1-7）。

住房金融政策是影响住房市场短期运行趋势的重要因素，但从紧的调控见效慢，放松的调控则见效快，总体而言调控效果不佳。从长期来看，提高住房供给水平和供给结构，抑制住房投资投机需求，改革住房供给、土地供给、住房金融、房地产税收等基础性制度，构建房地产长效机制，才是促进房地产市场平稳健康发展的根本之道。

五 中国住房金融发展中的问题

调控的效果不佳表面上看是政策的问题，我们应探讨其深层次的原因。

（一）住房金融支持的方向有失偏颇

住房金融支持方向有失偏颇主要表现在"轻租重售"。尽管许多发达国家都将提高住房自有率作为住房政策的目标，但实际上依然有许多人难以进入住房购买市场。这些国家对住房租赁市场也给予配套金融支持措施，如美国发达的REITs市场、低于市场利率的债务基金（below-market debt funds）等，英国的PPP融资模式、政策性贷款等。从实践层面看，我国缺少这一类针对住房租赁市场的金融工具。

金融过度支持住房购买市场产生如下问题。

第一，容易产生房地产泡沫。住宅作为商品兼具消费品和投资品的属性，而投资品的属性主要附着于住宅的土地之上。土地的收益来自地租，住

图1-7 住房金融政策出台节点与住房市场走势情况

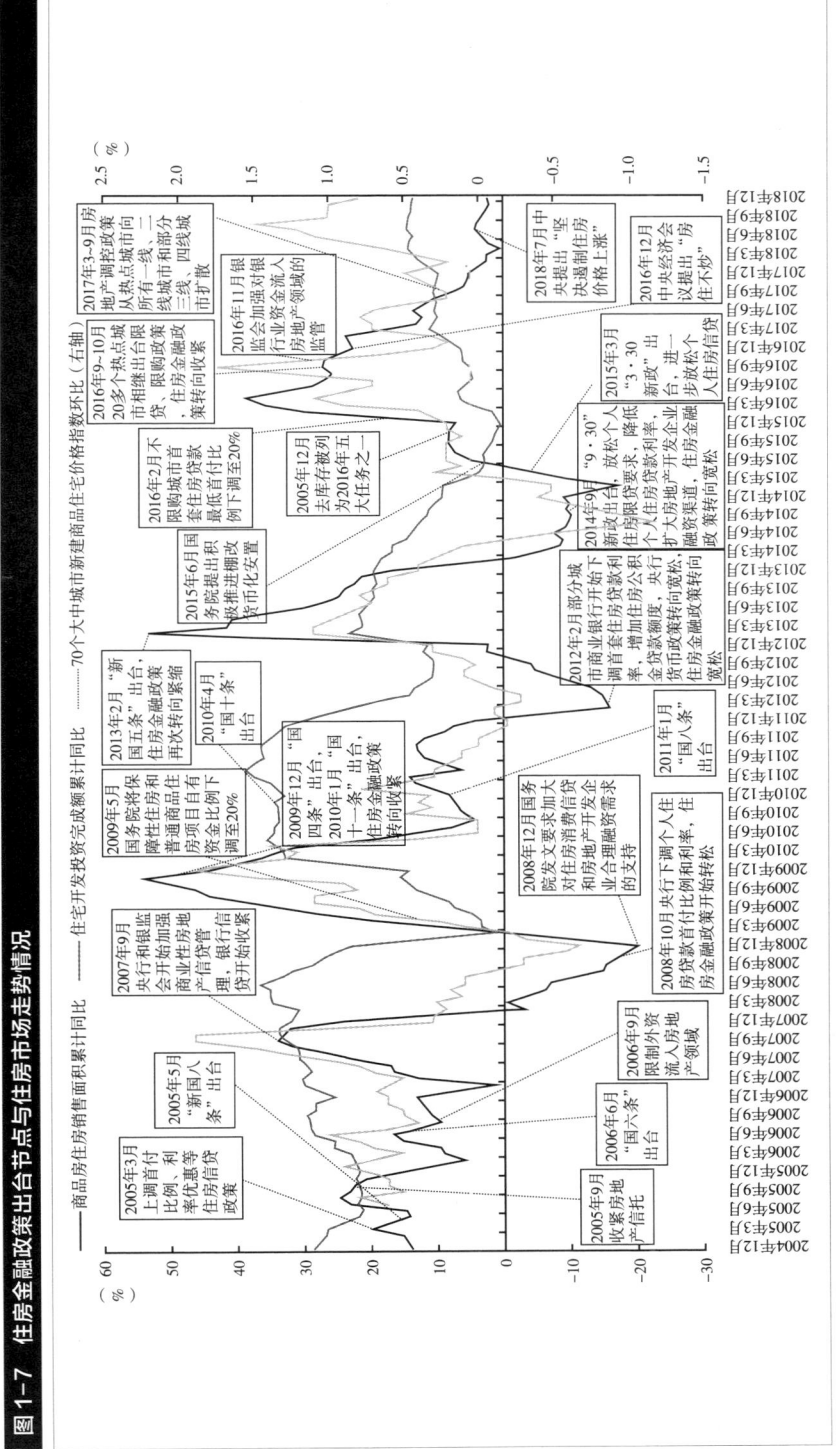

资料来源：WIND，根据政府网站的政策信息整理。

房价值主要部分是地租的长期贴现。由于贴现时期较长,自然存在评估不准确的问题,市场评估的结果很容易受预期的影响,过度强调住房购买容易刺激上涨预期,形成资产价格泡沫。尤其在土地财政背景下,公众形成了"地方政府不能容忍房价下跌"的"信仰",这种"信仰"也是调控屡次失败的重要原因。

第二,泡沫破裂会危及银行体系稳定。由于住房购置资金规模大,要实现成功购买必然离不开金融的跨期资源配置功能,而这些资金主要来自银行。在房地产繁荣时期,银行杠杆起到助推泡沫的作用;而在房地产衰退时期,杠杆资金会受到清算,甚至在金融加速器的作用下进行清算。从发达国家的教训来看,泡沫对银行体系的危害是极其严重的。在1989年日本泡沫经济中,由于大量企业以土地抵押向银行借贷,企业倒闭导致银行损失惨重,根据瑞穗证券的统计,1992~2004年,日本银行业累计利润86.4万亿日元,坏账处理损失累计额96.4万亿日元,净损失10万亿日元。其间日本企业和银行处理泡沫经济的成本约208万亿日元,年均处理成本占GDP的比重高达3.5%。美国次贷危机爆发后,2007~2016年美国银行业破产达到523家,远远超过大萧条时期。由于金融创新的链条过长以及机构之间的跨境持有,这次由房地产泡沫以及金融过度创新导致的危机造成世界范围的巨大损失。

第三,容易导致住房市场的"棘轮效应",原因是私有住房家庭和公共租赁住房家庭之间日益加大的差距。社会尽管是由不同群体构成的,但它们之间并非隔着铜墙铁壁,租房者和买房者在房屋保有权(居住的稳定性以及平等的受教育权)上的差距使前者产生强烈的被剥夺感,伴随资产价格的快速上升,财富的差距造成收入再分配的不公,甚至使租房者产生仇视感。从动态的视角看,那些低收入家庭为了获得有保障的房屋保有权,不得不高负债进入私有住房市场。随着更大比例的边缘化家庭进入市场,私有住房市场对于经济的波动越来越敏感,使得住房过剩和短缺之间的振荡越来越剧烈,在经济衰退期造成更高的按揭违约率。

(二)住房金融性质定位并不清晰

我国住房金融的性质定位经历了较为曲折的过程。20世纪80年代,在改革开放大背景下住房金融的定位是商业性主导,但受海南房地产泡沫的影响,这一导向很快转变;90年代上海学习新加坡住房公积金的经验在全国推广,然而由于地域广以及城乡二元结构等原因,中国的公积金制度没有形成全国统筹的强制性储蓄制度,在实践中反而产生了马太效应,导致社会收入分配差距的拉大。进入21世纪,随着房地产行业被定位为国民经济支柱产业,居民购房意识增强,再加上次贷危机后总需求刺激政策等,住房金融已形成商业主导的格局。

然而即使在发达国家,住房金融也明显具有政策性金融的性质。以日本为例,70%以下家庭被划为中低收入家庭,其住房问题主要由政府帮助解决,手段是由住宅金融公库向中等收入人群提供低息贷款或由住宅整备公团向低收入人群提供廉租房,这两家机构都是政府全额出资机构,可以获得财政低息贷款,政府也对这两家机构的运行实行补贴制度。2007年,住宅金融公库改组为住宅金融支援机构,主要业务转型为发行住房抵押贷款债券并提供债券发行担保,并承担住房一级市场的贷款保险职责,从其业务上看依然具有政策性金融属性。关于美国的住房金融业务,虽然人们普遍认为具有商业性金融特征,实际上很大程度上是政策性金融业务。一级市场方面,联邦住房管理局和退伍军人管理局对合规购房人提供贷款保险服务;二级市场方面,吉利美为合规贷款证券化提供担保,房地美和房利美为普通贷款证券化提供担保,这三家机构都是政府支持机构(Government Sponsored Enterprise,GSE),其在经营目标、治理结构和经营活动中都受联邦政府的影响,而2007年这三家机构在RMBS市场的份额达到80%。

从理论视角看,住房金融问题具有市场机制和政府干预的双重属性。首先,市场在解决住房金融问题中具有基础地位,这是改革开放40年经验证实的规律,党的十八届三中全会指出,要使市场在资源配置中发挥决定性作用,这是对市场价格发现作用的肯定。其次,住房金融需要政府干预主要表现在两个方面:一方面,住房问题若不能很好解决会引起社会不稳定,因此住房问题具有公共属性,与住房相关的住房金融产品金额大、期限长,对于部分人群来说存在金融不可得的问题,因此需要政策性金融的介入;另一方面,当住房金融市场发展壮大后,它与房地产市场的顺周期性以及与其他市场的高度关联特征使其成为系统性风险的重要源头,而我们从危机中汲取的重要教训是加强宏观审慎监管。

（三）住房金融缺乏顶层设计

住房是重大民生问题，住房金融又涉及系统性风险，从发达国家经验来看，住房金融通过顶层设计形成了一套从法律制度、机构到产品的完整体系。

美国方面，《联邦住房贷款银行法》于 1932 年出台，建立了由 12 家地区性联邦住房贷款银行组成的联邦住房贷款银行系统（Federal Home Loan Bank systems，FHLBs），FHLBs 接受联邦住房金融委员会监督。1934 年《全国住房法》通过，建立了联邦储贷保险公司和房利美，前者负责对一级市场提供担保，后者负责购买一级市场贷款并发起资产证券化，同时房利美接受联邦住房企业监督办公室（Office of Federal Housing Enterprise Oversight，OFHEO）的监管。在一系列的法律制度推进下，美国住房金融的市场主体由 8000 多家 FHLBs 会员机构和 3 家 GSE 二级市场发行主体构成，监管体系则是由联邦住房金融委员会[1]和联邦住房企业监督办公室构成的双峰结构，产品包括抵押贷款、保证保险、抵押资产支持证券等。

在这里需要特别指出的是，通常人们认为美国住房金融监管的失败是金融危机爆发的重要原因，恰恰相反，正是这套监管体系的存在才使得危机没有产生更大的危害。首先，一级市场中前十大次贷放款机构（约占次贷总份额的 59%）都不是 FHLBs 的会员，二级市场中约 20% 的抵押资产支持证券不在 OFHEO 的监管下，而它们大部分是次级贷款支持证券，这意味着脱离监管的机构才是危机的来源。其次，危机发生后 GSE 采取了扩大次贷支持证券比重的紧急措施，这对稳定市场发挥了积极作用。

其他国家方面，日本为设立住宅金融公库于 1950 年专门出台了《住宅金融公库法》，2007 年当住宅金融公库完成历史使命，其主营业务转向贷款二级市场时，日本又专门出台了《住宅金融支援机构法案》。新加坡为发展公积金制度于 1955 年出台《中央公积金法》，后来又经过多次修改。

反观国内，法律方面，目前还没有一部住房法律，也没有一部关于住房

---

[1] 次贷危机后，联邦住房金融委员会被废除，成立了联邦住房金融局。

金融的法律；监管方面，只有住建部的公积金监管司一家监管机构，而公积金只是整个住房金融中很小的一部分。一级市场方面，对于庞大的25万亿元个人住房抵押贷款市场以及7000多亿元的RMBS市场，还没有专门的住房金融监管机构；二级市场方面，由于缺乏政府支持机构的担保支持，目前面临一二级市场利率倒挂、流动性不足等诸多问题。

六　未来展望及对策建议

时至今日，中国住房金融市场已经达到38万亿元左右的规模，从结构上看，一级市场总余额36.94万亿元，二级市场总余额8207.84亿元。未来，一级市场将进入缓慢增长阶段，二级市场将迎来发展的黄金时期。

一级市场缓慢增长的原因主要是房地产市场已经进入白银时代甚至青铜时代，具体可以从以下几个方面分析。第一，住户部门杠杆率上涨较快，由2008年底的17.87%快速上升至2018年底的53.20%；横向比较来看，2018年我国住户部门债务收入比为121.6%，已经超过美国（100.62%）、日本（103.95%）等发达国家，超过1990年日本房地产泡沫破灭前的水平（120%），逼近2007年美国次贷危机爆发前的水平（134.62%），从这一数据来看未来居民加杠杆的空间有限。第二，从房企的财务指标来看，反映长期偿债能力的指标已获利息保障倍数自2008年以来持续下降，销售毛利率自2011年以来持续下降，净资产收益率尽管2016年有所反弹，但整体呈下降趋势，反映规模扩张的效应已经被财务费用稀释，此外反映短期偿债能力的流动比率和速动比率也持续下降，印证了房企扩张动力的衰减。第三，从反映房价泡沫程度的指标来看，2018年房价收入比和租金资本化率分别为29.09和21.46年，这两个指标中国分别位于全球第二和第三，未来房价上涨的空间有限。第四，从影响房价的长期因素人口来看，中国城市化率已经接近60%，并不是所有国家都是在城市化率达到70%后才进入郊区化和城市带发展的第三阶段，有些国家在65%上下就进入这一阶段，按照原有的城市化率增速，中国城市化高速增长的时期也只有3~5年。近期收缩型城市的现象引起了人们的关注，实际的情况可能比大家所见还要严重，收缩型城市不是只有鹤岗这一座，齐齐哈尔、铜川、克拉玛依都是收缩型城市。

二级市场迎来黄金时期的原因包括两个方面。第一，个人抵押贷款市场规模达到 25.75 万亿元，占银行贷款余额接近 20%，而二级市场抵押贷款市场证券化规模仅 7477.61 亿元，两个数据比较反映二级市场巨大的空间。从必要性方面来看，在三期叠加的经济背景下，银行面临资产质量、资本充足率、流动性等多方面的压力，推动最大份额资产的证券化可以极大地集约资本占用，提高流动性。第二，尽管城市化很快进入第二阶段的尾声，但一线、二线城市依然存在人口净流入压力，发展租赁市场具有紧迫性，此外住房租赁市场的发展对推动"租购并举"、化解房价泡沫也具有重要意义。

对于中国住房金融的未来发展，我们提出如下政策建议。

第一，调整住房金融支持方向，更大力度支持住房租赁市场发展。具体来讲，应破除 REITs 发展的制度瓶颈，促进 REITs 市场由"类 REITs"向"真 REITs"过渡。从国外经验来看，可通过制定专门的 REITs 法律解决 REITs 发展的相关问题。具体立法方面应从以下两个角度破除障碍。一是 REITs 公募。目前《首次公开发行股票并上市管理办法》难以满足公募要求，专门法律可授权交易所出台上市标准并试行注册制，对上市业绩标准做特色化安排，避免出现 REITs 主体利润不足，无法上市的情况。二是税收中性。明确 REITs 层面包括中间通道层面不再缴纳所得税和增值税，由最终投资者在其自身层面缴纳所得税。此外也应注意把握业务实质，采取差异化的税收征收模式。以单纯获得现金对价为目的的融资，相当于资产变现，从税务政策一致性角度出发理应征税；以资产让渡至 REITs 为目的的融资，获得 REITs 份额作为对价，而以未来分红作为主要收益，建议递延相关税款。

第二，优化 RMBS 制度环境，更好促进住房金融二级市场发展。二级市场的发展可使银行释放经济资本、更好支持实体经济，也可进一步促进资本市场壮大并优化资本市场结构，这一点已经成为共识。当前 RMBS 市场发展的主要问题表现在一级市场发行动力不强、二级市场流动性不足、一二级市场利率倒挂等，对此应从以下两个方面着手解决。其一，双重税收和自留风险比例较高是一级市场发行动力不强的重要原因，下一步可试点信用风险自留规定对 RMBS 发起人的有条件豁免。此外，建议对 RMBS 的发行给予一定的税收优惠，以加大投资人的收益空间，增强 RMBS 产品的吸引力。其二，缺少政府支持机构担保以及估值体系不完善是一二级市场利率倒挂以及二级市场流动性不足的重要原因，下一步可通过模拟收益率曲线、建立报价机制、引入外资机构投资者等多种方式培育二级市场流动性，理顺一二级市场利率关系。

　　第三，形成多层次住房金融体系，完善住房金融监管架构。时至今日，中国住房金融调整效果不佳的深层原因是缺乏完整的住房金融体系和监管架构：一级市场方面，只有住建部公积金监管司负责整个市场很小一部分的监管，大量的住房抵押贷款除了要考虑信用风险外还需要考虑房地产市场风险，这部分产品并没有对应的专业监管机构，此外，一些非正规渠道的住房贷款存在"掠夺性消费贷款"的性质，这部分产品也游离于监管之外；二级市场方面，尽管目前还处于初级发展阶段，但住房贷款的风险并没有消失，只是从银行体系转移到金融市场，因此应未雨绸缪设立专业监管机构监控风险。对此，我们提出对中国住房金融市场体系和监管架构的建议。一级市场方面，应形成三个层次的住房体系和对应的金融支持。其一，低收入人群的市场，应以住房租赁为主，资金方面应由财政兜底，不需要金融支持；其二，中等收入人群如果进入住房购买市场，则金融支持应发挥一定的政策性功能，可对其首付款进行担保或提供利率补贴，具体执行机构可以是当地的住房置业担保公司，但申请人的相关信息应严格审核；其三，高收入人群应以住房购买市场为主，金融方面以商业贷款为主。无论上述哪一个市场，都应由专门的机构监管，该机构主要负责房价、租金市场运行监测，房租补贴、房贷首付比例标准制定，房贷压力测试等。二级市场方面，应设立政府支持机构负责住房抵押贷款的发起、担保等工作，从国外经验来看，这部分工作都是由政策性金融机构承担的，这是由流动性要求和金融稳定的公共物品性质决定的；同时，二级市场也需成立相应监管机构，负责贷款入池标准化、政府支持机构的资本充足率监管、二级市场流动性及利率风险监测等。

市场篇

第二章 个人住房贷款市场*

- 在中央"房住不炒"和"坚决遏制房价上涨"的政策背景下，2018 年个人住房信贷市场保持稳中趋紧的态势。从总量来看，2018 年底个人住房贷款余额达到 25.75 万亿元，仍处于历史高位；但从增速来看，个人住房贷款余额同比增速连续 8 个季度下降，截至 2018 年 12 月底同比增速为 17.8%。从市场结构来看，五大国有商业银行是个人住房贷款的提供主体，截至 2018 年 6 月，五大国有商业银行个人住房贷款余额合计 16.41 万亿元，占全国商业银行个人住房贷款总额的 68.97%。

- 从利率走势看，2017 年个人住房贷款利率呈上升态势，其内在逻辑与数量走势一致；受全球贸易摩擦、国内经济下行等因素影响，2018 年 12 月个人住房贷款利率结束上涨态势。

- 风险方面，2017 年个人住房贷款不良率为 0.30%，低于商业银行贷款不良率整体水平；新增贷款价值比处于合理区间，短期看房贷风险不构成对银行的显著影响，但从债务收入比等指标来看，个人住房贷款扩张空间有限。

- 展望 2019 年，我们倾向于认为房地产调控政策发生根本性转变的概率较小，且目前的杠杆水平并不支撑信贷的进一步扩张，我们预计个人住房贷款全年增幅不超过 20%。价格方面，首套房贷利率将会有较大幅度下降，这是更加突出住房居住属性的结果；二套房贷利率将保持平稳，或小幅下降，这是由于"房住不炒"的定位并没有实质上改变。

---

* 本章作者：蔡真，国家金融与发展实验室房地产金融研究中心主任、高级研究员，中国社会科学院金融研究所金融实验室副主任、副研究员；崔玉，国家金融与发展实验室房地产金融研究中心研究员。

个人住房贷款的含义是自然人以将要购买、建造的或已有的住房产权为抵押物或以其他抵押、质押、保证、抵押加阶段性保证等担保方式作为还本付息保证，向商业银行等金融机构申请住房贷款，金融机构为其提供信贷资金，以满足个人住房的建设、购买、改造、维修或其他合法合规用途的需要。个人住房贷款业务起源于19世纪的英国，在20世纪初已经作为一种成熟的个人住房金融工具在欧美等国家迅速发展，形成较为发达的住房贷款一级市场，目前已是全球市场经济国家最主要的个人住房融资手段。

个人住房贷款的主要功能是将居民住房远期消费转化为即期消费，有效地解决了我国城镇居民收入积累滞后、住房资金积累不足的问题，从而改善了我国城镇居民居住条件，进而推动住房建设市场繁荣并带来经济的增长。其主要特点是：（1）贷款额度高，几十万元至几百万元不等，随地区和房价不同差异较大；（2）贷款比例高，一般为住房评估价值的60%~70%，最高可贷住房评估价值的80%；（3）利率水平较低，一般为基准利率上下浮动10%~30%；（4）贷款期限长，5~30年不等，一般10~20年，最长可达30年；（5）分期偿还，一般以年金的形式按月向银行等金融机构分期偿还贷款本息；（6）风险低，借款人以所购或已有住房产权作为住房贷款抵押与担保，大大降低商业银行等金融机构承担的信用风险，但个人住房贷款的偿还与借款者的收入水平密切相关，经济下行会导致抵押物价格下跌和借款者还款能力下降。

一 个人住房贷款市场总量及结构

（一）总量运行

我国的个人住房贷款业务产生于20世纪80年代中后期，1998年全面深化住房制度改革之后，随着住房实物分配的停止和住房分配货币化的逐步实施，个人住房贷款市场进入快速发展阶段。经过20年的快速发展，个人住房贷款规模不断扩大，个人住房贷款余额从1998年末的700亿元左右迅速增长到2018年底的25.75万亿元，占金融机构各项贷款余额比重持续上升，从1998年末的0.82%左右提高到2018年底的18.89%（见表2-1）。

表 2-1　1998~2018 年个人住房贷款市场情况

年份	个人住房贷款余额（万亿元）	个人住房贷款余额同比增长率（%）	金融机构各项贷款余额（万亿元）	个人住房贷款余额占总贷款余额的百分比（%）
1998	0.07	271.58	8.65	0.82
1999	0.14	94.05	9.37	1.46
2000	0.33	142.34	9.94	3.34
2001	0.56	67.47	11.23	4.95
2002	0.83	48.56	13.13	6.29
2003	1.20	45.28	15.90	7.55
2004	1.60	35.15	17.74	9.02
2005	1.84	15.00	19.47	9.45
2006	2.27	19.00	22.53	10.08
2007	3.00	33.60	26.17	11.46
2008	2.98	10.50	30.34	9.82
2009	4.76	43.10	39.97	11.91
2010	6.20	29.70	47.92	12.94
2011	7.14	15.50	54.79	13.03
2012	7.50	12.90	62.99	11.91
2013	9.00	21.00	71.90	12.52
2014	10.60	17.60	81.68	12.98
2015	13.10	23.90	93.95	13.94
2016	18.00	38.10	106.60	16.88
2017	21.90	22.20	120.13	18.23
2018	25.75	17.80	136.30	18.89

资料来源：WIND，中国人民银行金融机构贷款投向报告。

个人住房贷款的增速与房价的上涨经常表现出互为因果的关系，从图 2-1 个人住房贷款余额及增速来看，2006~2007 年、2009~2010 年、2012~2013 年、2015~2016 年是个人住房贷款增速较快的阶段，同时也是房价上涨较快的阶段，两者保持了较为一致的关系。

2016 年以来，在中央"房住不炒"和"坚决遏制房价上涨"的政策定位下房地产市场调控政策持续趋紧。住建部、央行、银监会、国土资源部等多部委均多次表示要防范房地产泡沫风险，加强金融管理，严控加杠杆购房,严禁"首付贷"等违规个人住房融资行为。从相关数据走势来看,尽管 2018 年底个人住房贷款余额达到 25.75 万亿元,占 GDP 的比重达到 28.6%,仍处于历史高位,但从增速来看,个人住房贷款余额同比额增速从 2016 年 12 月的 38.1% 的高位,连续 8 个季度持续下降至 2018 年 12 月底的 17.8%(见图 2-1)。

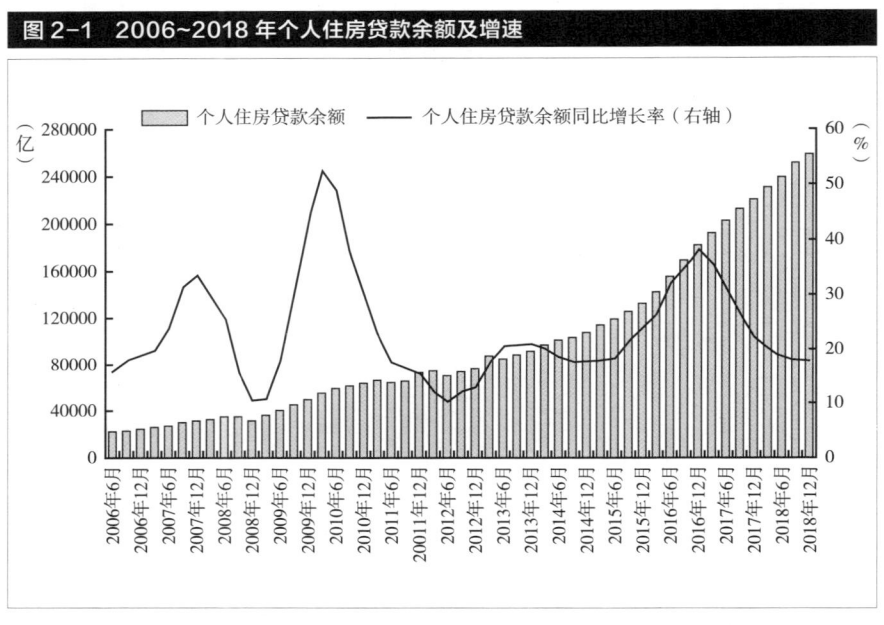

图 2-1 2006~2018 年个人住房贷款余额及增速

资料来源:WIND。

总体来讲,个人住房信贷保持了稳中趋紧的态势:一方面,限购、限贷政策直接抑制了信贷需求;另一方面,银行出于风险考虑也开始实施严格的差异化信贷政策,以优先满足首套住房和改善型住房消费需求,抑制投资性、投机性住房消费需求,进而控制了个人住房贷款发放的整体规模和增速。从具体数据来看,首套住房首付比例以 30% 为主,占比从 2016 年末的 58.72% 上升到 2018 年末的 77.49%;执行首套住房首付比例为 20% 的银行数量大幅下降,占比从 2016 年末的 33.96% 下降到 2018 年末的 3.75%。二套住房首付比例执行 40% 及以下的银行占比从 2016 年末的 61.73% 下降到 2018 年末的 43.52%;执行二套住房首付比例 60% 以上的银行占比大幅上升,从 2016 年末的 18.76% 上升到 2018 年末的 34.71%

（见图2-2）。预期在中央去杠杆、加强金融风险防范化解和稳增长的政策背景下，个人购房贷款余额增速在短期内可能继续维持在目前水平，且保持缓慢下行的趋势。

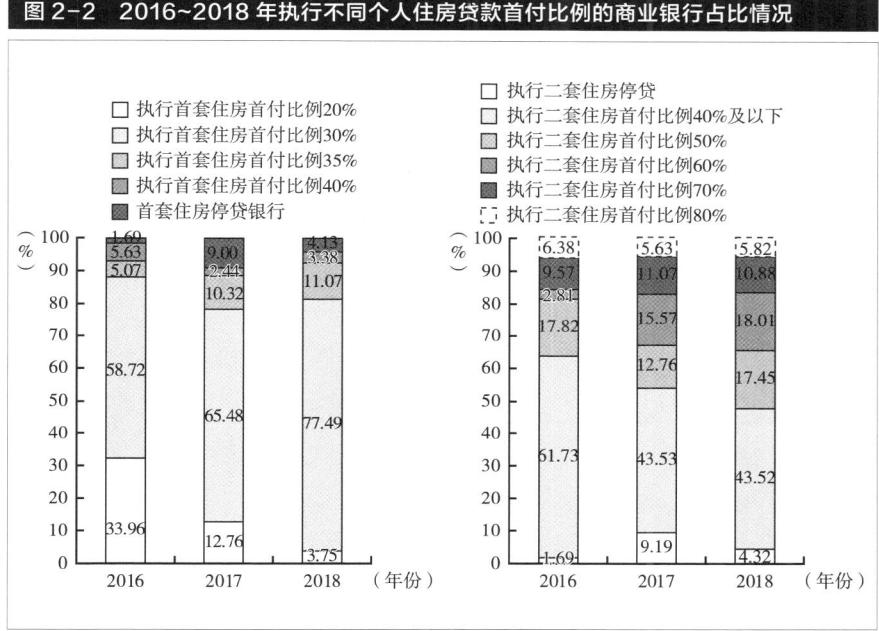

注：样本银行为"融360"监控的全国533家主要商业银行。
资料来源：WIND。

（二）市场结构

国有大型商业银行一直以来是我国个人住房信贷市场的主力军。1985年4月，建设银行深圳分行借鉴香港住房按揭贷款的方式，向南油集团85户"人才房"发放我国第一笔个人住房按揭贷款，我国个人住房贷款业务正式产生。经过20多年的快速发展，个人住房信贷市场的供给方也从建设银行、工商银行等少部分商业银行发展为所有商业银行，甚至包括一些新型的互联网金融机构。从统计数据来看，截至2018年6月，工、农、中、建、交五大国有商业银行个人住房贷款余额合计为16.41万亿元，相比1998年末的不到500亿元，增加了近16万亿元，增长了327.2倍；占全国金融机构个人住房贷款余额总量的68.97%，2014年最高时占比达到77.06%。

由此可见，五家大型国有商业银行是我国个人住房贷款的提供主体，是个人住房信贷市场的主力军（见图2-3）。

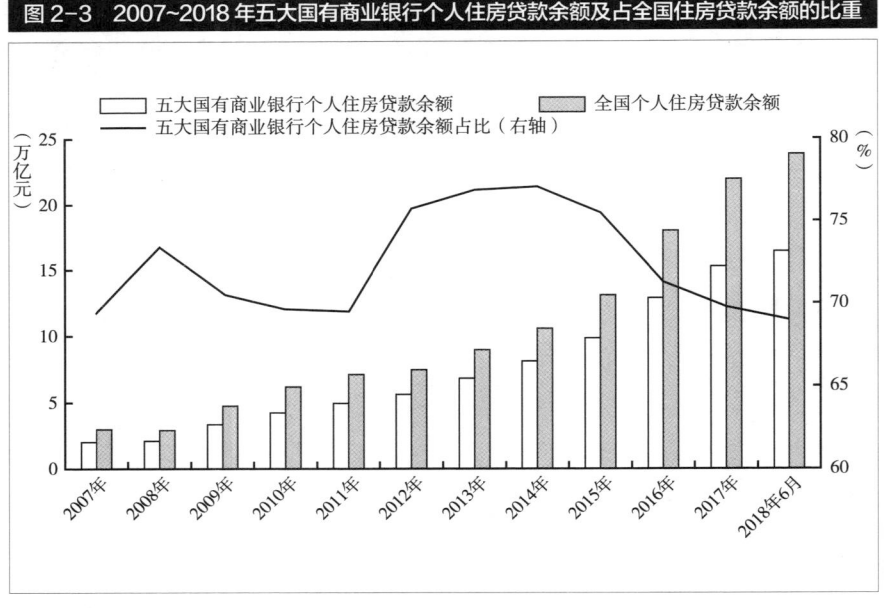

图2-3 2007~2018年五大国有商业银行个人住房贷款余额及占全国住房贷款余额的比重

资料来源：WIND。

从工、农、中、建、交五大国有商业银行2007~2018年上半年财务报告数据来看，五大国有商业银行个人住房贷款余额从2008年起快速上升，从2007年的2.08万亿元上升到2018年6月的16.41万亿元，年均复合增长率为21.74%；五大国有商业银行个人住房贷款余额占贷款总额的比重也从2007年的14.08%上升到2018年6月的29.29%（见图2-4）。从截面数据来看，五大国有商业银行2018年上半年年报显示，建设银行个人住房贷款规模最大，为4.50万亿元，占该行贷款总额的33.46%；工商银行个人住房贷款为4.28万亿元，占该行贷款总额的28.66%；农业银行个人住房贷款为3.40万亿元，占该行贷款总额的29.67%；中国银行个人住房贷款为3.28万亿元，占该行贷款总额的28.75%；交通银行个人住房贷款为0.95万亿元，占该行贷款总额19.87%。五大国有商业银行的贷款业务中，个人住房贷款业务已经稳居第一的位置，远远超过排名第二的制造业和排名第三的交通运输、仓储和邮政业（见图2-5）。

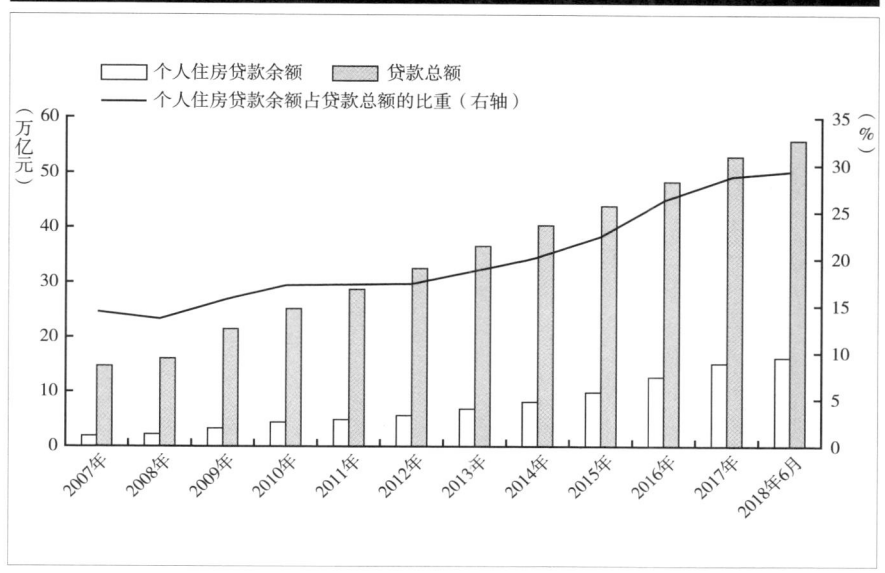

图 2-4 2007~2018 年五大国有商业银行个人住房贷款余额占银行贷款总额的比重

资料来源：WIND。

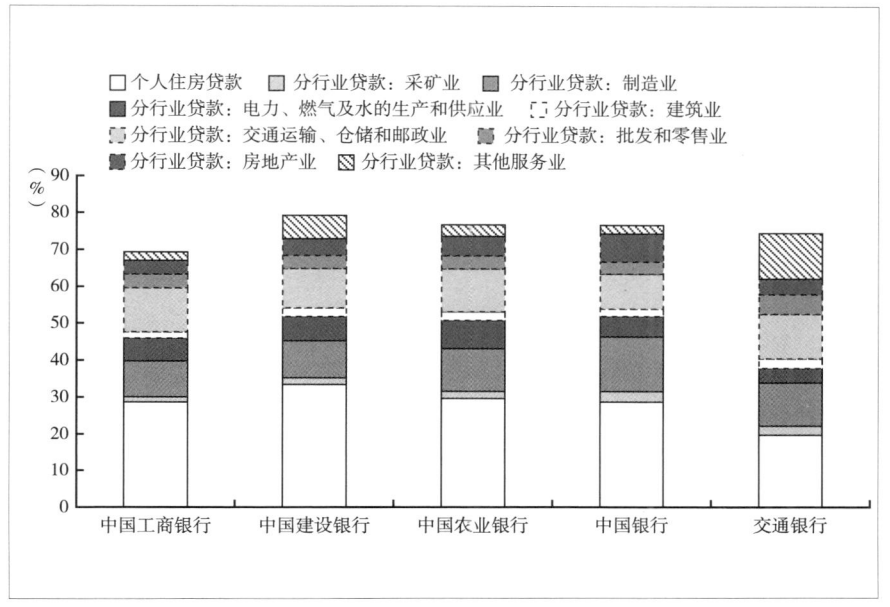

图 2-5 2018 年工、农、中、建、交五大国有商业银行半年报分行业贷款百分比堆积图

资料来源：WIND。

第二章 个人住房贷款市场

1998 年以来中国住房商品化历时 20 余年，后 10 年房价的快速上涨与信贷的促进作用有密切关系，银行体系主力——五大国有商业银行的个人住房贷款业务跃居第一位即是证明之一。五大国有商业银行大力发展个人住房贷款业务：一方面，与需求侧有关，即随着经济发展和城市化深入，人们对住房消费和投资的需求日益增加；另一方面，从供给侧来看，银行个人住房贷款业务具有收益稳定、风险小的特点，并可借以与借款者建立长期合作关系，进而开展交叉销售。因此，个人住房贷款业务呈现快速增长势头。

从个人住房贷款余额地区结构[1]来看，地区间分布极不平衡。截至 2018 年底，东部地区[2]个人住房贷款余额为 16.31 万亿元，占全国个人住房贷款总额的 63.24%；中部地区[3]个人住房贷款余额为 4.84 万亿元，占全国个人住房贷款总额的 18.77%；西部地区[4]个人住房贷款余额为 4.64 万亿元，占全国个人住房贷款总额的 17.99%（见图 2-6）。从各地区个人住房贷款余额来看，个人住房余额超过 1 万亿元的地区有广东、江苏、浙江、上海、山东、北京、福建、四川和河北 9 个省，其余额分别为 3.80 万亿元、2.62 万亿元、1.97 万亿元、1.76 万亿元、1.53 万亿元、1.17 万亿元、1.11 万亿元、1.06 万亿元和 1.04 万亿元，合计占全国个人住房贷款余额的 62.22%。可见个人住房贷款主要集中在东部和西部少数经济较发达区域（见图 2-7）。

---

1. 关于各省份个人住房贷款余额数据，我们从《中国区域金融报告（2018）》各省份分报告取得 2017 年的余额数据，然后从中国人民银行各分行和中心支行取得 2018 年增量数据，两者相加计算得出。对于不能用上述方法得到的地区个人住房贷款余额数据，我们用地区本外币各项贷款总额、境内贷款总额、住房贷款余额、住户中长期贷款余额或住户中长期消费贷款余额，乘以全国住房贷款余额占全国外币各项贷款总额、境内贷款总额、住房贷款余额、住户中长期贷款余额或住户中长期消费贷款余额的比例来估算。用上述方法估算全国 31 个省份（不包括港、澳、台地区）的住房贷款余额总计为 25.80 万亿元，与央行公布的 25.75 万亿元，误差仅 0.19%。
2. 东部地区包括北京、天津、河北、辽宁、上海、江苏、浙江、福建、山东、广东和海南共 11 个省份。
3. 中部地区包括山西、吉林、黑龙江、安徽、江西、河南、湖北、湖南共 8 个省份。
4. 西部地区包括四川、重庆、贵州、云南、西藏、陕西、甘肃、青海、宁夏、新疆、广西、内蒙古共 12 个省份。

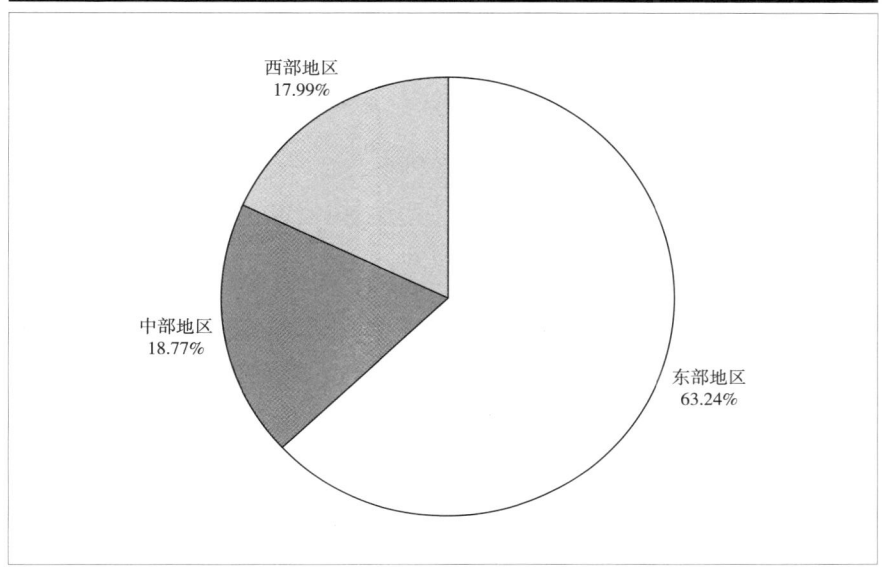

图 2-6 2018 年末个人住房贷款余额地区结构

资料来源：WIND。

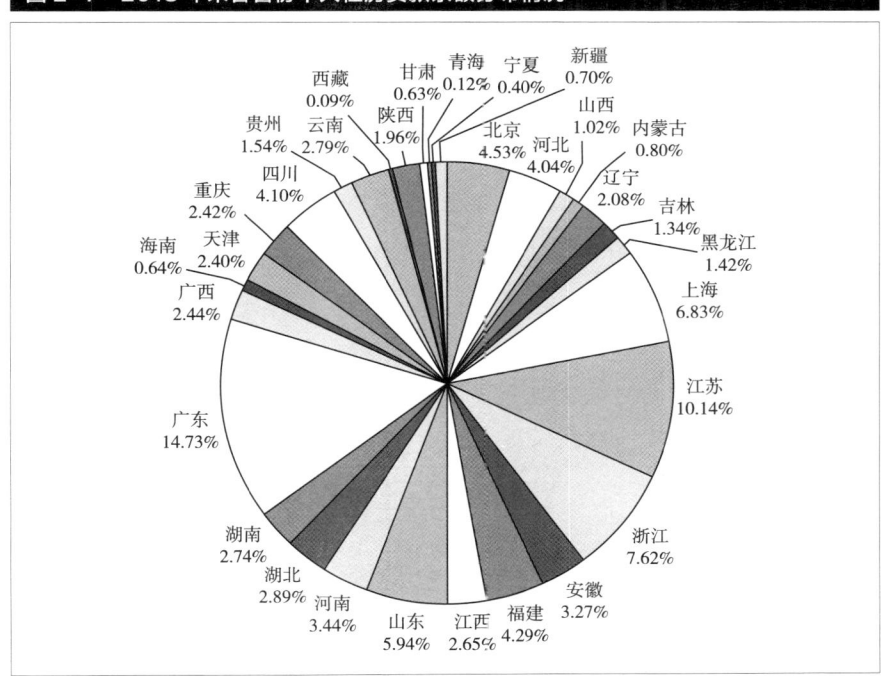

图 2-7 2018 年末各省份个人住房贷款余额分布情况

资料来源：WIND。

第二章 个人住房贷款市场　　051

二　个人住房贷款利率走势

（一）首套住房贷款平均利率

从近几年全国首套住房贷款平均利率趋势来看，自 2016 年 9 月 30 日的本轮房地产市场调控开始以来，首套住房贷款利率步入上行周期，从 2016 年 9 月的 4.44%（约为同期基准利率的九折左右）上升到 2018 年 12 月的 5.68%（约为同期基准利率上浮 15.92%）（见图 2-8）。全国首套住房贷款平均利率持续走高主要有两方面原因：一方面，在房地产市场调控的大背景下，金融机构通过提高住房贷款利率来收紧个人住房信贷规模，以此贯彻和落实中央和各部委的房地产调控要求，然而首套住房居住和消费属性明显，政策也存在一定"误伤"的成分；另一方面，在金融去杠杆和利率市场化背景下，金融机构资金成本和机会成本不断上升，更多地将其贷款额度用于其他利率水平更高的业务，导致个人住房贷款额度收紧。结合图 2-1 数据来看，个人住房贷款市场表现出规模增速下行而价格上升的态势，两者内在逻辑一致。

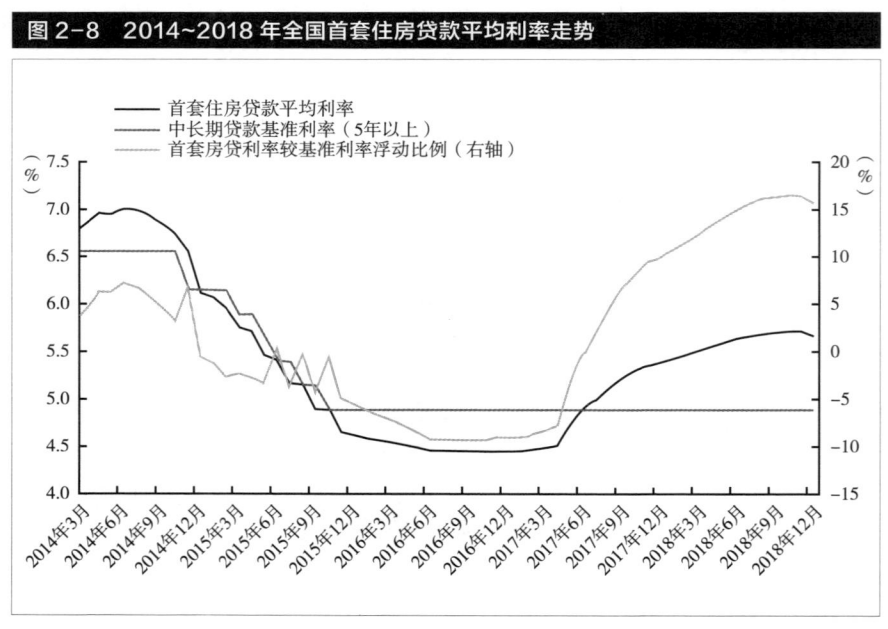

图 2-8　2014~2018 年全国首套住房贷款平均利率走势

资料来源：WIND。

2018年下半年以来,全球贸易摩擦频现,我国外需趋弱,消费难有起色,经济下行压力增大,在这样的宏观大背景下,央行实施多次降低存款准备金操作,货币市场宽松信号明显,资金流动性合理充裕。受此影响,南京、北京、广州、上海、深圳等住房市场热点城市陆续出现首套住房贷款利率下调的现象,2018年12月,全国首套住房贷款平均利率结束连续两年的上涨态势,首次出现环比下降,较11月下降0.53个百分点。毋庸置疑的是,为促进住房市场向"居住属性"回归,确保房地产市场稳定健康发展,对住房贷款执行差别化信贷政策将是未来房地产金融调控的方向。因此,为更好地为居民首次置业购买住房的合理需求提供金融支持,未来1~2年首套住房贷款利率仍将保持平稳或下调态势。

(二)二套住房贷款平均利率

从近几年我国二套住房贷款平均利率走势来看,自2017年5月开始,二套住房贷款平均利率步入上行周期,从2017年5月的5.4%(约为同期基准利率上浮10%左右)上升到2018年12月的6.04%(约为同期基准利率上浮23.27%),部分银行执行基准利率上浮30%的二套住房信贷政策(见图2-9)。

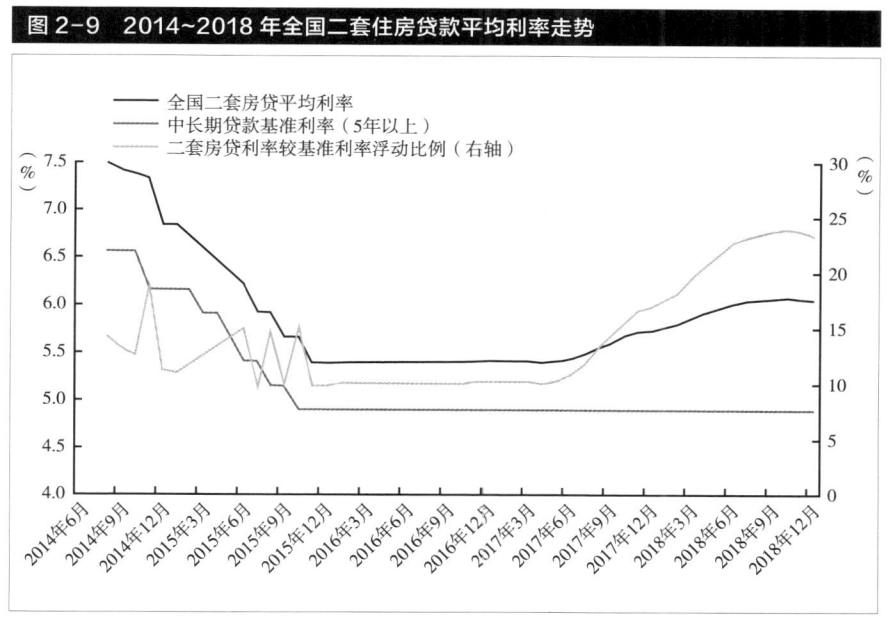

图2-9 2014~2018年全国二套住房贷款平均利率走势

资料来源:WIND。

二套住房贷款平均利率较同期基准利率保持较高上浮水平，其原因在于：二套住房投资属性明显，甚至有一定程度的投机属性；各金融机构严格落实中央房地产调控部署，通过差别化的信贷政策提高住房市场投机和投机成本，以此降低住房市场的投资需求。从 2018 年 10 月开始，二套住房贷款利率有所下调，主要是受宏观经济下行的大背景影响，但"房住不炒"是房地产长效机制的重要内容，预计相关金融政策不会有过快过大程度的放松，利率下行的幅度不会很大。

（三）部分城市首套、二套住房贷款利差情况

2017 年以来，一线城市的首套、二套房贷利差经历了收窄的过程，2018 年 1~10 月基本保持平稳，2018 年 10 月后，四个一线城市的首套、二套房贷利差发生分化：北京和广州保持原有态势，利差分别为 0.43 个百分点和 0.41 个百分点，上海和深圳首套、二套房贷利差则进一步扩大（见图 2-10）。上海首套、二套房贷利差扩大主要是首套房贷利率下降导致的，深圳则主要是二套房贷利率上升导致的，由此可以看出两者变动的动力并不相同，上海房贷市场政策向住房的居住属性倾斜，深圳的政策导向是抑制二套住房需求，这反映其背后投资投机的热情依然较高。

部分二线热点城市的首套、二套房贷利率在 2017 年至 2018 年 10 月也呈现与一线城市同样的走势，即先收窄后持平。2018 年 10 月后则出现较大分化：南京的首套、二套房贷利差由 2018 年 7 月的 0.17 个百分点扩大至 2018 年 12 月的 0.41 个百分点，这是由首套房贷利率降幅较大导致的（见图 2-11）。杭州和武汉的首套、二套房贷利差收窄，但两者原因并不相同，杭州是因为首套房贷利率上升幅度更大，市场仍然表现出较高的购买热情；武汉则是由于二套房贷利率下降幅度更大，房价面临一定的下降压力。长沙的首套、二套房贷利差相对于 2018 年 10 月保持不变，但相对于 2018 年 5 月扩大了 0.15 个百分点，这说明长沙住房市场也存在一定的投资投机压力。

三 个人住房贷款风险情况

（一）个人住房贷款不良率较低

近年来，我国房地产市场处于异常繁荣的时期，住房价格的不断上涨与

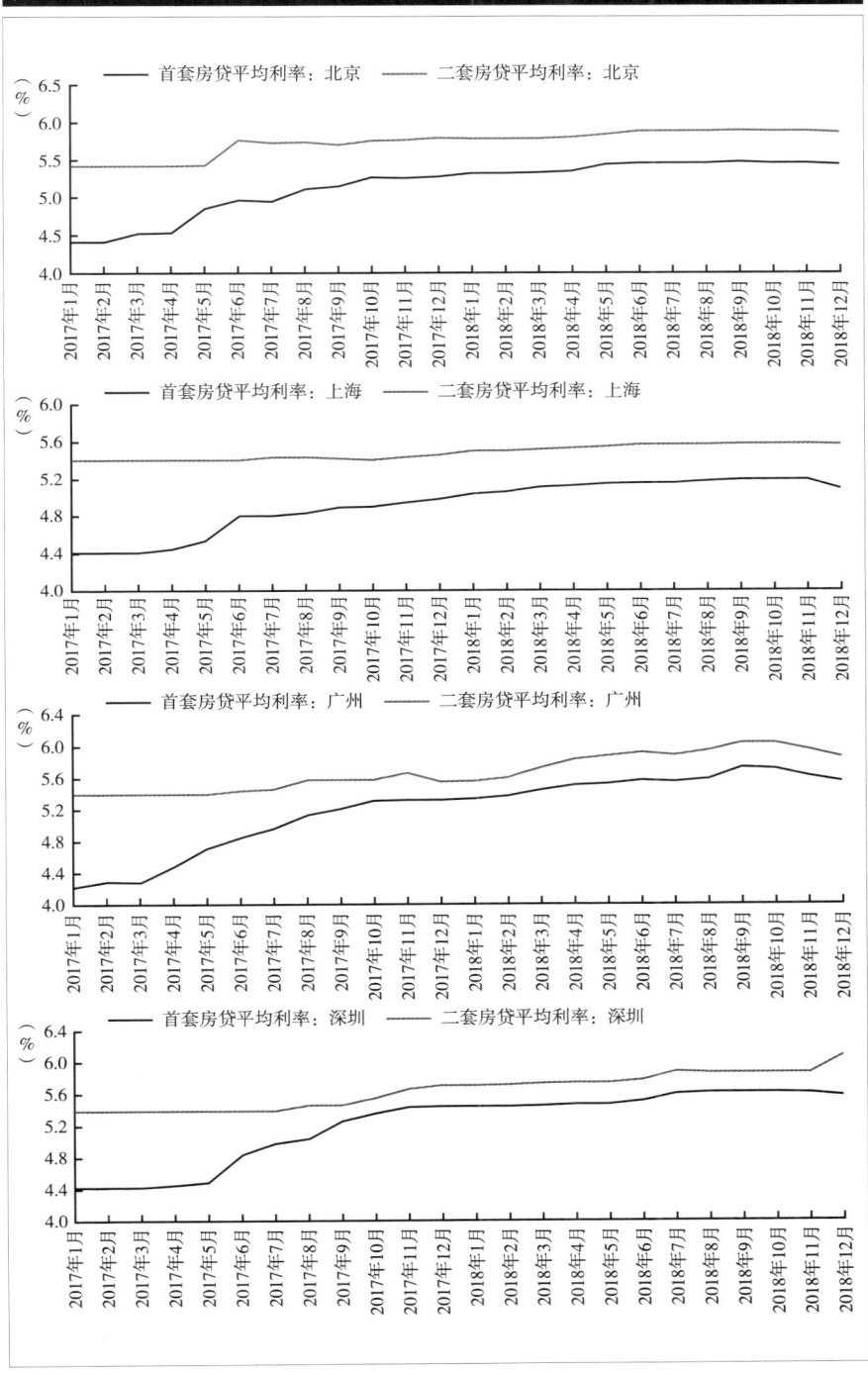

图 2-10　2017~2018 年一线城市个人住房贷款利率走势

资料来源：WIND。

图 2-11 2017~2018 年部分二线热点城市个人住房贷款利率走势

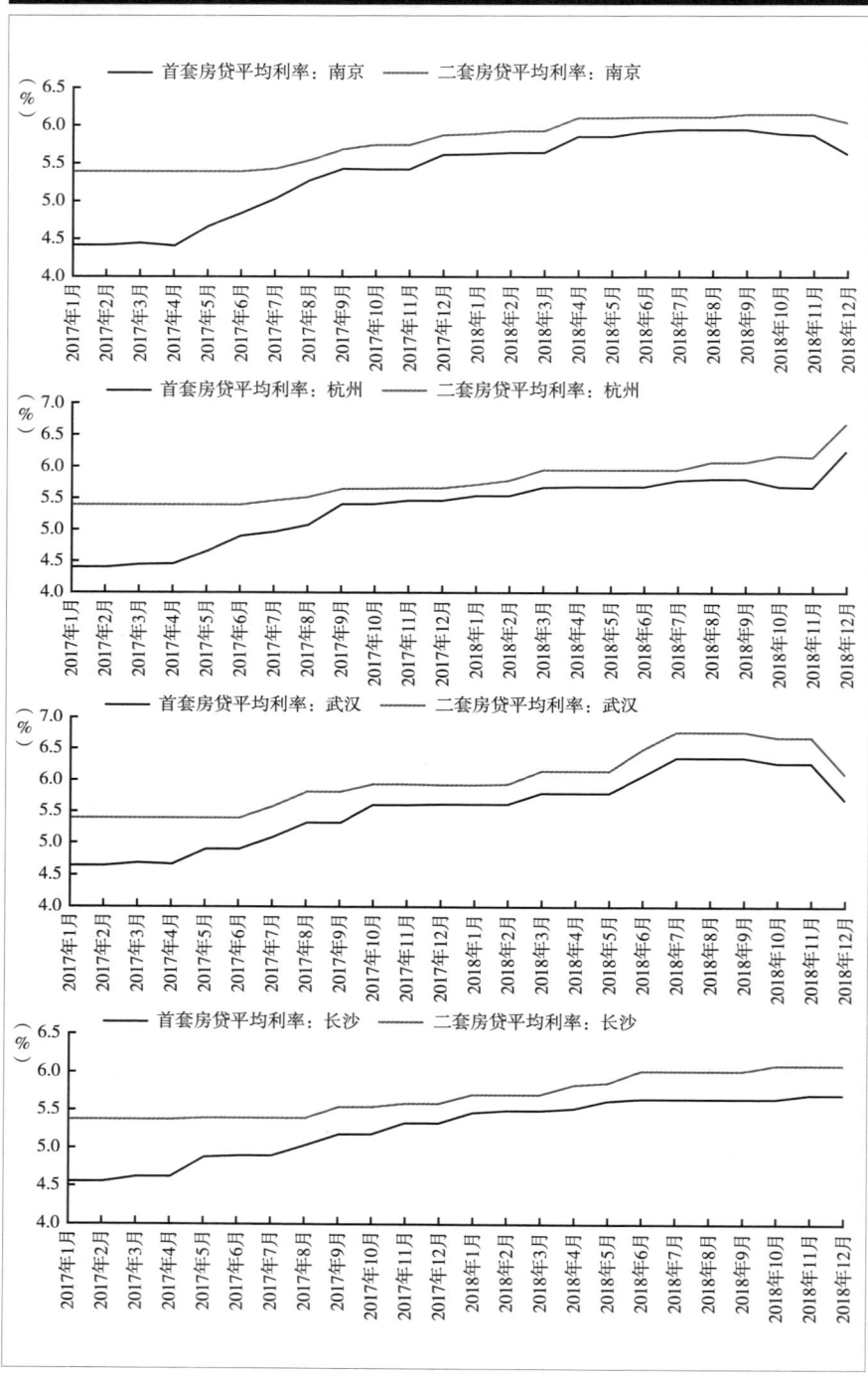

资料来源：WIND。

信贷推动有密切关系，然而住房贷款的不良率并不高，究其原因包括两个层次。第一层次，银行对第一还款来源居民收入的风险控制。由于居民收入现金流相对于企业更加稳定，且近几年居民收入伴随经济增长呈上升趋势，因此风险相对较小，再加之银行在放贷时要求居民月收入至少达到还款月供的两倍，这一措施也很好地控制了风险。第二层次，住房抵押作为贷款的担保措施成为很好的保护垫。我们可以将住房贷款看作银行卖给居民的关于房价的看涨期权，随着房价上涨抵押品价值也随之上升，在这样的情况下居民是没有违约动力的。相关数据佐证了上述分析，2017年末商业银行个人住房贷款不良率仅为0.30%，远低于商业银行1.74%的整体不良率，也低于0.70%的个人贷款不良率（见图2-12）。正因如此，个人住房贷款成为优质资产业务，国内金融机构纷纷将其作为重点拓展对象。

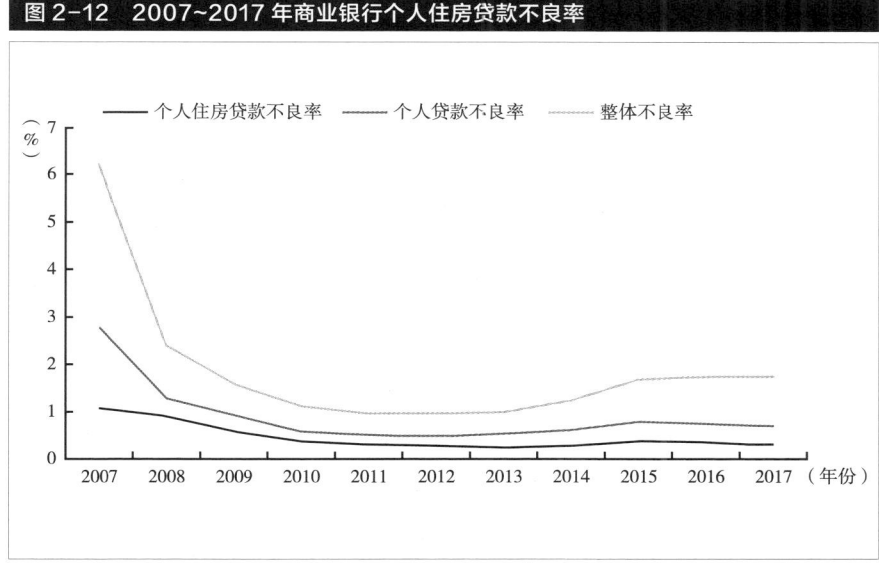

图2-12 2007~2017年商业银行个人住房贷款不良率

资料来源：WIND。

（二）新增住房贷款价值比处于合理区间

如果说个人住房贷款不良率是对过往风险和既成事实的刻画，那么贷款价值比（loan to value ratio，LTV）则是对住房贷款当下风险的度量。LTV是一种国际通用的风险控制指标，它可以衡量金融机构在住房价格下跌时承受风险的能力，反映房价下跌对银行坏账的影响。相关统计表明，住房贷款价值比与住房贷款违约率有显著的正相关性，一般来说，住房价格波动使得住房抵押品的市场价值小于未偿还住房贷款（住房贷款价值比大于1时），会对理性的贷款人产生违约激励，住房金融机构面临的违约风险增大。LTV除了作为风险监测指标，也是宏观审慎管理的政策工具之一，通过提高首付比从而降低LTV，可以达到防范市场风险向信用风险传导的目的。

由于数据原因，我们难以计算LTV，但可以计算新增住房贷款价值比。新增LTV指当年新增住房贷款与相应的住房抵押品价值的比值，反映住房消费中住户部门使用杠杆的程度。从我国金融机构新增住房贷款价值比来看，从2011年开始，我国新增住房贷款价值比不断上行，并在2014年之后加速上行，根据中国人民银行发布的《中国金融稳定报告（2018）》的数据，2017年我国新增住房贷款价值比达到59.30%，即我国住房购买者平均首付比例约为40%，住房贷款部分约为60%（见图2-13）。总体来看，得益于我国实施宏观审慎监管政策和差别化住房信贷政策，购买首套住房要求首付比例不得低于30%（使用公积金贷款可以下调至20%，部分住房不

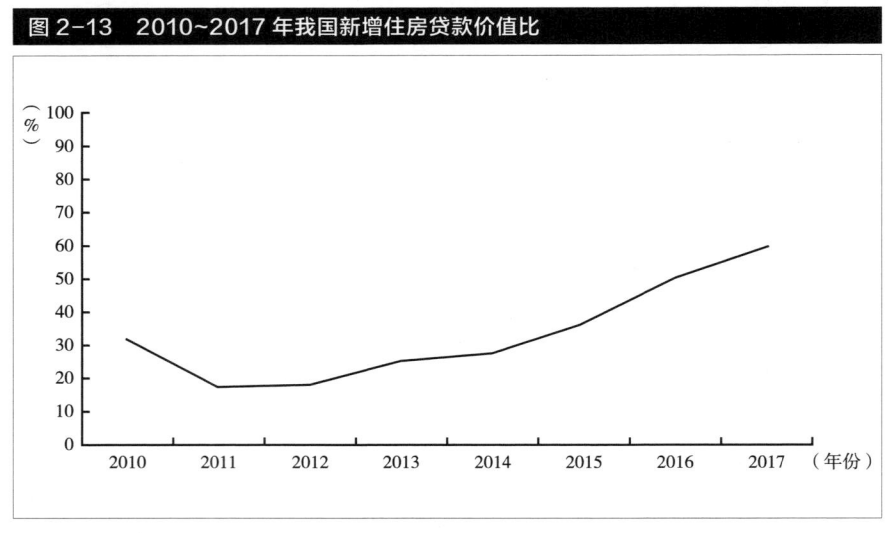

图2-13 2010~2017年我国新增住房贷款价值比

资料来源：WIND，《中国金融稳定报告（2018）》。因数据可得性问题，2010~2016年新增贷款价值比数据由WIND收录的金融机构新增住房贷款/全国住房销售额估算得到，数据会低估真实新增住房贷款价值比，在这一期间估算方法相同，可以反映新增住房贷款价值比变化趋势；2017年新增贷款价值比数据来自《中国金融稳定报告（2018）》，为真实新增住房贷款价值比。

限购城市可以下调至 25%），购买二套住房首付比例不得低于 50%，目前我国住房部门新增住房贷款抵押物充足，抵御住房价格下跌风险的能力较强。但从新增住房贷款价值比不断上升来看，随着近年来住房价格的不断上涨，居民购买住房的自有资金比例逐年下降，杠杆正在加大。

我们估算了一线城市和部分二线热点城市的新增住房贷款价值比。一线城市方面，2016 年底以后，受金融去杠杆和住房信贷调控影响，北京、上海的新增住房贷款价值比明显下降，深圳、广州信贷杠杆支持作用相对较强，新增住房贷款价值比一直在 60% 上下波动[1]。二线城市方面，东部的南京、杭州和厦门杠杆的支撑作用较强，2017 年初，南京、厦门两地新增住房贷款价值比快速上升，2018 年初，杭州新增住房贷款价值比也出现快速上升现象，第三季度开始均有所回落，目前来看，南京、厦门新增住房贷款价值比较高，武汉、郑州、天津住房贷款杠杆的支撑力度明显较东部城市低，新增住房贷款价值比在 40% 上下波动，住房贷款风险较小（见图 2-14）。

（三）债务收入比上升较快

如果说不良率是对过往风险的描述，贷款价值比是对当下风险的刻画，那么债务收入比（Debt Service-to-Income Ratio）无疑是对未来风险的度量。从该指标分子分母的含义来看：分子为住户部门债务（债务收入比）或个人住房贷款（房贷收入比），是存量指标，即未来现金流的折现；分母为可支配收入，是流量指标，也是住户部门偿还债务的主要资金来源；因此，住户部门债务或个人住房贷款与名义可支配收入之比可以较好反映住户部门债务负担水平。

从住户部门债务收入比的数据来看，2008 年前其上升速度比较慢，但 2008 年之后开始快速上升，从 2008 年底的 43.17% 快速上升至 2018 年底的 121.60%，上升了 78.43 个百分点，其中，房贷收入比从 2008 年

---

[1] 理论上讲，贷款价值比（LTV）不应该超过 70%。计算结果存在差异的原因是：第一，我们使用贷款月度余额之差替代新增住房贷款数据，两者之间存在差异；第二，由于不能直接得到个贷数据，我们使用总贷款数据或居民中长期贷款数据乘以某一系数得到个贷数据。但是，我们保持单个城市在时间上的系数一致，以及不同城市在方法上的一致，因此结果依然具有参考意义。该指标出现负值的原因来自第一条。

图 2-14 一线城市和部分二线热点城市新增住房贷款价值比（3个月移动平均）

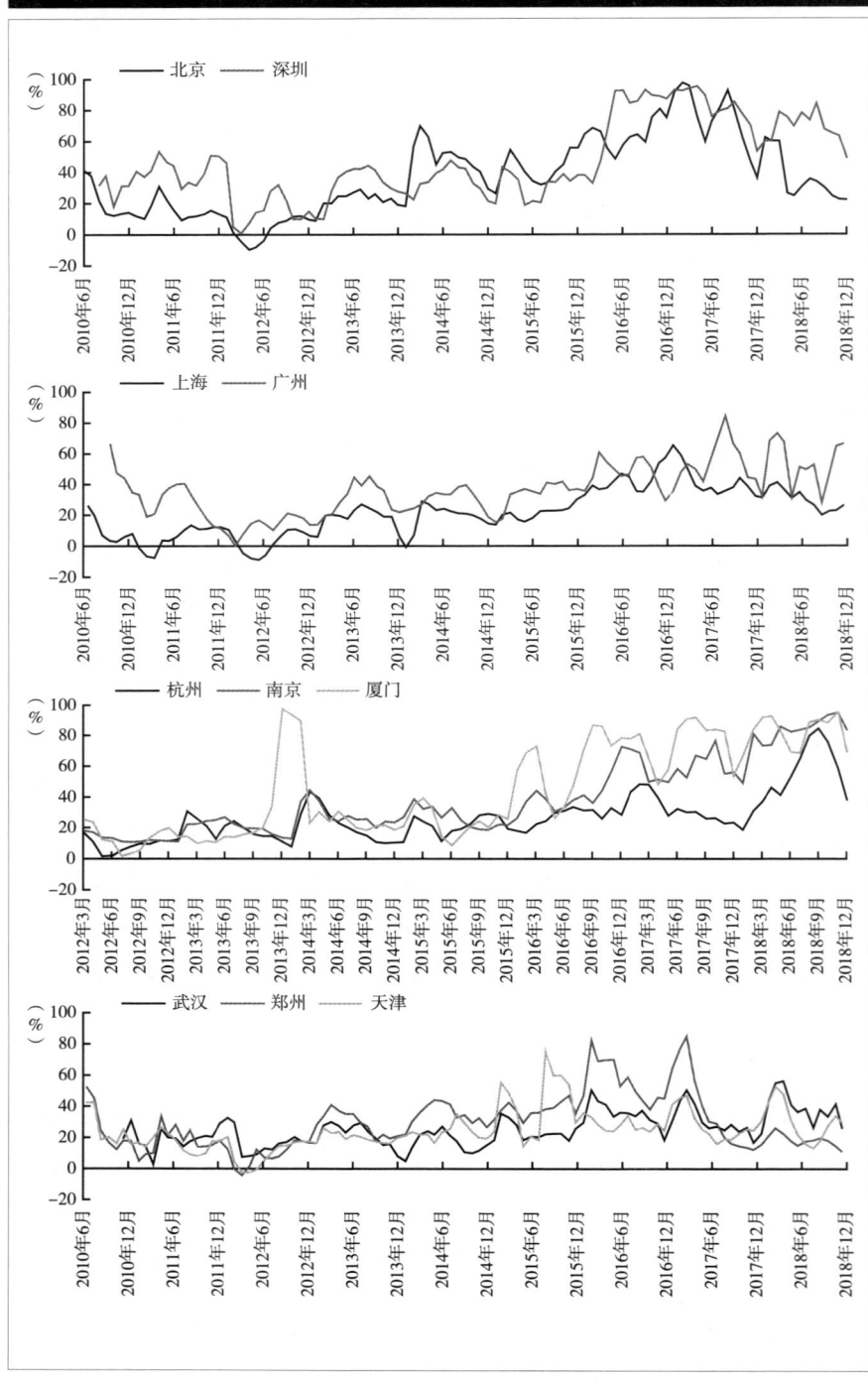

资料来源：国家金融与发展实验室估算。

的 22.54% 上升到 2018 年的 65.37%，上升了 42.83 个百分点（见图 2-15）。目前，我国住户部门债务收入比已经超过美国（100.62%）、日本（103.95%）等发达国家，超过 1990 年日本房地产价格泡沫破灭前该指标的数值（120%），逼近 2007 年美国次贷危机爆发前该指标的数值（134.62%）。我国住户部门债务收入比快速上升的主要原因是住房信贷的快速扩张导致住户部门债务扩张速度远超过居民可支配收入的增长速度，住房信贷的扩张成为推高住房价格的重要因素。目前，我国住户部门债务收入比已经处于高位，居民债务负担在持续加重，已经不具备进一步持续加杠杆的条件，住户部门债务规模进一步扩张空间受限。

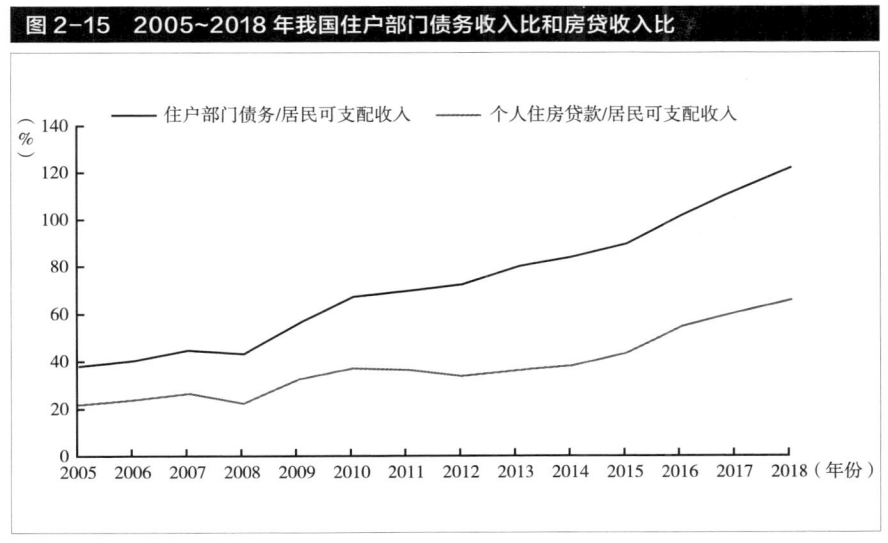

图 2-15　2005~2018 年我国住户部门债务收入比和房贷收入比

资料来源：WIND，CEIC。

四　2019 年个人住房贷款市场展望

展望 2019 年个人住房贷款市场的形势，首先要考虑房地产市场的运行和政策环境。本轮始于 2016 年 9 月 30 日的房地产调控，两年以来中央和地方政府均保持了持续从紧态势。从调控效果来看，通过逐渐加码的行政手段来调控商品住宅金融属性过重问题，已经使长期形成的房价看涨预期出现了实质性转变，这种预期已经反映在一线城市房价企稳回落、二线城市房价高温消退、三线城市房价涨幅收窄、住房销售涨幅放缓、土地溢价率持续下降、土地流拍数量激增等多个方面。

2019年房地产形势将延续现有的调控形势，还是会走出一波反弹行情呢？总体上，我们倾向于认为，2019年房地产调控政策发生根本性转变的概率较小，2019年"两会"期间，全国人大表示将制定房地产税法，这意味着长效机制建设又推进了一步，因而房地产市场整体上将维持平稳态势或略微小幅上涨，然而，也不排除部分城市利用人才新政的低门槛政策变相放开限购，从而走出一波小幅反弹行情。

个人住房贷款是调控房地产市场的重要手段，其走势与房地产市场走势在内在逻辑上是一致的。数量方面，个人住房贷款的余额增速保持平稳或略有下降：一方面这是政策调控延续的结果；另一方面既有杠杆水平并不支撑上涨，我们预计全年增幅不超过20%。价格方面：二套住房贷款利率将保持平稳，或小幅下降，"房住不炒"的定位并没有实质性改变，因此压制投资投机需求依然是政策重点；首套房贷利率将会有较大幅度下降，更加突出住房的居住属性，也是对过往调控"误伤"的修正；整体而言，在首套房贷利率下降的带动下，整个房贷市场利率会小幅下降。风险方面，尽管贷款收入比、偿债率以及贷款价值比等指标都在上升，但债务的可持续性没有问题：一方面过往杠杆率不高；另一方面房价涨幅较大，因而可承受的下跌空间较大。我们预计，只要调控政策保持一定的延续性，未来债务上升的幅度要小于房价上升的幅度，短期内房贷风险不构成对银行的显著影响。

第三章　房地产开发企业融资市场*

- 从房地产企业主要融资渠道来看：银行贷款方面，截至 2018 年底，房地产开发贷款余额达到 10.19 万亿元，当年新增房地产开发贷款 1.90 万亿元，同比下降 7.1%，房地产开发企业的银行贷款已经开始收紧。信托融资方面，截至 2018 年底，房地产信托融资余额为 2.69 万亿元，当年新增额为 8710.00 亿元，同比下降 21.47%，增量规模出现较大幅度回落。债券融资方面，2018 年，房地产开发企业信用债的发行规模回升，但主要还是延续借新还旧的操作，净融资额并未出现大幅提升；从存量信用债到期情况来看，在不考虑回售情况下，未来 3 年房地产企业信用债将迎来集中偿付期。股权融资方面，2010 年之后，房地产企业 A 股 IPO 基本处于停滞状态，增发成为目前房地产企业股权融资的最主要方式，截至 2018 年底，房地产企业股权融资规模累计仅为 6522.44 亿元，占房地产行业融资总额的比重较小。境外融资方面，2018 年国内房地产开发企业境外融资规模超过 500 亿美元，成为融资的重要渠道之一。

- 从融资成本来看，2016 年之后，受金融去杠杆、房地产调控和防范与化解重大金融风险影响，房地产企业融资成本在不断上升，2018 年 3 季度后略有回调。

- 展望 2019 年，我们预期房地产企业融资环境会略有改善，房地产行业融资规模会小幅增加，优质房地产企业的资金压力有望缓解，中小房企和负债率较高的大型房企融资难度可能会继续加大，除了拓展企业融资渠道外，提高周转速度、降低库存规模、加速资金回笼仍是房地产开发企业生存的不二选择。融资成本方面，未来优质房企和中小型房企融资成本可能会出现较大分化，负债率较低且资信状况较好的头部房地产企业融资成本可能会进一步下降，而负债率较高或规模较小的房地产企业的融资成本在未来一段时间预计仍将维持在高位。

---

*　本章作者：崔玉，国家金融与发展实验室房地产金融研究中心研究员。

房地产开发企业融资指房地产开发企业在经营过程中，因自有资金不足，通过银行、信托、资本市场等渠道向机构及个人进行资金融通的行为。房地产业属于资金高度密集行业，无论是土地的购置还是住房的开发和建设均需要大量资金，加上住房项目建设周期和销售周期较长，使得资金成为住房开发企业赖以生存和发展的命脉。开发投资规模大、建设周期长、资金循环周期较长等特点决定了房地产开发企业仅靠自有资金和内源性融资无法支持住房项目开发的大规模资金需求，在从事房地产开发、建设等投资活动的同时，必须不断地进行外源性资金融通活动。资本实力和融资能力在很大程度上决定了住房开发企业的生存能力和赢利能力，资金融通是住房企业获得快速发展不可或缺的一个方面。

一　房地产开发企业主要融资渠道现状

房地产开发企业的融资渠道从整体来看可以分为两大类，即权益性融资和债务性融资，权益性融资构成企业资本金，债务性融资构成企业的负债。从具体融资方式来看，房地产开发企业主要融资渠道包括银行贷款融资、信托等非银行机构贷款融资、债券融资、股权融资、境外融资、私募基金融资、应付账款等商业信用融资等。总体来看，房地产开发企业融资渠道复杂，不同渠道融资规模、融资难易程度和融资成本差距较大，且受宏观经济运行情况和房地产市场调控政策的约束和限制。

（一）银行贷款

银行贷款主要包括商业银行贷款和政策性银行贷款，是房地产开发企业最为传统的融资方式，也是房地产企业最重要的外源性融资渠道，是房地产开发企业经营周转的重要资金来源。目前，流入房地产开发企业的银行贷款主要是房地产开发贷款和并购贷款，其他银行贷款如房地产企业流动资金贷款、经营性物业抵押贷款等占比较低。银行贷款的优点是融资金额巨大、融资成本低、较债券融资和股权融资等门槛低、审批程序少、取得资金时间短；缺点是融资规模和融资成本受宏观调控政策和经济形势的影响较大，一旦经济增速放缓或房地产调控趋严，银行贷款就会面临收紧的压力。

1. 房地产开发贷款

房地产开发贷款是指银行向房地产企业发放并定向用于土地开发和房地产项目建设的中长期贷款，包括地产开发贷款[1]和房产开发贷款[2]两种，一般期限不超过3年（含3年），其利率水平一般为基准利率上浮10%~50%，是房地产开发企业最主要的融资方式，也是融资成本最低的渠道之一。

从增量来看，2018年新增房地产开发贷款1.90万亿元，规模有所下滑，同比下降7.1%（见图3-1）。在房地产调控和防范重大金融风险的政策背景下，部分银行已经暂停地产开发贷款，大部分商业银行也在通过提高开发贷款的审核标准来收紧房产开发贷款的发放，对新增房地产开发贷款不仅要求项目满足"四三二"规定，即必须"项目四证齐全"（《国有土地使用证》《建设用地规划许可证》《建设工程规划许可证》《建筑工程施工许可证》）、"项目自有资本金达到30%"（虽然2015年国家发改委将其调整为保障性住房和普通住房项目自有资金比例最低为20%，其他项目为25%，但实际融资过程中出于风控要求一般仍要求最低为30%）、"开发商具有二级以上资质"，还综合考察房地产开发企业的信用、资质、项目、增信及担保的情况。在严监管和去杠杆条件下，房地产开发企业的银行信贷融资的确已经开始收紧。

从存量来看，房地产开发贷款余额呈持续增长态势，从2006年底的1.38万亿元增长到2018年底的10.19万亿元；从余额同比增速来看，2018年房地产开发贷款余额同比增加22.6%，虽第四季度略有下滑，但总体仍处于历史较高水平（见图3-2）。其中，地产开发贷款占房地产开发贷款余额比重在15%~25%，2016年以来众多热点城市要求开发商必须以自有资金拿地，银行土地储备贷款停止发放[3]，主要金融机构地产开发贷款余额

---

1 地产开发贷款是指专门用于地产开发，且在地产开发完成后计划收回的贷款，包括专门用于土地拆迁、整理阶段的贷款，需要有相应的抵押物，并要求贷款企业具备土地整理和开发的资格。
2 房产开发贷款是指银行向房地产开发企业发放的用于开发建造向市场销售的住房的贷款，需要以土地使用权和在建工程作为抵押物，随工程建设的进度分阶段拨付。
3 2016年2月，财政部、国土资源部、中国人民银行及银监会四部门联合发布《关于规范土地储备和资金管理等相关问题的通知》，规定"自2016年1月1日起，各地不得再向银行业金融机构举借土地储备贷款"。2017年6月，财政部发布《地方政府土地储备专项债券管理办法（试行）》，提出不得通过政府债券以外的任何方式举借土地储备债务。

图 3-1　2006~2018 年新增银行房地产开发贷款

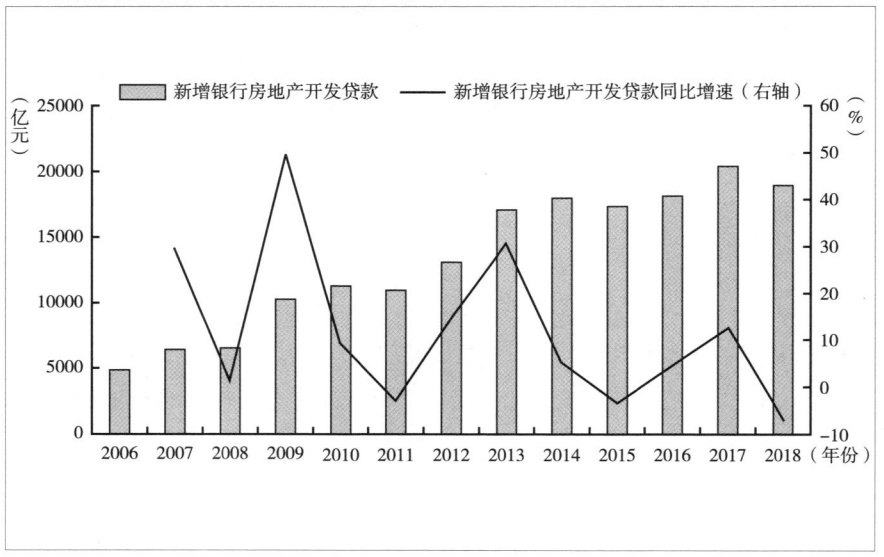

资料来源：WIND。

图 3-2　2006~2018 年房地产开发贷款余额及同比增速（季度）

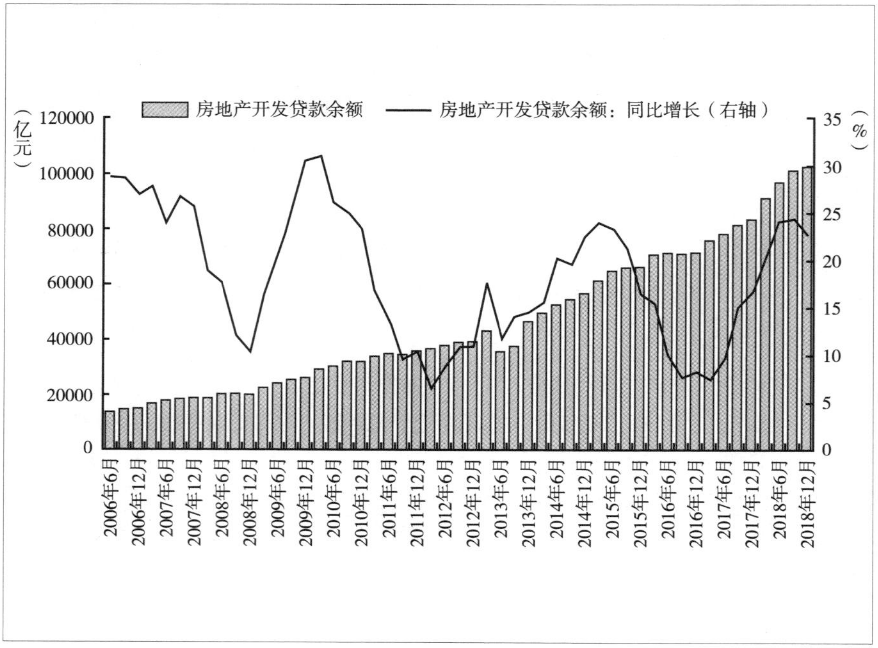

资料来源：WIND。

从 2016 年第一季度峰值时的 1.80 万亿元，持续下降至 2017 年底的 1.30 万亿元，2018 年第一季度后地产开发贷款余额触底反弹，截至 2018 年第三季度末余额达到 1.45 万亿元，同比增长 3.57%（见图 3-3）；房产开发贷款余额占房地产开发贷款余额比重在 75%~85%，近几年房产开发贷款余额持续增长，从 2011 年底的 2.72 万亿元增长到 2018 年第三季度的 8.61 万亿元，占房地产开发贷款余额比重已经超过 85%（见图 3-4）。在监管趋严，银行开发贷款收紧的政策背景下，房产开发贷款余额增速却达到历史较高水平，其原因如下：一是随着房地产调控升级和"资管新规"的逐步实施，通过银行表外理财、资管计划和委托贷款方式发放的房地产开发贷款受到严格监管，在资金回表的政策背景下，银行表内房产开发贷款余额持续增加；二是房地产调控和金融去杠杆导致债券融资、信托贷款等融资渠道收窄，融资成本提升，房地产企业更愿意选择银行开发贷款这种成本相对较低的融资方式；三是受三线、四线城市房地产市场持续火热影响，房地产企业增加对三线、四线城市的新开工项目投资和土地购置面积，在新开工、土地购置双重驱动下 2018 年房地产投资完成额达到 12.03 万亿元，同比增长 9.5%，保持了高位增长，相应房地产开发贷款必然也会增加。

图 3-3　2011~2018 年主要金融机构地产开发贷款余额及增速情况（季度）

资料来源：WIND。

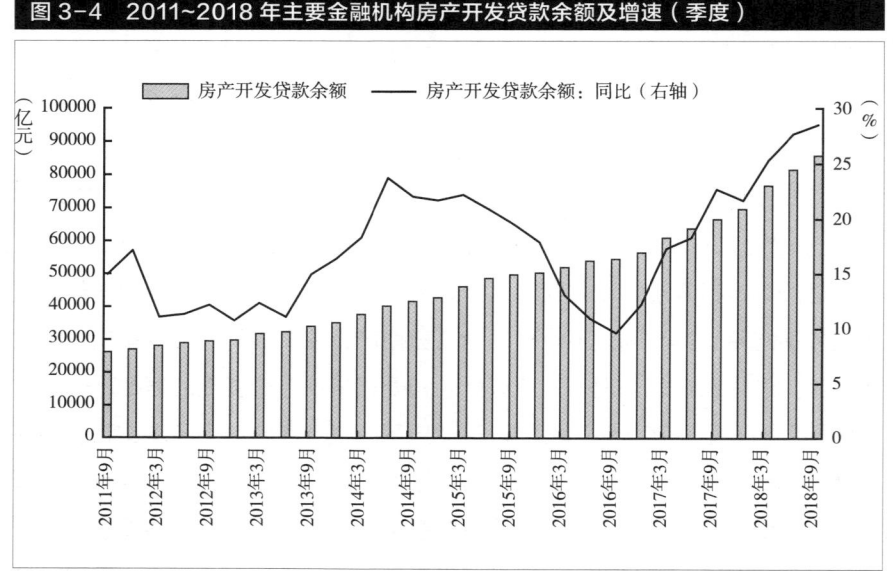

资料来源：WIND。

2．并购贷款

房地产并购贷款是指房地产开发企业以并购房地产企业股权、房地产开发项目或房地产土地项目为由向商业银行申请支付交易价款和费用的专项贷款，贷款期限最长为 7 年，以 3~5 年的中长期贷款为主。2008 年银监会出台《商业银行并购贷款风险管理指引》允许符合条件的商业银行开办并购贷款业务，在此之后并购贷款规模快速增长，成为房地产开发贷款之外的一重要的银行贷款融资方式。

在房地产行业增速放缓、竞争加剧、信贷紧缩和一手土地市场准入门槛提高的背景下，并购中小房地产开发企业或项目成为大型房地产开发企业获取低价土地资源、增加土地储备和快速扩大市场份额的利器，并购贷款也成为房地产开发企业的融资手段之一。并购贷款之所以备受房地产开发企业青睐，主要原因是相对于其他融资渠道来说，并购贷款是目前唯一可支持权益性融资的银行信贷，可以用于支付并购交易价款，最高可提供交易额的 60%，并在很大程度上可以规避监管，变相获得占土地出让金 60% 的融资，获取并购所得的房地产项目之后还可以继续申请房地产开发贷款，是一种对房地产开发企业自有资金比例要求较低的高杠杆融资渠道。在并购贷款的支持下，尤其是2012年之后，房地产市场并购交易规模不断攀升，整体呈现快速增长趋势，从2012年的590.93亿元增长到2016年高峰时的3713.98亿元，按照最高60%的比例来估算房地产并购贷款规模，目前已经超过2000亿元。

2018年1月，上海银监局下发《关于规范开展并购贷款业务的通知》，开始对辖区内的商业银行投向房地产行业的并购贷款进行严控，明确要求投向房地产行业的并购贷款必须按照穿透原则监管。受此影响，全国范围的大部分商业银行均加强了对房地产开发企业并购贷款合规性的审核力度，并购贷款开始收紧。经历2012~2017年的并购大潮之后，随着并购贷款的收紧，房地产行业并购活动受到限制，导致2018年房地产行业并购规模锐减至2483.25亿元，同比减少30.29%（见图3-5）。

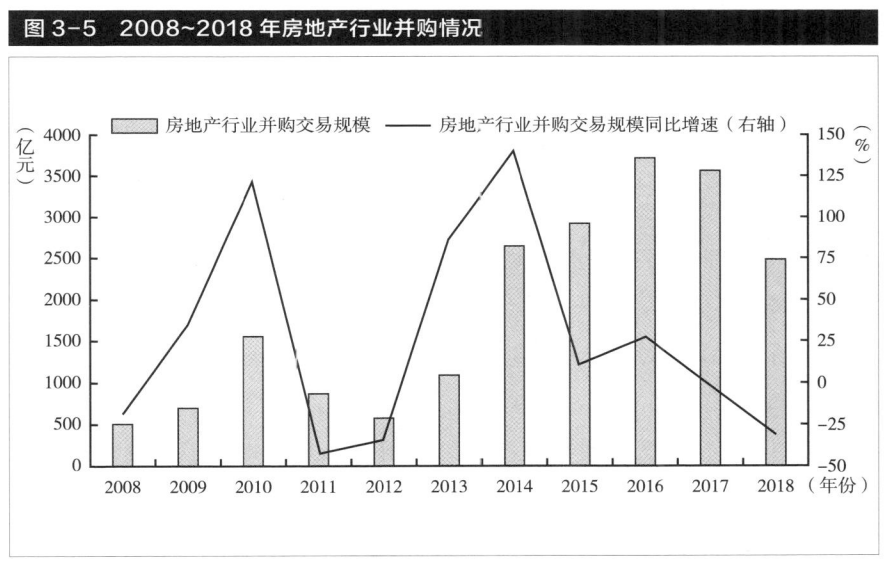

图3-5　2008~2018年房地产行业并购情况

资料来源：WIND。

（二）信托融资

房地产信托是指以房地产及其相关资产作为投资方向的资金信托投资方式，即由信托投资公司制定信托投资计划，委托人（投资者）将其资金委托给信托公司，并由信托投资公司通过信托贷款、房地产项目股权投资或购买房地产抵押贷款证券等方式进行房地产相关投资活动。按照交易和投资模式一般可以将房地产信托划分为债权型信托、股权回购型信托和权益型信托三种类型。从实践来看，最主要的房地产信托是债权型信托，即信托公司向房地产开发企业发放信托贷款，房地产开发企业提供资产抵押、股权质押或第三方担保，并承诺还本付息；此外较常见的是股权回购型信托，在将信托资金以股权投资方式投向房地产开发企业前，与房地产开发企业或相关第三方签署股权回购协议，形成类似房地产信托贷款的融资方式；直接将信托资金投资于房地产项目或房地产企业，形成实质性股权投资的权益型信托融资较少。信托融资是不同于银行的间接融资，也区别于资本市场的直接融资，其优点是融资方式和融资期限灵活，可以根据房地产项目的实际需求设计和发行专门的信托产品，为房地产开发企业提供多方位的资金支持，在授信额度、资金发放效率和灵活程度上较银行贷款均存在一定优势，因此信托融资一直是房地产开发企业较为重要的融资方式之一，是银行信贷的有益补充。其缺点是融资期限较短，一般为3年以内，且融资成本较高。

1．监管趋严导致新增信托融资规模回落

从中国信托业协会公布的房地产信托融资增量数据来看，2013年和2017年是房地产信托融资的高峰期，2013年新增房地产信托融资金额为6848.23亿元，同比增长116.49%；2017年新增房地产信托融资金额为1.11万亿元，同比增长51.38%。2017年5月以来，金融监管机构加强了对房地产信托业务的合规性监管，禁止信托资金违规进入房地产市场，导致房地产信托融资渠道开始收紧，2018年新增房地产信托融资金额为8710.00亿元，较去年同期下降21.47%（见图3-6）。

2．投向房地产领域的资金占信托业资金的比重创新高

从存量数据来看，2010年以来，房地产信托余额呈持续上涨态势，从2010年初的2351.29亿元增长到2018年末的2.69万亿元，8年间增长超过10倍，占信托业资金余额的比重也从10.64%上升到的14.18%，为2012年以来的峰值，表明在当前经济下行、房地产调控持续趋紧的压力下，房地产仍是信托资金配置的重要领域和盈利的重要来源之一（见图3-7）。

（三）债券融资

债券融资指房地产开发企业通过债券市场发行信用债券来募集和合理有

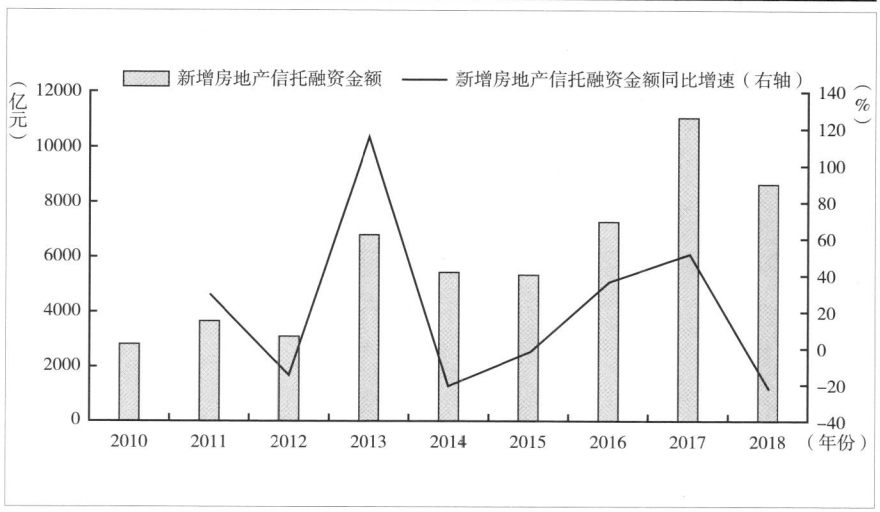

图 3-6 2010~2018 年新增房地产信托融资金额及同比增速

资料来源：WIND。

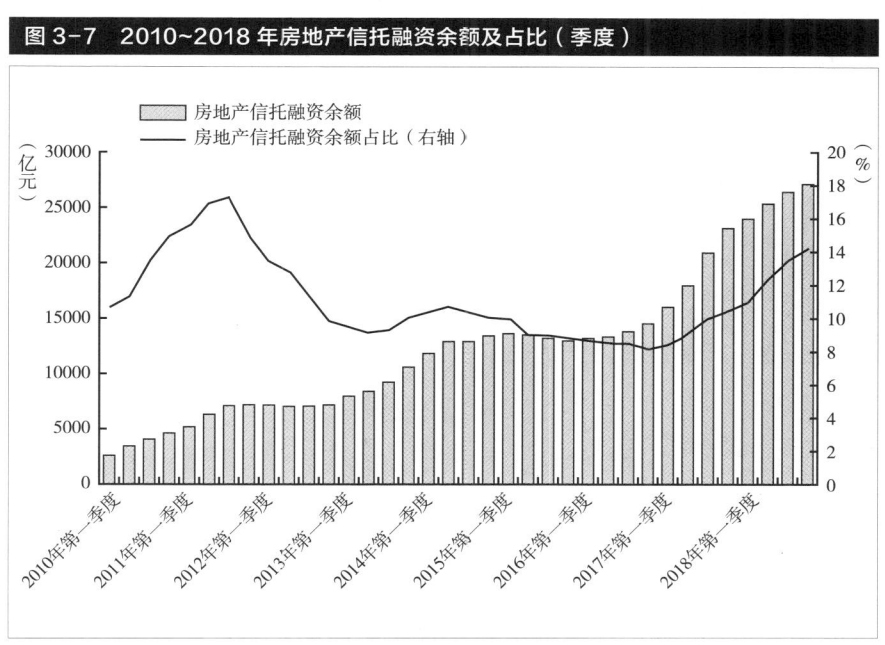

图 3-7 2010~2018 年房地产信托融资余额及占比（季度）

资料来源：WIND。

效地运用社会闲散资金。债券是金融市场重要的金融工具之一，是依照法定程序发行并约定在一定期限内还本付息的有价证券，是房地产开发企业重要的融资渠道之一。债券融资的优点是融资成本较低、资金使用限制较少，且公司债、企业债等债券期限较长，可以使房地产开发企业获得长期资金支持。房地产开发企业通过债券融资可以增加融资来源，优化融资结构，减少对银行资金的依赖。债券融资的缺点是发行门槛较高，审批标准严格，且易受房地产市场宏观调控政策影响。

按照房地产开发企业发行的债券类型来看，包括公司债、企业债、中期票据、短期融资券和非公开定向债务融资工具等。其中，公司债指发行主体为公司制的上市公司或非上市公司，经证监会核准，在交易所债券市场公开或非公开发行，在证券交易所上市交易或在全国中小企业股份转让系统转让，在中证登登记托管，期限为1年以上，以3~5年期限为主的中长期债券，发行方式可以选择公开发行（又称大公募，经证监会审批，面向公众投资者，信用等级达到AAA）、半公开发行（又称小公募，经交易所审批，面向合格投资者）和非公开发行（又称私募，在交易所备案，面向合格投资者且投资者不能超过200人）。企业债指发行主体为具有法人资格的企业，多为国有企业，经国家发改委核准，在银行间市场和交易所发行、交易，在中证登登记托管，以3~10年期限为主的中长期债券。中期票据指发行主体为具有法人资格的非金融企业，在中国银行间市场交易商协会注册，在银行间市场发行和交易，以3~5年期限为主的中期债券。短期融资券指发行主体为具有法人资格的非金融企业，在中国银行间市场交易商协会注册，在银行间市场发行和交易，期限在1年以内的短期债券，包括期限不超过270天的超短期融资券和不超过360天的一般短期融资券两种类型。非公开定向债务融资工具指发行主体为具有法人资格的非金融企业，在中国银行间市场交易商协会注册，向签署了定向发行协议的银行间市场特定机构投资人发行，在特定机构投资人范围内流通转让，以1~3年期限为主的中期债券。

1．房地产开发企业信用债发行情况

从历年发行情况来看，2013年以前，房地产开发企业信用债发行量较小，2002~2013年累计发行额仅为1964.95亿元。受益于房地产调控政策的放松、房地产开发企业融资环境的改善和2015年1月《公司债券发行与交易管理办法》的实施，2014~2016年房地产开发企业信用债发行规模出现爆发性增长，各年债券融资额分别为 1671.00 亿元、5894.91 亿元和 9610.58 亿元，同比增速分别为 276.90%、252.78% 和 63.03%。随着 2016 年 9 月 30 日新一轮房地产调控开始，房地产开发企业融资环境趋紧，监管趋严，对发债房企规模、资质、财务状况、资金用途的要求进一步提升。受限于监管部门对房地产企业信用债发行的管控和债券市场的调整，房地产开发企业信用债发行规模出现断崖式下跌，2017 年信用债发行金额仅为 3242.5 亿元，同比下降 66.26%。2018 年，房地产融资环境较上年略有改善，优质房企（主要是上市公司、国有房地产企业和排名前 100 的房地产开发企业）的债券发行规模开始回升，2018 年房地产开发企业信用债发行规模达到 5526.77 亿元，同比增长 70.45%（见图 3-8）。虽然 2018 年房地产开发企业信用债的发行规模回升，但主要是延续借新还旧的操作，净融资额并未出现大幅提升。

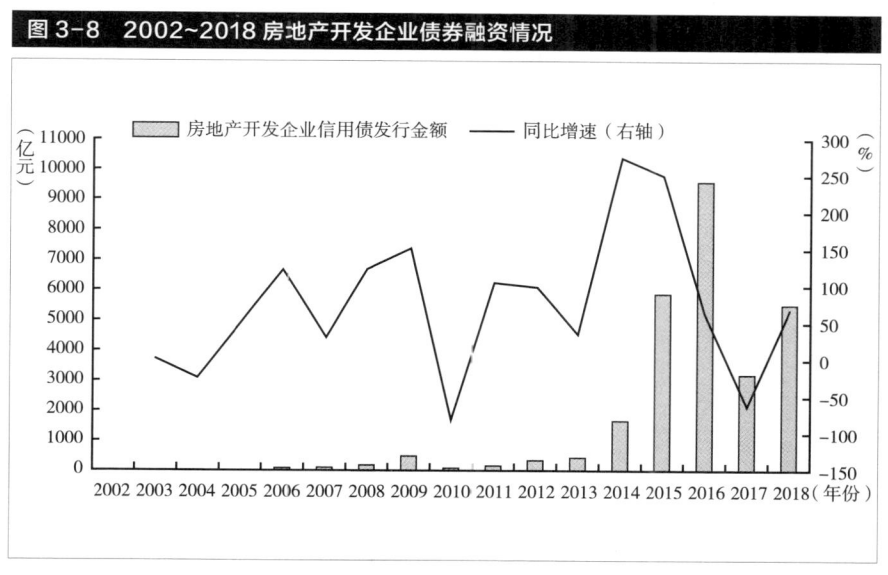

图 3-8 2002~2018 房地产开发企业债券融资情况

资料来源：WIND。

从信用债发行结构变化来看，2014 年以前，房地产开发企业信用债发行的主要类型为企业债，占比超过 50%。2015 年 1 月《公司债发行与交易管理办法》开始实施之后，公司债的发行量呈爆发式增长，2015 年发行额为 4066.11 亿元，较上年增长 28.15 倍，2016 年达到 7454.48 亿元，占房地产开发企业信用债总额的比例为 77.62%，公司债取代企业债成为房地产开发企业最主要的信用债类型。2016 年 10 月，上交所和深交所相继发布《关于实施房地产、产能过剩行业公司债券分类监管的函》；2016 年 11 月，国家发改委发布《关于企业债券审核落实房地产调控政策的意见》，房地产开发企业公司债和企业债的发行政策全面收紧。2017 年，公司债的发行规模大幅缩减至 722.30 亿元，同比下降 90.31%，企业债发行规模缩减至 261 亿元，同比下降 66.15%，中期票据成为房地产开发企业最主要的信用债类型，占信用债总额的比例为 42.92%，同时短期融资券的发行规模也大幅增加至 591 亿元，同比增长 219.46%。2018 年，受益于融资环境的改善，公司债发行规模回升至 2669.87 亿元，占信用债总额的比例为 48.31%（见图 3-9）。

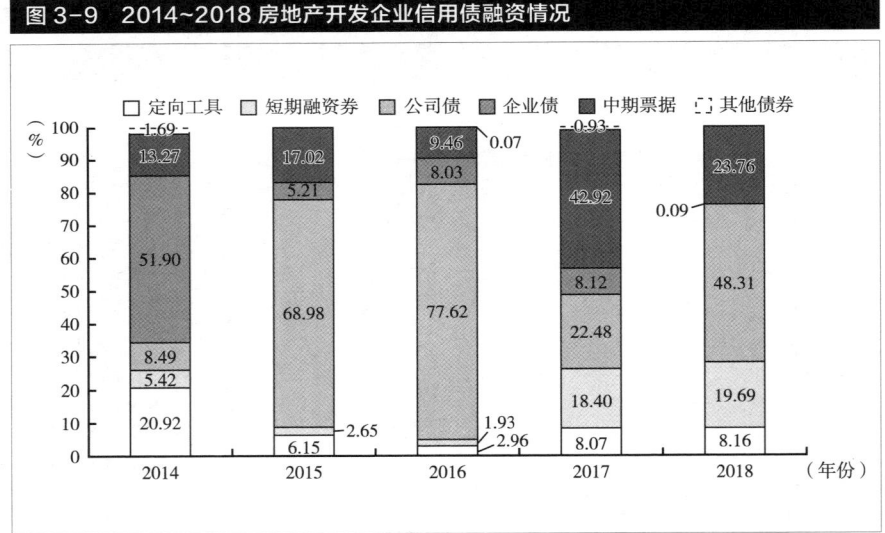

图 3-9　2014~2018 房地产开发企业信用债融资情况

资料来源：WIND。

2．房地产开发企业信用债余额情况

截至 2018 年 12 月 31 日，房地产开发企业存量信用债余额为 2.02 万亿元，同比增长 6.5%，信用债余额超过百亿元的房地产开发企业有 51 家。从房地产开发企业存量信用债结构来看，占比最高的是公司债，其后依次为中期票据、企业债、定向工具、短期融资券和其他债券。其中，公司债余额 11808.36 亿元，占比 58.48%，包括一般公司债 5893.25 亿元、私募债 5915.11 亿元；中期票据余额 4508.20 亿元，占比 22.33%；企业债余额 1800.68 亿元，占比 8.92%；定向工具余额 1258.10 亿元，占比 6.23%；短期融资券余额 782.80 亿元，占比 3.88%；其他债券（包括可交换债和可转换债等）余额 34.25 亿元，占比 0.17%（见图 3-10）。

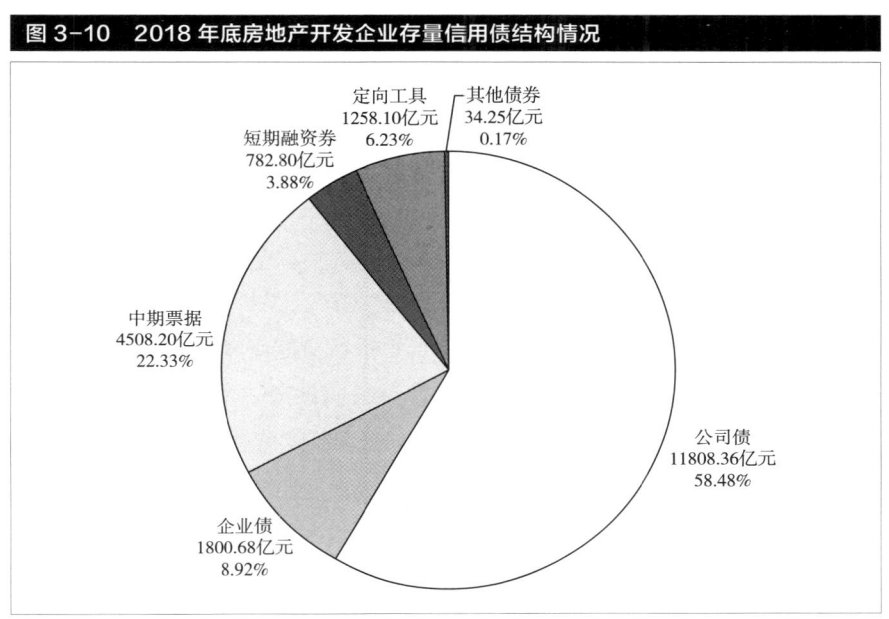

图 3-10　2018 年底房地产开发企业存量信用债结构情况

资料来源：WIND。

3．警惕房地产开发企业信用债集中偿付带来的违约风险

从房地产开发企业信用债到期情况来看，2019 年信用债到期余额为 3381.48 亿元，2020 年信用债到期余额为 3752.25 亿元，2021 年信用债到期余额为 7160.06 亿元，2022 年信用债到期余额为 2404.76 亿元，2023 年及以后信用债到期金额 3490.35 元。在不考虑回售情况下，未来 3 年房地产开发企业信用债将迎来集中偿付期，需偿付规模逐年增加，在 2021 年房地产开发企业信用债到期偿付规模高达 7160.06 亿元，达到峰值。虽然 2018 年房地产开发企业融资环境较上年有所改善，房地产开发企业信用债发行规模触底回升，但其规模仍远低于 2016 年。随着债务到期偿付规模的逐步增大，新发行的信用债规模可能并不足以覆盖债务到期带来的偿付规模，一旦房地产销售因长期的房地产调控出现大幅下滑，房地产企业的信用债违约风险将会大幅增加。

（四）股权融资

股权融资方式主要包括房地产开发企业通过 IPO 融资和已上市房地产开发企业通过公开或定向增发、向股东配股等方式进行融资。通过 IPO 融资是房地产开发企业梦寐以求的融资方式，只有少数大型房地产开发企业可以实现上市融资，《中国统计年鉴》数据表明，截至 2017 年底，中国房地产开发企业数量达到 9.59 万家，而目前我国 A 股房地产行业上市公司总数为 124 家，房地产开发企业只有 111 家，绝大部分房地产开发企业仍只能依靠银行贷款等其他融资渠道融资。

股权融资的优点：（1）通过股权融资房地产开发企业可以从资本市场获得较大规模无须偿还的永久性资金，符合房地产业需长期资金支持的要求；（2）可以提升公司信用水平，使其更易通过银行贷款或其他融资方式筹措公司发展所需资金；（3）通过股权融资可以降低房地产开发企业资产负债率，优化财务结构，改善房地产开发企业现金流，降低财务风险；（4）股权融资不需要支付资金利息，其融资成本仅为上市或增发股票的发行费用，后期只需根据企业经营情况和董事会决定进行分红，融资成本较低；（5）股权融资还可以促进房地产开发企业完善公司治理，建立现代企业制度，提高公司的经营管理水平。股权融资的缺点：（1）房地产开发企业上市对企业营业规模、股权结构、盈利水平、负债情况等方面要求严格，审核门槛较高，上市、增发、配股等方式融资受房地产行业调控政策影响较大；（2）股权融资会对原始股东股权进行稀释，减弱其控股权。

1．股权融资占行业融资比重较小

从融资规模来看，自 1991 年 1 月 29 日万科挂牌上市以来，截至 2018 年底，房地产企业股权融资规模累计仅为 6522.44 亿元，占房地产行业融资总额的比重较小。1992~2018 年房地产企业股权融资情况见图 3-11。

2．股权融资规模受房地产宏观调控影响较大

从历年房地产企业股权融资情况来看，股权融资规模受房地产宏观调控政策影响较大。在抑制房地产过热的调控年份，如 1993~1995 年、2004~2005 年、2010~2013 年、2017~2018 年，房地产企业股权融资均受到重大影响，股权融资规模大幅缩小，1995 年、2005 年、2013 年股权融资渠道完全被关闭，2017 年股权融资规模较 2016 年下降 80.60%。在

图3-11　1992~2018年房地产企业股权融资情况

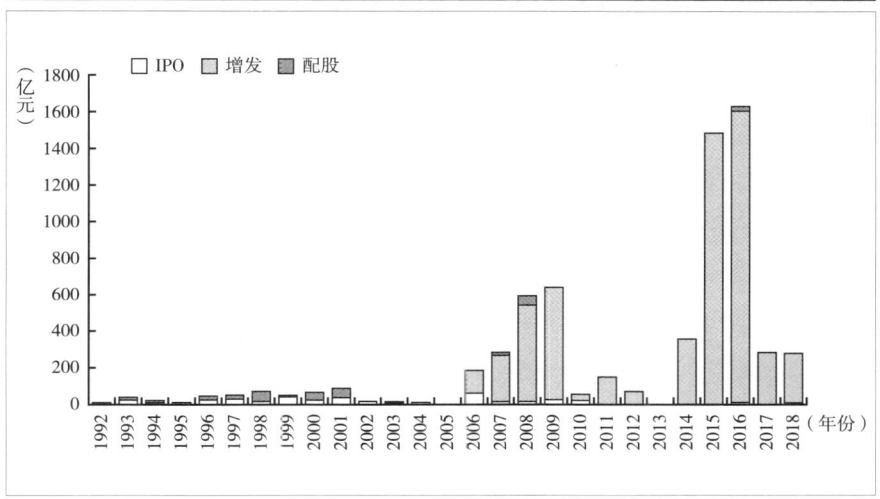

注：1991年1月，万科挂牌上市，但并未募集融资。房地产开发企业第一笔股权融资是1992年金丰投资（现绿地控股）公开发行募集资金3500万元，故图中数据从1992年开始。

资料来源：WIND。

刺激房地产业发展或房地产调控放松的年份，如2015~2016间，股权融资规模大幅增加，融资规模分别为1490.24亿元和1634.28亿元，是2014年的4.15倍和4.55倍。

3．增发成为目前房地产企业股权融资的最主要方式

从股权融资结构来看，2005年之前房地产企业股权融资的方式主要是IPO和配股，2006年之后公开增发或定向增发融资额为5786.70亿元，成为房地产企业股权融资的主要方式，2011年之后房地产企业的IPO基本处于停滞状态，仅有新城控股、招商蛇口两家房地产开发企业和国创高新、南都物业两家房地产服务企业通过IPO的审核，同时，仅有大悦城、华远地产等少数几家房地产开发企业进行了配股，融资额为93.75亿元。（见图3-12）。

（五）境外融资

境外融资指我国房地产开发企业通过国际资本市场（包括港澳台地区）进行资金融通。在我国房地产市场调控政策趋向收紧、金融监管趋严和国内融资渠道变窄的背景下，境外融资成为部分大中型房地产开发企业融资的重

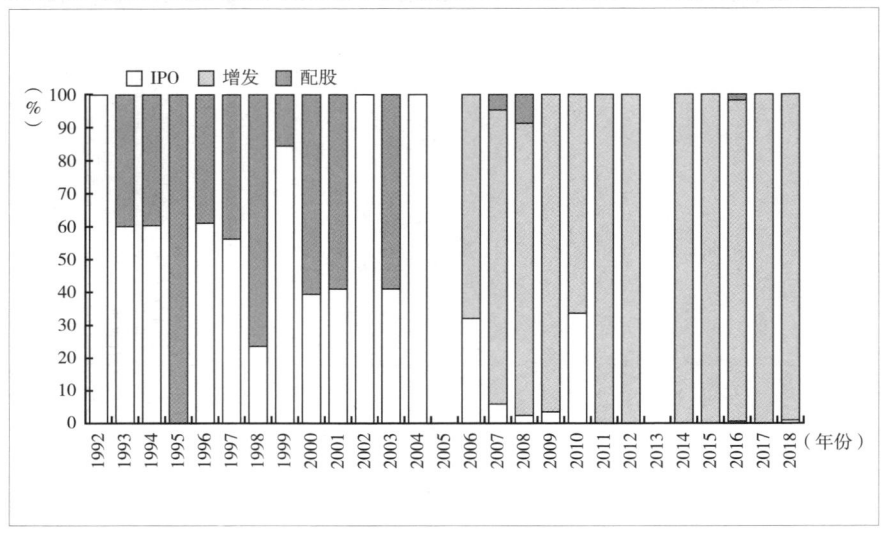

图 3-12 1992~2018 年房地产企业股权融资结构

资料来源：WIND。

要选择。从融资方式来看，我国房地产开发企业境外融资的主要方式为境外上市、发行海外债券和境外银行贷款，其中发行海外债券是最主要的境外融资方式。境外融资的优点是可以拓宽我国房地产开发企业的融资渠道，缓解房地产开发企业资金压力，且境外资本市场发展更为成熟，成本相对较低；缺点是境外融资对房地产开发企业的信用等级、规模、盈利水平、发展潜力、信息公开程度要求较高，境外融资政策和融资环境不同，房地产开发企业融资风险较大，且境外融资规模的大幅增加会弱化国家房地产调控的政策效果。

1. 境外 IPO 融资

近年来，众多国内房地产开发企业寻求境外上市，通过境外资本市场 IPO 融资和以境外上市为平台进行再融资。2010 年以来，我国 A 股房地产开发企业 IPO 基本陷入停滞，在香港联合交易所上市成为国内房地产开发企业上市的最主要途径。截至 2018 年底，超过 90 家国内房地产开发企业通过境外 IPO 上市，其中超过 90% 的房地产开发企业选择在香港上市。在 2018 年销售额突破千亿元的 30 家头部房地产开发企业中，碧桂园、万科、中国恒大、融创中国、绿地、华润置地、龙湖集团、世茂房地产、招商局置地（招商蛇口）、旭辉控股集团、绿城中国、富力地产、中国金茂、远洋集团、雅居乐集团共十五家企业选择在香港上市或 A 股和港股同时上市，可见香港联合交易所上市对房地产开发企业具有较强吸引力（见表 3-1）。

表 3-1　部分房地产开发企业香港联合交易所 IPO 情况

公司简称	IPO 时间	IPO 融资金额（亿港元）	公司简称	IPO 时间	IPO 融资金额（亿港元）
路劲	1996 年 7 月	11.81	中国恒大	2009 年 11 月	35.18
华润置地	1996 年 11 月	8.14	龙湖集团	2009 年 11 月	81.31
招商局置地	1997 年 10 月	0.72	花样年控股	2009 年 11 月	32.09
丽丰控股	1997 年 11 月	7.84	佳兆业集团	2009 年 12 月	34.50
合生创展集团	1998 年 5 月	6.75	天山发展控股	2010 年 7 月	3.50
中渝置地	1999 年 4 月	0.52	融创中国	2010 年 10 月	26.10
万达酒店发展	2002 年 6 月	0.83	首创钜大	2012 年 4 月	0.55
首创置业	2003 年 6 月	8.52	旭辉控股集团	2012 年 11 月	16.69
富力地产	2005 年 7 月	22.84	五洲国际	2013 年 6 月	15.05
西王置业	2005 年 12 月	4.58	当代置业	2013 年 7 月	5.96
雅居乐集团	2005 年 12 月	32.13	景瑞控股	2013 年 10 月	13.95
世茂房地产	2006 年 7 月	42.77	时代中国控股	2013 年 12 月	15.51
绿城中国	2006 年 7 月	30.69	龙光地产	2013 年 12 月	15.75
瑞安房地产	2006 年 10 月	51.11	阳光 100 中国	2014 年 3 月	20.00
绿地（香港）	2006 年 10 月	13.74	万科	2014 年 6 月	0.00
太阳城集团	2007 年 2 月	5.15	亿达中国	2014 年 6 月	14.31
碧桂园	2007 年 4 月	148.49	国瑞置业	2014 年 7 月	16.22
合景泰富集团	2007 年 7 月	52.33	中国宏泰发展	2014 年 8 月	11.33
中国金茂	2007 年 8 月	38.14	新明中国	2015 年 7 月	6.72
远洋集团	2007 年 9 月	115.93	佳源国际控股	2016 年 3 月	12.83
建业地产	2008 年 6 月	13.75	海蓝控股	2016 年 7 月	2.97
宏基资本	2009 年 8 月	5.02	正荣地产	2018 年 1 月	44.81
华南城	2009 年 9 月	31.50	弘阳地产	2018 年 7 月	20.98
禹洲地产	2009 年 11 月	16.20	美的置业	2018 年 10 月	32.40

资料来源：WIND。

中国香港成为国内房地产企业境外上市的首选之地，原因主要为：（1）中国香港地理位置与中国内地较近，且香港对拟上市房地产开发企业财务的要求比内地低，其采取注册制，上市审核时间相对较短，房地产开发企业可以较为便捷地实现上市；（2）中国香港是重要的国际金融中心，资本市场发达，估值合理，融资和再融资渠道畅通，在香港上市是实现上市和连接国际资本市场的有效途径，可以为企业有效利用境外资金创造有利的条件。

从近几年国内房地产开发企业在香港联合交易所IPO的融资规模来看，2006年、2007年和2009年分别为138.32亿港元、451.81亿港元、365.57亿港元。之后随着香港联合交易所对房地产开发企业上市审批趋严，融资规模下滑。2018年，在境内融资持续收紧背景下，房地产开发企业加快赴港上市的步伐，正荣地产、弘扬地产、美的置业、恒大集团控股等房地产开发企业顺利实现在香港联合交易所上市，共获得101.9亿港元的融资（见图3-13）。

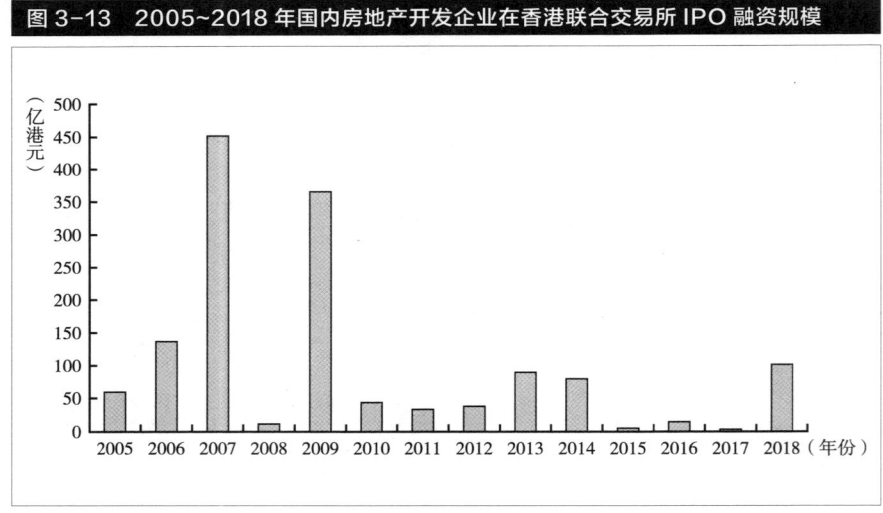

图3-13 2005~2018年国内房地产开发企业在香港联合交易所IPO融资规模

资料来源：WIND。

2．发行海外债券融资

海外债券指国内房地产开发企业及其控制的境外企业或机构向境外发行的以本币或外币计价和还本付息的1年期以上的债务融资工具。我国房地产开发企业海外债券发行方式主要是设立境外全资子公司，以境外子公司作为主体，在境外（主要为香港联合交易所和新加坡证券交易所）发行以美元、欧元、港元、新加坡元或人民币计价的企业债（以美元债为主），期限以3年期和5年期为主。

1993年越秀地产发行首批总金额4.2亿美元的两只企业债之后，很长一段时间国内房地产开发企业海外债券融资活动并不活跃。2010年之后，随着在香港上市的国内房地产开发企业数量增多，房地产企业融资规模开始快速提高，从2010年的10亿美元增长到2014年的86.94亿美元。2015年，国内房地产开发企业融资环境改善，新的《公司债券发行与交易管理办法》实施，国内房地产开发企业信用债发行效率提升、发行成本下降，债券融资规模激增，导致海外债券发行规模下滑。2015年9月，国家取消了对境内企业海外债券发行额度审批制度，改为备案制，2016年房地产开发企业境外债券融资规模回升至94.13亿美元。2016年9月底，新一轮房地产调控开始，房地产企业融资渠道开始逐渐收紧，房地产开发企业国内信用债发行规模出现断崖式下跌，更多的房地产开发企业被迫转向海外市场发债融资，这导致2017年房地产开发企业海外债券融资规模激增至419.42亿美元，同比增长345.58%。为减少境外融资对房地产宏观调控的影响，降低海外债的信用风险，2018年4月国家发改委发布《关于完善市场约束机制严格防范外债风险和地方债务风险的通知》（发改外资〔2018〕706号），要求房地产开发企业海外债券融资主要用于偿还到期债务，限制其流向房地产项目和用于补充房地产开发企业运营资金。这导致2018年房地产企业海外债券发行增速大幅下降，发行规模为485.58亿美元，同比增速仅为15.77%（见图3-14）。总的来看，近两年，房地产开发企业海外债券发行规模超过

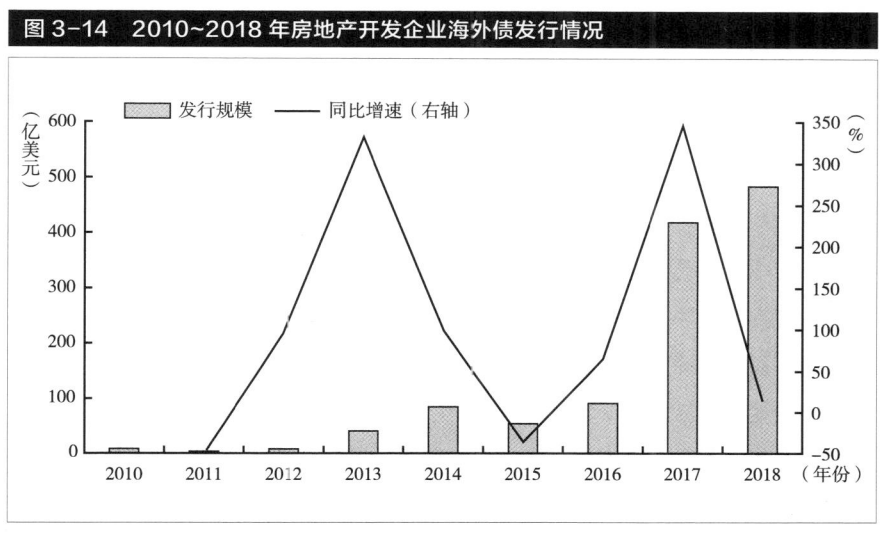

图3-14 2010~2018年房地产开发企业海外债发行情况

资料来源：WIND。

房地产开发企业国内信用债发行规模的50%，已经成为房地产开发企业资金来源的重要补充渠道。

二 房地产开发企业融资成本情况

（一）银行贷款利率

融资成本是为获得资金的使用权而支付给资金所有者的报酬。商业银行贷款是房地产企业最主要的融资方式，其实际利率由各商业银行根据房地产企业资信水平、财务状况、信贷额度和房地产开发项目情况以人民币贷款基准利率为基础上下浮动。通常上市国有房地产企业银行贷款利率较低，一般为基准利率上浮10%左右；上市民营房地产企业银行贷款利率一般为基准利率上浮10%~50%；中小型非上市房地产企业银行贷款利率较高，一般较基准利率上浮超过50%。

从近几年中国人民银行公布的金融机构贷款基准利率的变化情况来看，其随我国经济运行情况和宏观调控政策的变化而不断调整。2008年金融危机之后，为缓解金融危机的影响和稳定经济增长，央行五次下调金融机构贷款基准利率，基准利率大幅下降；自2011年开始，为应对金融危机后宽松货币政策带来的不断加大的通货膨胀压力，货币政策回归稳健，金融机构贷款基准利率稳步上行；2014年3季度之后，为应对经济下行压力，央行开始逐步下调金融机构贷款基准利率；2015年底至今，基准利率处于历史较低水平。从金融机构一般贷款加权平均利率来看（因无法获得房地产企业银行贷款平均利率，我们使用金融机构一般贷款加权平均利率来代表房地产行业银行贷款平均利率的变化情况），2016年之前，金融机构一般贷款加权平均利率与基准利率保持相同变化趋势且略高于基准利率；但2016年之后，在基准利率维持历史较低水平的情况下，一般贷款加权平均利率逐步上行至2017年的6.19%，直到2018年第四季度，结束上行趋势回调至5.91%，约为同期基准利率上浮20%（见图3-15）。这表明2016年之后在金融去杠杆和房地产调控的影响下，房地产企业银行贷款平均利率在逐步上行，作为房地产企业最为重要的融资来源，其成本在不断提高。虽然银行贷款平均利率逐步上行，但因基准利率处于历史较低水平，与房地产企业其他融资方式相比，银行贷款的融资成本依然相对较低，尤其是对综合实力强、负债率

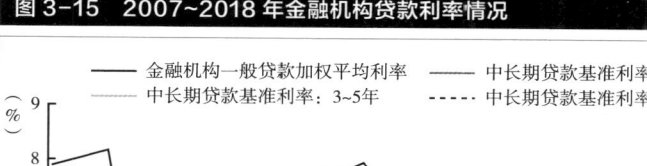

图 3-15　2007~2018 年金融机构贷款利率情况

资料来源：WIND。

较低的房企，商业银行放贷意愿较高，其贷款利率相应也较低；相反，部分负债率较高或规模较小的民营房地产企业，其银行贷款的实际利率可能超过 10%。

（二）信托融资成本

信托融资一直是成本较高的融资方式，从近几年发行的投资于房地产的资金信托产品来看，其预期最高年收益率为 4%~25%，平均年收益率在 7%~10% 浮动，考虑 2%~3% 的信托公司报酬和信托计划发行费用，房地产企业信托融资的平均成本为 9%~13%。

具体来看，2015 年之前，房地产信托的平均年收益率在 9% 上下浮动，融资成本居高不下；2016 年，受房地产企业信用债发行规模爆发性增长影响，房地产信托平均年收益率下降至 7.28%，同比下降 21.72 个百分点；2018 年，房地产信托平均收益率上升至 8.09%，同比上涨 14.10 个百分点，主要原因是随着房地产调控的不断加强，2018 年房地产企业新增银行贷款规模和信用债的净融资额均出现下滑，其他融资渠道的收紧使房地产企业的信托融资需求增加，但由于金融去杠杆和金融严监管造成信托业整体资金来源收缩，信托融资成本出现较大幅度的上涨（见图 3-16）。

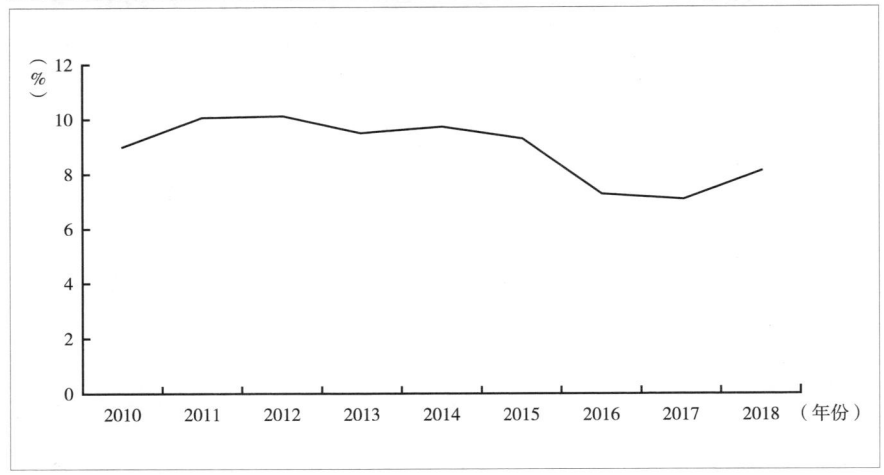

图 3-16　2010~2018 年房地产信托平均收益率

资料来源：用益信托网。

（三）债券发行利率

我国房地产企业信用债发行门槛较高，发行主体以大中型房地产企业为主，并要求盈利水平、资信状况较好，发行主体和债券评级一般在 AA 级以上。从近年来我国房地产企业信用债发行加权平均票面利率来看，2008~2016 年之前，房地产企业信用债平均利率的变化趋势与基准利率调整趋势基本一致，围绕基准利率上下波动（见图 3-17）。但 2016 年之后，受房地产调控政策影响，房地产企业信用债发行规模出现较大幅度下滑，信用债的加权平均票面利率也结束了 2015 年以来的持续下降趋势，开始连续上升，从 2016 年的 4.96% 上升至 2017 年的 5.80% 和 2018 年的 6.08%，2018 年较 2016 年涨幅高达 1.12 个百分点，较同期基准利率上浮 1.33 个百分点，房地产企业债券融资成本不断提高。

（四）海外债券发行平均利率

随着国内房地产企业资金需求的不断增加，除了国内的融资渠道，一些有条件的大中型房地产企业还通过发行海外债券融资来拓展资金来源。近两年，海外债券的发行规模已经超过国内房地产企业信用债发行规模的

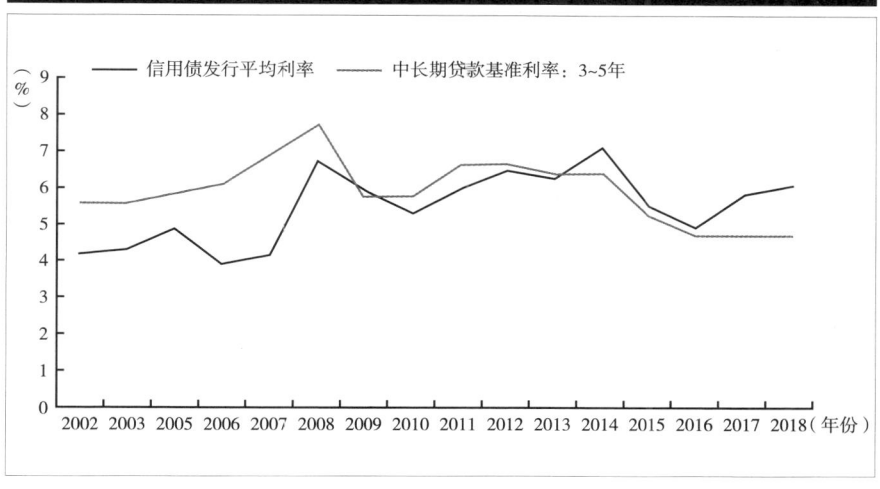

图 3-17 2002~2018 年房地产企业信用债加权平均票面利率

资料来源：WIND。

50%，成为我国房地产企业较为重要的融资渠道之一。从近几年海外债券发行情况来看，其票面利率在 2.5%~15%，以 6%~8% 居多，2018 年 12 月，花样年控股在新加坡证券交易所发行的 3 年期美元债票面利率高达 15%。

从房地产企业海外债券加权平均票面利率来看，其在 4.37%~7.26% 波动，略高于国内信用债加权平均票面利率。具体来看，2012 年，受美国 QE 影响，全球资本市场利率水平较低，国内房地产企业海外债券加权平均票面利率下降至 4.37% 的历史低点；2016 年，受国内宽松的融资环境和较低的融资成本影响，海外债券加权平均利率从 2015 年的 7.39% 下降至 2016 年的 5.53%；2016 年之后，国内房地产企业融资环境全面收紧，而海外融资环境相对较为宽松，越来越多有条件的房地产企业为改善资金流动性和缓解资金压力而转向发行海外债券融资，受此影响海外债券发行加权平均票面利率上升至 2017 年的 6.87% 和 2018 年的 7.26%，海外债券融资成本持续上升（见图 3-18）。国内房地产企业海外债券平均利率高于国内信用债的主要原因是穆迪、标普、惠誉等国际评级公司对国内房地产企业债券评级较低，主要为 B 级，部分债券甚至没有评级，这使得投资者要求更高的风险补偿。

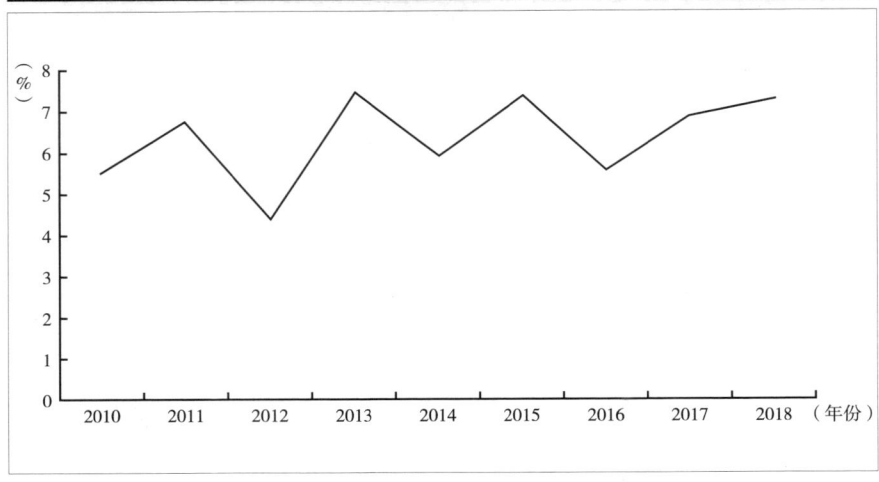

图 3-18 2010~2018 年房地产企业海外债加权平均利率

资料来源：WIND。

三 2019 年房地产开发企业融资情况展望

2018 年和 2019 年初，央行实施多次降准，货币政策逐步趋松，流动性紧张的局面得到缓解，房地产调控政策因城施策并随之适度调整，但房地产企业融资政策可能仍将维持收紧的局面。展望 2019 年，我们预期房地产企业融资环境会略有改善，房地产行业融资规模预期会小幅增加，优质房企的资金压力有望缓解，中小房企和负债率较高的大型房企融资难度可能会继续加大，除了拓展企业融资渠道外，提高周转速度、降低库存规模、加速资金回笼仍是房地产开发企业生存的不二选择。

房地产企业贷款方面，目前已经有部分房地产企业流动性吃紧，开始降价促销加快资金回笼来降低资金链压力，国家可能会针对房地产企业融资有选择地略有放松，优质房企和中小房企的银行信贷支持力度将产生分化，未来优质的国有房地产企业或上市房地产企业资金面会略有改善，出于风险考虑，中小房企获取银行贷款的难度仍然较大。信托融资方面，虽然房地产仍是信托投资最主要的行业之一，但随着房地产企业债务风险不断加大，信托公司出于风险控制要求对房地产企业融资审核可能会趋严，信托融资规模预期将维持目前的状态。债券融资方面，2018 年 12 月国家发改委发布了《关于支持优质企业直接融资进一步增强企业债券服务实体经济能力的通知》，优质房企债券融资环境会有较大改善，2019年资金紧张的局面可能得到一定的缓解。股权融资方面，国内房企A股IPO融资事实上已经冻结，但预期2019年上市房地产企业增发限制会有所放松，股权融资规模会略有提升。境外融资方面，目前国内房地产企业发行海外债券融资的热情较高，预期境外融资规模可能会进一步扩大。

融资成本方面，虽然预期房地产开发企业融资环境会略有改善，但未来优质房企和中小型房企融资成本可能会出现较大分化，负债率较低且资信状况较好的头部房地产企业融资成本可能会进一步下降，而负债率较高或规模较小的房地产企业的融资成本在未来一段时间预计仍将维持在高位。另外，受偏紧的信贷政策和趋向降温的房地产销售影响，2019年房地产投资增速可能会回落。

第四章　住房公积金市场[*]

- 近年来，我国住房公积金市场保持良好增长势头。缴存方面，2012~2017年，全国住房公积金实缴职工人数占城镇就业总人数的比重从27.37%提高到32.25%，缴存覆盖率5年间提高了约5个百分点；提取方面，住房公积金当年提取额占当年缴存额的比例由2012年的49.97%上升至2017年的67.98%；公积金贷款方面，个人住房贷款率由2012年的61.76%上升至2017年的87.27%，由于其贷款利率远低于基准利率，2017年发放的住房公积金个人住房贷款可为贷款职工节约利息支出1944.70亿元，平均每笔贷款可节约利息支出7.63万元。这些数据表明，在房价快速上升的背景下，公积金较好地支持了居民的住房消费。

- 经过20多年发展，住房公积金制度的问题也显现出来，具体包括：覆盖率依然较低，大部分私营企业职工、城镇个体工商户、自由职业人员、农民工等群体目前还没有被纳入住房公积金制度之内；公平性缺失，缴存比例、缴存额明显偏向国家机关和事业单位以及国有企业，甚至产生"劫贫济富"的逆向效应；运行管理机制存在缺陷，现有行政委托代理模式存在内控机制不健全、运行效率低下等问题，此外，住房公积金制度也导致企业负担较重。

- 未来住房公积金制度的改革目标应包括：第一，扩大覆盖面、加强对中低收入家庭住房支持，其目标在于解决公平性问题；第二，采取信托管理模式，其目标在于消除当前行政委托代理模式的弊端；第三，规范缴存基数和比例，减轻企业负担。

---

[*] 本章作者：崔玉，国家金融与发展实验室房地产金融研究中心研究员。

住房公积金制度是我国20世纪90年代初为筹集职工住房建设资金，在借鉴新加坡住房公积金经验基础上结合我国实际情况推出的一项政策性住房融资制度。在1998年下半年实施全面停止住房实物分配、实施住房分配货币化的住房制度改革后，其逐渐演变为以支持职工住房消费为主的政策性住房金融制度安排。1991年住房公积金制度在上海开始试点，1994年开始在全国推行住房公积金制度，1998年住房公积金制度在全国普遍建立，1999年住房公积金制度化，2002年之后住房公积金制度逐步完善，20多年来，我国住房公积金制度建设取得了令人瞩目的成绩，住房公积金制度已经成为我国住房金融制度的重要内容。

一 住房公积金运行情况

（一）缴存情况

从近几年住建部发布的《全国住房公积金年度报告》来看，我国住房公积金缴存额保持较快增长的态势：从流量数据看，除2012年年度缴存额小于1万亿元外，其他各年的年度缴存额都在1万亿元以上，2017年缴存额为1.87万亿元；从存量数据看，2012年的缴存余额为2.68万亿元，2017年缴存余额为5.16万亿元，5年间增长了约1倍，年均复合增长率为13.8%（见图4-1）。

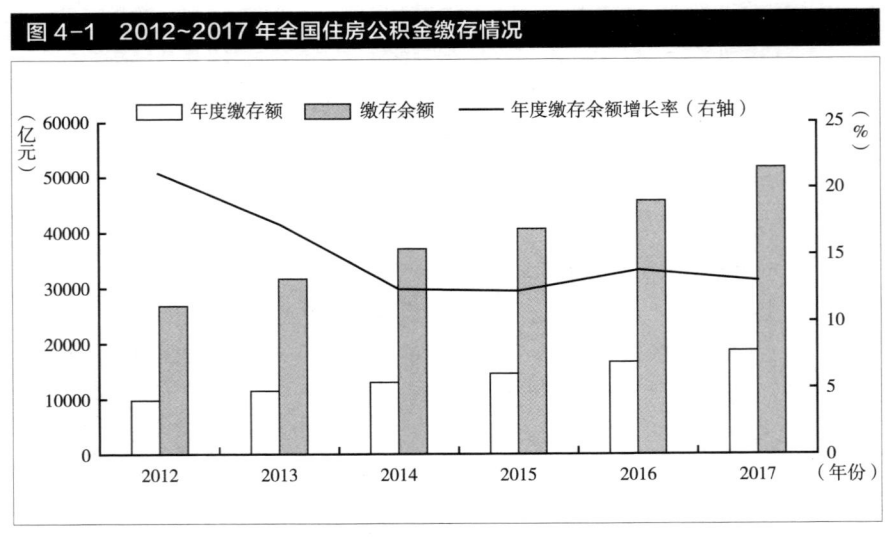

图4-1　2012~2017年全国住房公积金缴存情况

资料来源：2012~2017年《全国住房公积金年度报告》。

从人均数据看,年人均缴存额由 2012 年 9670 元增加到 2017 年的 1.36 万元,5 年间增长了 41.0%,年均复合增长率为 7.1%(见图 4-2)。

图 4-2　2012~2017 年住房公积金年人均缴存额

资料来源:2012~2017 年《全国住房公积金年度报告》。

从上文数据来看,年人均缴存额增速低于总的缴存额增速,其主要原因是缴存覆盖面在提高。由图 4-3 可以看出,2012~2017 年全国住房公积金

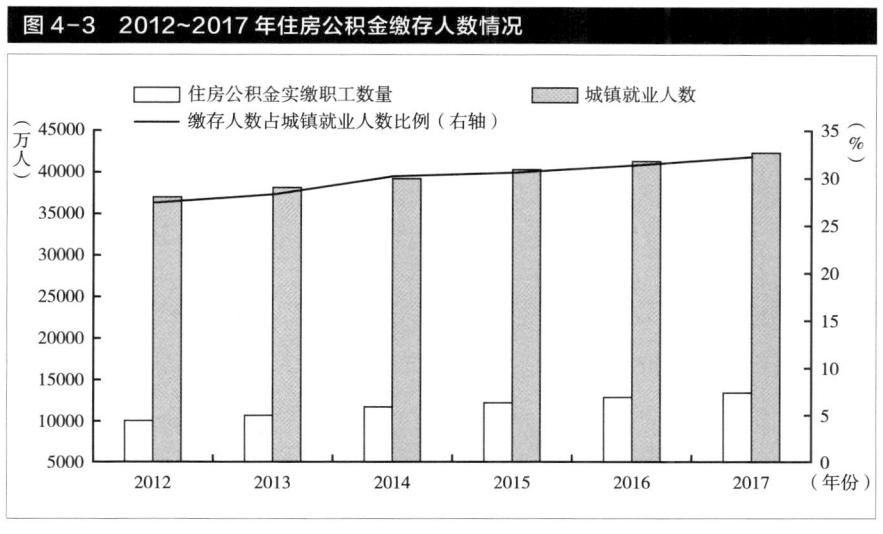

图 4-3　2012~2017 年住房公积金缴存人数情况

资料来源:2012~2017 年《全国住房公积金年度报告》。

实缴职工数量占城镇就业总人数比重从 27.37% 提高到 32.23%，缴存覆盖率 5 年间提高了约 5 个百分点。2017 年全国住房公积金实缴单位 262.33 万个，实缴职工达到 1.37 亿人，同比增长 10.11% 和 5.15%。

（二）提取情况

从住房公积金提取情况来看，2017 年住房公积金提取人数为 4689.49 万人，占实缴职工人数的 34.14%；年度提取额为 1.27 万亿元，同比增长 9.49%；截至 2017 年底，全国住房公积金累计提取总额 7.32 万亿元，占累计缴存总额的 58.65%。从提取率[1]情况来看，近年来一直保持增长态势，由 2012 年的 49.97% 上升至 2017 年的 67.98%，在房价快速上升的背景下，住房公积金提取率也上升较快，较好地支持了居民的住房消费需求（见图 4-4）。

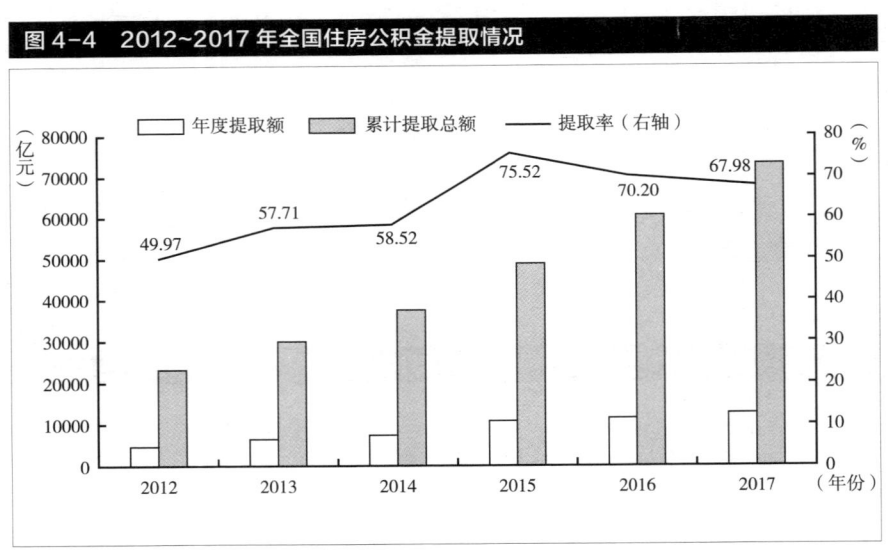

图 4-4　2012~2017 年全国住房公积金提取情况

资料来源：2012~2017 年《全国住房公积金年度报告》。

住房公积金提取后的用途大体可以分为两大类：非住房消费和住房消费。提取住房公积金用于非住房消费的情况主要包括离退休提取、出境定居提取、治疗重大疾病提取等，2017 年这部分提取金额为 0.26 万亿元，占比 20.51%。提取住房公积金用于住房消费的情况有四种：购买、建造、翻建、

1　提取率是住房公积金当年提取额占当年缴存额的比例。

大修自住住房；偿还购房贷款本息；租赁住房；其他住房消费。在实际中，第一种情况大部分将提取的住房公积金用于购买住房，用于建造、翻建的较少，因为缴存住房公积金的大部分是城镇户籍人口，这类自然人并不具有建造、翻建住宅的权利，这部分资金提取占总额的比例约为30%。偿还购房贷款本息是公积金提取中占比最大的情况，占比大约为40%。自2014年3月《国家新型城镇化规划（2014—2020年）》首次提出"租售并举"的概念后，因租赁住房而提取公积金的比例有了明显提升，2014年，租赁住房提取的比例仅为1.07%，此后逐年上升，2017年达到3.49%。其他住房消费提取包括支付装修费、物业费等，2017年这部分提取占比为1.67%（见图4-5）。总体而言，2017年住房消费类提取额为1.01万亿元，占比79.49%。

图4-5　2014~2017年全国住房公积金提取额按提取用途分类

资料来源：2014~2017年《全国住房公积金年度报告》。

（三）贷款情况

从住房公积金贷款[1]情况来看，经过20多年的发展，住房公积金个人

---

[1] 住房公积金贷款是一种委托性住房贷款，由政府部门所属的住房公积金管理中心归集和运用公积金，以归集的住房公积金为贷款资金来源，委托商业银行向缴存住房公积金的职工发放个人住房公积金贷款。

住房贷款累计发放金额从 1998 年末的 830 亿元增长到 2017 年末的 7.56 万亿元。截至 2017 年末，已累计发放住房公积金个人住房贷款 3082.57 万笔，个人住房贷款余额 4.50 万亿元，个人住房贷款率[1]为 87.27%（见图 4-6）。总体而言，公积金运用较为充分，较好地支持了居民购房需求。2017 年公积金个人住房贷款发放额为 9534.85 亿元，比上年降低 24.93%。新增住房公积金个人住房贷款大幅下滑主要是受房地产市场形势变化和国家房地产调控影响，对住房公积金个人住房贷款发放的规范和监管有所加强，部分城市调整住房公积金个人住房贷款可贷额度，并对已经使用过住房公积金个人住房贷款的缴存职工停止发放住房公积金个人住房贷款。

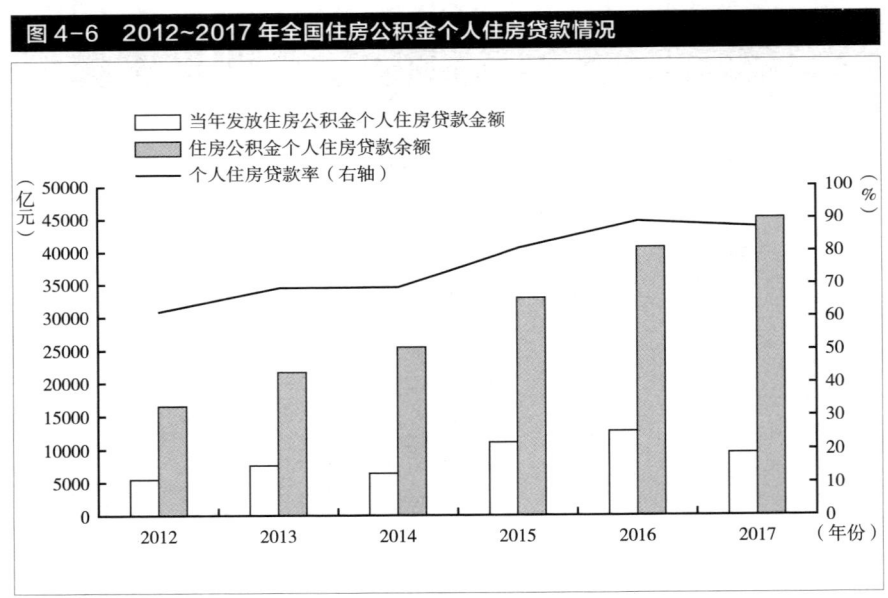

图 4-6　2012~2017 年全国住房公积金个人住房贷款情况

资料来源：2012~2017 年《全国住房公积金年度报告》。

从 2017 年住房公积金个人住房贷款的地区分布来看，东部地区住房公积金个人住房贷款余额为 26047.39 亿元，占全国住房公积金个人住房贷款余额的比重为 57.82%，住房公积金平均个人住房贷款率为 91.85%。中部地区住房公积金个人住房贷款余额为 9534.69 亿元，占全国住房公积金

1　个人住房贷款率指年度末住房公积金个人住房贷款余额占年度末住房公积金缴存余额的比率。

个人住房贷款余额的比重为21.16%，住房公积金平均个人住房贷款率为85.39%。西部地区住房公积金个人住房贷款余额为9467.70亿元，占全国住房公积金个人住房贷款余额的比重为21.02%，住房公积金平均个人住房贷款率为83.36%（见图4-7）。说明我国住房公积金支持居民住房消费主要集

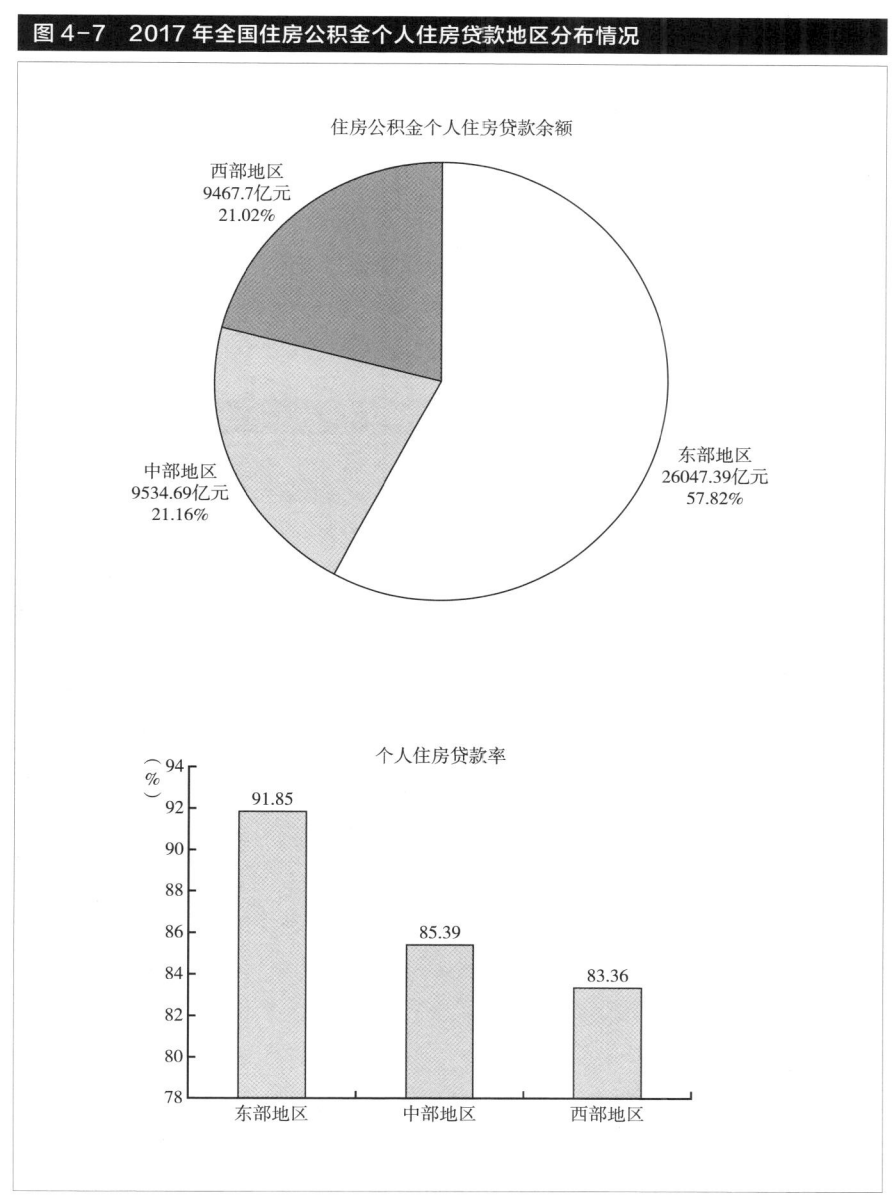

图4-7　2017年全国住房公积金个人住房贷款地区分布情况

资料来源：《全国住房公积金2017年年度报告》。

中在东部较发达地区，东部住房公积金利用率最高，中部次之，西部最低，部分中西部地区存在沉淀资金限制的情况。

从利率水平来看，2018年住房公积金个人住房贷款利率约为基准利率的0.66倍，较同期商业银行个人住房贷款低很多，较好体现了住房公积金贷款"低存低贷"的政策性住房金融属性，有效降低了职工家庭住房消费负担（见图4-8）。根据《全国住房公积金2017年年度报告》的估计，2017年发放的住房公积金个人住房贷款，可为贷款职工节约利息支出1944.70亿元，平均每笔贷款可节约利息支出7.63万元。总的来说，住房公积金个人住房贷款作为我国政策性个人住房融资的主体，不但拓宽了个人住房融资渠道，而且凭借其特有的低息而灵活的贷款方式成为广大职工家庭购买住房的首选，在一定程度上有效地解决了中低收入者住房融资难的问题。

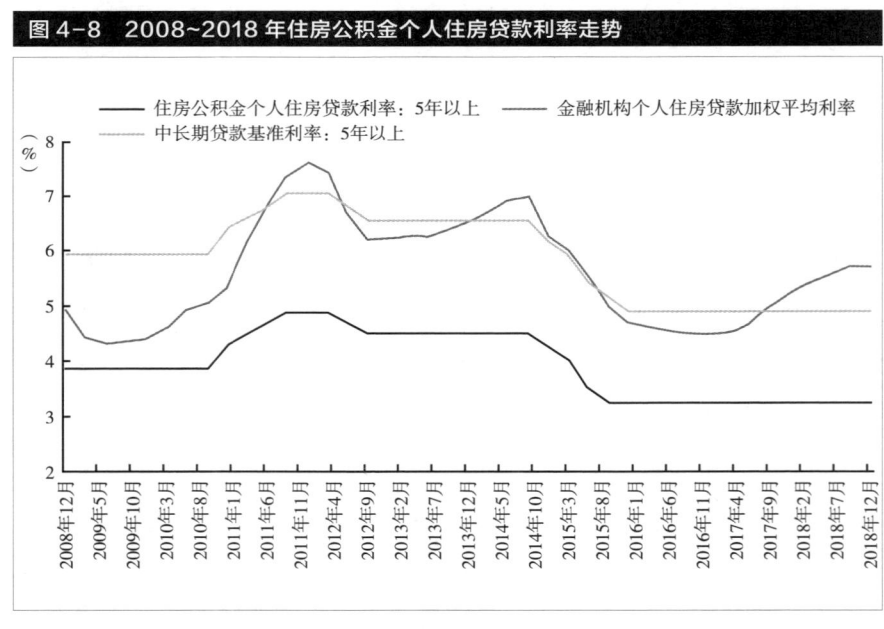

图4-8　2008~2018年住房公积金个人住房贷款利率走势

资料来源：WIND。

从风险情况来看，2017年末，住房公积金个人住房贷款逾期额10.58亿元，逾期率0.02%，远低于同期商业银行住房抵押贷款0.30%的不良贷款率和个人贷款0.70%的不良贷款率。住房公积金个人住房贷款表现出如此低的风险,其原因是 60% 以上客户群体为机关事业单位、国有企业以及外资企业职工,这类人群是典型的高信用人群。

(四)增值收益情况

从住房公积金收益情况来看,2017 年住房公积金增值收益为 763.22 亿元,同比增长 10.98%,增值收益率仅为 1.57%,略低于 2016 年的 1.59%,也低于货币基金 3% 左右的收益率,资金增值收益率较低(见表 4-1)。其收入主要来源为住房公积金委托贷款利息和余额存款利息,支出主要包括支付缴存职工住房公积金利息、支付受委托银行归集手续费、支付委托贷款手续费和转商贴息、融资成本等其他支出。

表 4-1 2014~2017 年住房公积金增值收益及收益分配情况

年份	业务收入(亿元)	业务支出(亿元)	增值收益(亿元)	增值收益率(%)	提取贷款风险准备金(亿元)	提取管理费用(亿元)	提取公租房(廉租房)建设补充资金(亿元)
2014	1496.73	819.71	677.02	—	154.70	87.21	432.15
2015	1598.36	523.34	1075.02	—	339.20	107.24	618.08
2016	1521.26	833.54	687.72	1.59	227.30	101.46	371.66
2017	1657.69	894.47	763.22	1.57	212.16	106.75	453.85

资料来源:2014~2017 年《全国住房公积金年度报告》。

从近几年的住房公积金收益分配情况来看,约 30% 被提取作为住房公积金贷款风险准备金,约 13% 被提取作为住房公积金管理中心的管理费用,约 57% 被提取作为城市公租房(廉租房)建设补充资金。截至 2017 年末,累计提取住房公积金贷款风险准备金 1716.17 亿元,累计提取城市公租房(廉租房)建设补充资金 2904.59 亿元,理应由缴存的职工享受的增值收益,大部分被用作公租房(廉租房)建设资金,有借住房保障之名侵犯公积金缴存者利益的嫌疑。

二 当前住房公积金制度存在的问题

经过 20 多年的发展,住房公积金制度已成为我国住房金融支持体系的重要组成部分，其基本定位是国家政策性住房金融工具，住房公积金形成了稳定的资金来源，促进住房资金的积累，支持和促进了职工住房消费，对有效解决我国城镇中低收入居民基本住房问题发挥了积极作用。但随着我国经济体制改革的不断深入，该制度逐渐暴露一些问题。

（一）覆盖率低

截至 2017 年底，住房公积金已经覆盖全国 262.33 万个单位 1.37 亿名职工，按国家统计局公布的 2017 年末全国城镇就业人员 4.25 亿人计算，其覆盖率只有 32.23%。现有缴存人群的分布结构不尽合理，国家机关和事业单位、国有企业以及外商投资企业的缴存职工占比在 65% 左右，近年来城镇私营企业及其他城镇企业的缴存人数有了较大增长，其缴存人数占比由 2014 年的 12.74% 上升至 2017 年的 28.64%（见图 4-9）。尽管如此，大部分私营企业职工、城镇个体工商户、自由职业人员、农民工等目前还没有被纳入住房公积金制度之内，如果按缴存金额考虑覆盖率，分布结构将更加偏向于国家机关和事业单位、国有企业。这一情况表明住房公积金在一定程度上偏离了政策性金融的初衷。

图 4-9　2014~2017 年按单位性质分缴存职工人数占比情况

资料来源：2014~2017 年《全国住房公积金年度报告》。

（二）公平性缺失

公平性缺失不但会降低社会成员参加公积金的积极性，进而增加偷、逃、骗公积金等负面事件发生的可能性，而且会制约公积金制度实施的效果。公平性缺失主要表现在三个方面。其一，城乡覆盖面的不公平。住房公积金制度主要目的是促进城镇住房建设，提高城镇居民住房水平，并未将广大农村居民纳入管理。其二，地区之间发展不平衡。一线、二线城市住房公积金覆盖率显著高于三线、四线城市，且发达地区的住房公积金覆盖率和缴存比例也显著高于经济欠发达地区（见图4-10）。其三，不同人群缴存额度悬殊。表现为不同性质企业、不同行业和不同职位之间的缴费比例、缴费基数和缴存额度差异悬殊，畸高与畸低两个极端情况较为普遍，缴存额度差距最多达到百倍。不同人群住房公积金缴存额度悬殊，使社会收入分配差距因此进一步扩大，住房公积金制度的公平性也就无从谈起。

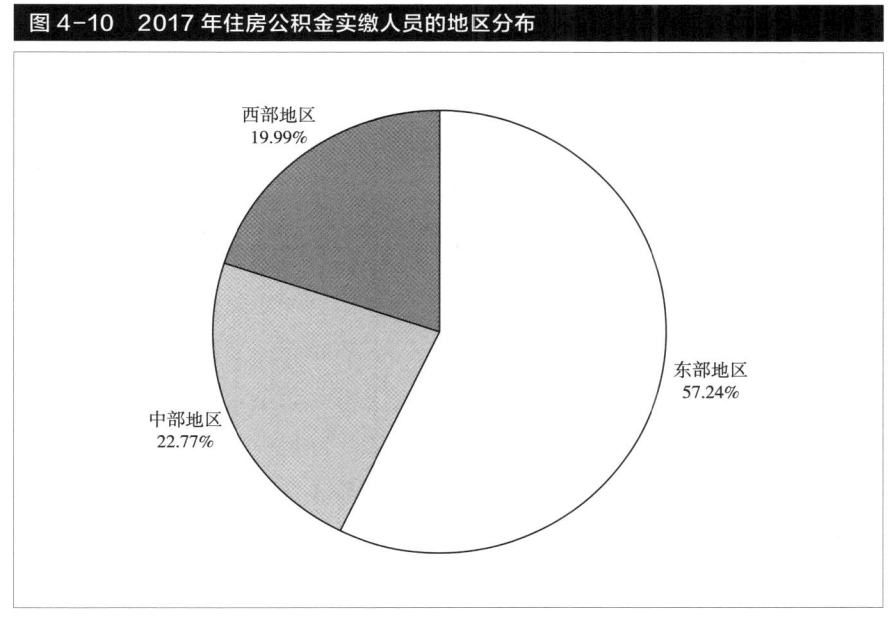

图4-10　2017年住房公积金实缴人员的地区分布

资料来源：《全国住房公积金2017年年度报告》。

住房公积金在缴存方面存在不公平现象，在一些住房金融政策调控下甚至出现了"劫贫济富"的逆向选择结果。在当前房价高涨、居民个人收入差距快速扩大的背景下，不同阶层的住房支付能力差别显著。我国住房贷款制度要求申请住房公积金贷款购房的借款人必须支付首付，这是银行等金融机构信用风险管理的重要手段，可以弱化贷款申请者的逆向选择和道德风险，但这在客观上要求申请者必须有一定的经济实力，部分中低收入职工特别是低收入职工可能被排除在住房公积金贷款市场之外，难以通过这个渠道获取融资购买住房。加上提取住房公积金的要求非常严格，使得一些人住房公积金既用不上也取不出，只能到退休时才能提取。这部分人被迫以远低于市场利率水平的方式进行长期储蓄，意味着真正需要解决住房问题和改善住房条件的部分中低收入家庭不仅享受不到政策性住房金融的支持，而且要承受利息损失来补贴高收入群体的低息购房甚至投资购房，形成了事实上的"劫贫济富"，住房公积金俨然成为一种福利累退制度，与建立该制度的初心背道而驰。

（三）运行管理机制存在缺陷

目前，住房公积金管理模式实质上是一种行政委托代理，储户作为委托人和受益人，把住房公积金委托给各级政府房管部门所属事业单位，即住房公积金管理中心，住房公积金管理中心作为代理人负责住房公积金的归集、支付和管理，将归集资金委托给银行托管和发放贷款。这种行政委托代理模式存在很多弊端。其一，从运行程序来看，筹、管、用三个环节不分，内控机制不健全，不能形成相互制约和监督，导致公积金被挪用、挤占、抽调以及骗贷、委托理财受骗等事件屡屡发生。其二，从代理效果来看，多重代理增加了资金运用成本和决策风险。其三，从权责约束来看，住房公积金管理中心负责住房公积金的筹、管、用，由这一非金融企业充当准金融机构的角色，其不仅没有被纳入专业的金融监管体系，而且根本上不具备承担住房公积金经营风险和民事责任的能力，一旦出现资不抵债的情况，受损失的是住房公积金缴存人，将极大地扰乱金融市场秩序。其四，从资金运行效率来看，2017年末全国住房公积金缴存余额为5.16万亿元，发放的住房公积金个人住房贷款余额为4.50万亿元，占缴存余额的87.2%，总增值收益率只有1.57%，资金运行效率较低。其五，从增值分配来看，理应由缴存的储户享受的增值收益，除了30%左右用于提取住房公积金个人住房贷款风险准备金外，其余70%作为住房公积金管理中心的管理费用和城镇公租房、廉租房的补充资金,有借住房保障之名侵犯公积金缴存者利益的嫌疑。

在这种行政委托代理模式中,利益集中于各地住房公积金管理中心,在操作上必然形成强制缴存、支取困难的局面。住房公积金管理中心和缴存人之间本应存在财产信托关系,但作为委托人和受益人的缴存者,在资金用途和去向上几乎没有话语权和监督权。缴存人申请办理公积金贷款或提取住房公积金,手续烦琐、提取条件苛刻、审查和评估程序耗时较长,住房公积金实际提取限制重重。

(四)企业负担较重

现行政策一般要求职工与单位按照1:1的配比缴存住房公积金,各自缴存额占工资总额比例为5%~12%,单位可根据自身情况调整缴存比例。如果考虑要同时缴纳"五险",则"五险一金"的缴纳总额占企业支付员工薪酬的50%左右。在如此高的缴纳比例下:一方面,制度难以落地,许多民营企业选择不缴纳住房公积金,而国有企业由于住房公积金的免税作用,大多按最高比例缴纳,这是住房公积金整体覆盖率低和公平性缺失的重要原因;另一方面,一般在岗职工(特别是低收入群体)的可支配收入因此大幅降低,也进一步加重了企业的负担,挤占企业利润,甚至可能在经济下行周期中成为压垮中小企业的"最后一根稻草"。如果不考虑企业与职工的现实负担能力,住房公积金这一惠民制度的作用可能离其设计的初心越来越远。

三 住房公积金制度的改革方向

住房公积金制度建立和运行20多年以来,弊端逐渐显现,已经背离了筹集住房资金以解决中低收入居民基本住房问题的初衷,对其进行改革势在必行。具体来看,应从以下四个方面着手。

(一)继续扩大住房公积金制度覆盖面

努力扩大住房公积金制度覆盖面可以从起点改进住房公积金制度的公平性,使更多的居民在购房时享受政策性住房金融的支持,可以从以下三个方面着手。其一,加大住房公积金缴存政策执行力度,对拒不缴纳住房公积金的行为进行规范和处罚，以此扩大住房公积金制度对非公有制单位职工及非全日制从业人员、农民工的覆盖面，使更多职工能享受住房公积金的住房保障作用。其二，个体工商户、自由职业者等无单位依托的居民自愿缴存住房公积金的，研究出台针对性的专项补贴鼓励机制，补贴资金可以从增值收益中列支，防止在扩大覆盖面的过程中增加企业负担。其三，探索新的国家和地方政府对农村居民住房建设的政策性住房金融支持途径。

（二）加大对中低收入家庭的支持力度

目前，住房公积金制度改革主要围绕扩大住房公积金的使用范围、降低提取标准、缩短提取频率、增加提取金额等内容展开，而扩大住房公积金的使用范围是各地住房公积金制度改革的重点，部分地区将住房公积金的提取扩大到可以直接用于困难职工家庭的医疗、子女教育或困难接济。但这些用途都不属于住房消费，显然是有悖住房公积金制度初衷的。住房公积金作为主要的政策性住房金融制度，是社会保障的组成部分，不宜承担基本住房保障之外的社会保障功能。

住房公积金制度的改革方向应该是更好地专注于加强对中低收入家庭建设、购买、修整和租赁住房的金融支持。

其一，适当降低中低收入家庭首套住房公积金贷款条件，允许其提取住房公积金支付商品房首付。现行政策只允许提取住房公积金支付保障性住房的首付，但目前我国保障性住房覆盖面较窄，部分中低收入者无法购买保障性住房，又无法筹集到商品房首付，被排除在住房公积金提取和住房公积金个人住房贷款之外。此举可以使更多中低收入居民家庭切实利用住房公积金制度来改善居住条件，有效弱化现行住房公积金制度的劫贫济富效应。

其二，给予低收入者一定的住房公积金贷款优惠政策。可以通过增加贷款品种、适度提高贷款额度、减免部分贷款利息等措施，其中减免的贷款利息可以从住房公积金增值收益中提取，这些措施能够更好地发挥住房公积金制度的住房互助功能。

其三，简化住房公积金提取和贷款手续。加快住房公积金提取和个人住房贷款申请的审核速度，提高服务效率，有效降低住房公积金个人住房贷款支取难度，更好地发挥住房公积金制度的政策优势，有效支持中低收入家庭实现住有所居。

（三）采取信托管理模式

行政委托代理模式是住房公积金运行中出现种种弊端的根本原因，推进管理制度改革，重新选择经营主体，采取信托管理模式也许是更好的选择。相对于现行的行政委托代理模式，现代信托管理模式有如下优势。

其一，由信托机构作为住房公积金经营管理的法人主体，可以理顺住房公积金中各方权益人的责权关系，进而简化运行程序，减少运行成本。首先，与委托代理关系不同，信托合同明确界定信托关系中受益人、委托人、受托人的责权关系，使权责关系具有硬性约束力。在信托关系中，职工作为最终受益人享有公积金所有权及其收益，住房公积金管理中心作为委托人享有代表政府监管住房公积金运行的权利，信托机构作为受托人承担使用公积金的职责，这样分工明确，可以形成相互监督的机制。其次，信托机构作为金融市场主体，可以直接发放住房公积金贷款和运用沉淀资金进行投资，减少代理层次和代理成本，提高住房公积金的运行质量和效率。

其二，利润最大化的激励机制可以有效提高住房公积金运行效率。信托机构可以利用自身人才、信息、资金网络优势，在信托合同规定的权限内，市场化运营和支配住房公积金，进而获取最大利润，有效提高住房公积金增值收益水平。

其三，专业金融监管体系有效保障住房公积金安全运行。信托关系中的信托经营机构被纳入专业的金融监管体系，且享有企业法人产权，具备承担住房公积金经营风险和民事责任的能力，可以有效保障住房公积金资金安全，确保缴存人权益。

（四）规范缴存基数和比例

对住房公积金缴存基数和比例进行规范，严格执行"限高保低"的缴交政策，可以在保障职工合法权益的同时，在一定程度上促进社会收入分配的公平公正，实现住房公积金制度的公平性，具体做法如下。其一，严格执行住房公积金缴存规定，最低缴存基数不得低于地区最低工资，最高缴存基数不得高于地区平均工资三倍，缴存比例不得低于5%，不得高于12%。这项措施虽不能消除客观上存在的社会成员收入差距，但可以保障低收入职工通过参加住房公积金制度进行最基本的住房保障资金积累，同时防止部分高收入人员通过住房公积金的税前扣除逃避纳税义务,有效地避免住房公积金成为部分单位发放工资外薪金补贴及避税的渠道,在一定程度上缩小缴存额度差距,防止住房公积金制度的实施扩大已经存在的收入差距。其二,配合个税改革和社保费率降低以有效减轻企业负担。现行"五险一金"加上个人所得税的缴纳总额占企业支付员工薪酬的比例已经接近50%,如此高的负担在世界范围内也是罕见的,必须通过综合改革来降低企业实际负担。

本章附录

住房公积金制度简介

住房公积金制度是我国20世纪90年代初为推进住房货币化改革,在借鉴新加坡住房公积金经验基础上结合我国实际情况推出的一项政策性住房融资制度。1991年,上海借鉴新加坡住房公积金经验率先试行住房公积金制度,1992年,《上海市住房制度改革实施方案》正式出台,实施"建立住房公积金、提租补贴、配房买债券、买房给优惠、建立房委会"五位一体的住房制度改革方案。上海住房公积金制度的试行,开辟了新的住房融资渠道,不仅增加了职工购房资金来源,还扩展了建房资金来源,也极大地缓解了当地职工住房紧张状况。在上海住房公积金制度试点成功之后,北京、天津、辽宁、黑龙江、湖北等地也陆续开始住房公积金试点。1994年基于对住房公积金制度试点情况的考察,《国务院关于深化城镇住房制度改革的决定》(国发〔1994〕43号)颁布,提出将住房公积金制度作为住房制度改革的核心内容之一,在全国普遍建立住房公积金制度,从此住房公积金制度从试点阶段进入全面推行阶段。1999年4月,国务院出台了《住房公积金管理条例》(国务院令第262号),对住房公积金业务进行规范管理,以法律形式规定了缴存住房公积金的职工使用住房公积金的范围、时限、权利和义务,同时明确了住房公积金个人住房贷款风险由住房公积金管理中心承担。2002年3月,《国务院关于修改〈住房公积金管理条例〉的决定》(国务院令第350号)对《住房公积金管理条例》进行修订,进一步扩大住房公积金的外延,要求完善决策和管理机制、健全监督体系、规范业务管理、加大资金归集和贷款发放力度。2003年8月,《国务院关于促进房地产市场持续健康发展的通知》(国发〔2003〕18号)再次提出加强住房公积金管理,加大住房公积金归集和贷款发放力度。2015年1月,住建部、财政部和中国人民银行联合发出《关于放宽提取住房公积金支付房租条件的通知》(建金〔2015〕19号),明确将住房租金纳入住房公积金提取范围。随着制度体系的逐步完善,住房公积金制度已经成为我国住房金融制度的重要内容之一。

住房公积金制度实质是政府为维护居民的基本住房需求而推行的一种强制性储蓄制度,由政府凭借国家权威和信用,强制职工和所在单位分别按职工工资的一定比例逐月向住房公积金管理机构上缴,资金专户专储、定向用于职工个人住房消费,可用于职工购买、建造、翻建、大修自住住房或支付租赁住房租金,具有社会性、互助性、政策性的特点。住房公积金制度基本定位于国家政策性住房金融工具,通过住房公积金形成稳定的资金来源,促进住房资金的积累、周转和政策性抵押制度的建立,提高职工的住房消费能力,从而实现有效解决我国城镇中低收入居民基本住房问题的目标。表1列示了1998年以来我国住房公积金缴存、提取以及个人住房贷款发放情况。

表1 我国住房公积金缴纳、提取和个人住房贷款发放情况

年份	实际缴存职工人数(万人)	全年缴存额(亿元)	累计缴存总额(亿元)	当年提取额(亿元)	累计提取总额(亿元)	当年发放住房公积金个人住房贷款金额(亿元)	累计发放住房公积金个人住房贷款金额(亿元)
1998	—	—	1231	—	—	—	830
2000	—	—	2405	—	754	—	970
2005	6329.72	—	9759.47	993.1	3499.9	1195.3	4599.09
2006	6916.87	2927.9	12686.37	—	—	1765.24	6364.33
2007	7198.91	3542.92	16230.3	—	6625.19	2201.57	8565.9
2008	7745.09	4469.48	20699.78	1958.34	8583.54	2035.93	10601.83
2012	10156.28	9821.38	—	4907.98	23593.43	5565.24	—
2013	10835.74	11526.03	—	6551.53	30245.06	7682.35	—
2014	11877.39	12956.87	74852.68	7581.96	37806.26	6593.02	42245.30
2015	12393.31	14549.46	89490.36	10987.47	48815.64	11082.63	53349.74
2016	13064.5	16562.88	106091.76	11626.88	60463.59	12701.71	66061.33
2017	13737.22	18726.74	124845.12	12729.8	73224.38	9534.85	75602.83

资料来源:WIND,相关年度《全国住房公积金年度报告》。

第五章　个人住房抵押贷款资产支持证券（RMBS）市场*

- 自 2012 年信贷资产证券化重启以来，个人住房抵押贷款资产支持证券（Residential Mortgage Backed Securitization, RMBS）的发行规模持续攀升，2018 年二级市场交易量迅猛增长，完成了首单质押式回购交易和做市交易。截至 2018 年 12 月银行间市场共有 106 只处在存续期的 RMBS，存量余额 7477.61 亿元，占信贷 ABS 存量余额的 68.35%，占中国债券市场存量的 0.87%。存续期 RMBS 均表现良好，未发生违约事件及任何对证券化信托财产和信托事务管理产生重大影响的事项，但我们也应关注产品本身存在的提前还款风险、利率风险、违约风险和抵押物跌价风险等相关风险因素，有序推进 RMBS 市场持续健康发展。

- 我国 RMBS 市场培育初见成效，但与国外成熟证券化市场发展状况相比仍有较大差距。主要问题表现在以下四个方面：第一，一级市场发行体量较小，发起人积极性需进一步培育；第二，RMBS 定价机制仍需完善，投资环境有待优化；第三，房贷利率和发行利率关联尚未建立，RMBS 市场利率传导器作用有待开发；第四，风险控制等配套机制的建设尚待探索。

---

* 本章作者：中债资信 ABS 团队，在信贷资产证券化领域，中债资信作为积极的参与者和理性的观察者，通过全面参与信贷资产支持证券双评级业务，深度研究资产证券化市场，在助力资产证券化市场信用风险防范与规范可持续发展方面发挥了积极作用。截至 2018 年底，公司已参与国内 2012 年信贷资产证券化试点以来的所有信贷证券化项目，累计完成各类证券化项目信用评级近 1000 单，形成了覆盖房贷 ABS、车贷 ABS、CLO 等主流产品和信用卡不良 ABS 等创新产品，以及循环、信用卡全账户资产证券化等前沿交易结构的评级技术体系。

- 我们认为，解决 RMBS 发展面临问题的思路应是全局性和系统性的：第一，激发一级市场活力，释放发行投资动能；第二，支持发行主体和证券设计多元化，提高发行效率和创新效能；第三，积极培育境内投资者，鼓励境外投资者参与投资，提升交易需求；第四，完善估值体系建设，多措并举培育二级市场流动性；第五，加强政府支持，将 RMBS 培育成政策性金融支持住房消费的重要工具；第六，加强 RMBS 市场风险控制，完善 RMBS 风险控制制度。希望在监管机构、自律组织、参与主体的共同努力下，RMBS 市场可以实现稳定健康的发展，为利率市场化、住房金融政策施行和改善民生做出更大的贡献。

个人住房抵押贷款资产支持证券（Residental Mortgage Backed Securitization，RMBS）指金融机构作为发起机构，将个人住房抵押贷款委托给受托机构，由受托机构以资产支持证券的形式发行证券，以基础资产产生的现金流支付资产支持证券本息的结构性融资活动。RMBS 的基础资产为银行发放的个人住房抵押贷款，贷款用途均为购置房产，有一定的首付比例，且均有个人住房作为抵押。

RMBS 是一款在成熟的金融市场较为流行的证券化产品，在美国等发达国家，RMBS 在结构融资产品总量中的占比连续多年保持首位，RMBS 的主要功能包括增强资产的流动性和实现风险转移等，对于投资者而言，其分散的投资标的和相应的交易结构设计能有效降低证券的违约风险。作为重要的住房金融产品，RMBS 是助力住房金融市场实现良性发展、解决居民住房消费问题的重要工具之一，美国 RMBS 在稳定住房市场贷款利率、解决住房民生问题方面发挥了巨大作用，相比之下，我国 RMBS 尚存在较大发展空间。本章将从发展现状、现存问题和发展建议三个维度对我国 RMBS 市场进行论述，以期在支持 RMBS 发展，保障国内住房市场的稳定方面提供一定参考。

一　发展现状

（一）发行情况分析

自 2012 年信贷资产证券化重启以来，监管机构出台了一系列鼓励发起机构发行 RMBS 的政策，极大地提升了发行管理效率、激活了参与机构的能动性和创造性，使得 RMBS 的发行规模持续攀升。截至 2018 年 12 月 31 日，银行间市场共发行 106 只 RMBS[1]，发行总额达 9416.08 亿元。

RMBS 发行规模逐年增加，2018 年发行量呈爆发式增长（见图 5-1）。自 2012 年我国正式重启信贷资产证券化试点工作以来，邮储银行于 2014 年发行了首只 RMBS，发行规模达 68.14 亿元。2015 年随着监管机构对 RMBS 政策支持力度的加强，RMBS 发行规模显著提升。2018 年受供需两旺和政策推动的多重影响，RMBS 发行规模再次迎来爆发式增长，当年

1　由于 RMBS 绝大部分在银行间市场发行，交易所公开信息较少，所以暂时不单独进行分析。

11月和12月单月发行量超千亿元（见图5-2），全年银行间市场共发行54只，发行额达5842.63亿元，是2017年发行额的3.42倍，是2015年发行额的17.74倍。

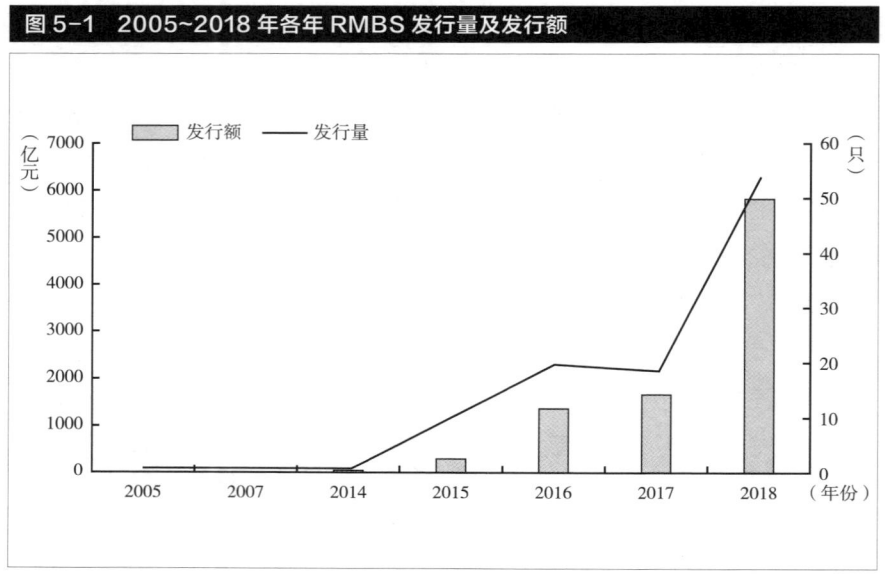

图5-1　2005~2018年各年RMBS发行量及发行额

资料来源：WIND，中债资信整理。

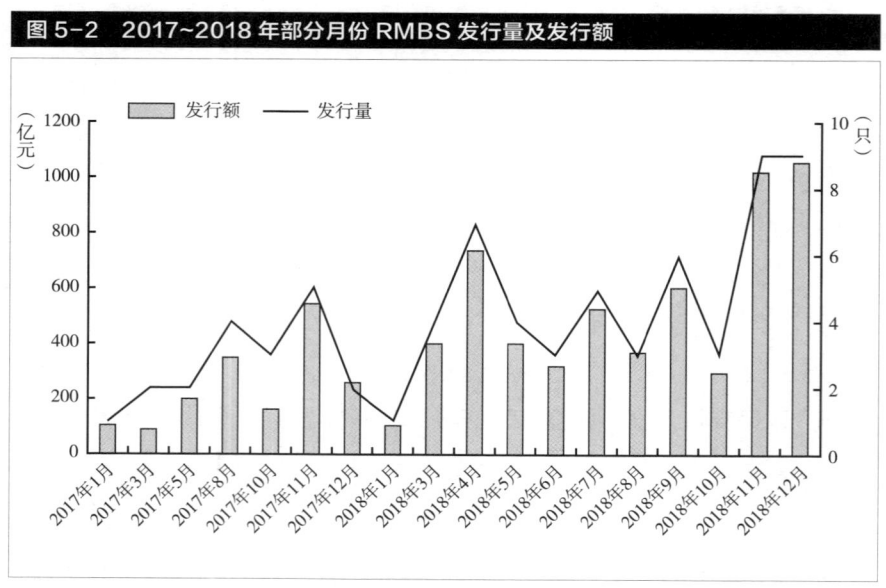

图5-2　2017~2018年部分月份RMBS发行量及发行额

资料来源：WIND，中债资信整理。

RMBS市场占比逐年上升，2018年发行额超过银行间市场ABS发行额的一半。2014年、2015年RMBS的发行额占比均处于10%以下，2016年的发行额显著增加，2017年RMBS开始成为银行间市场发行额占比最大的产品，2018年RMBS市场占比进一步上升，达到62.70%（见图5-3），市场占比超过一半。

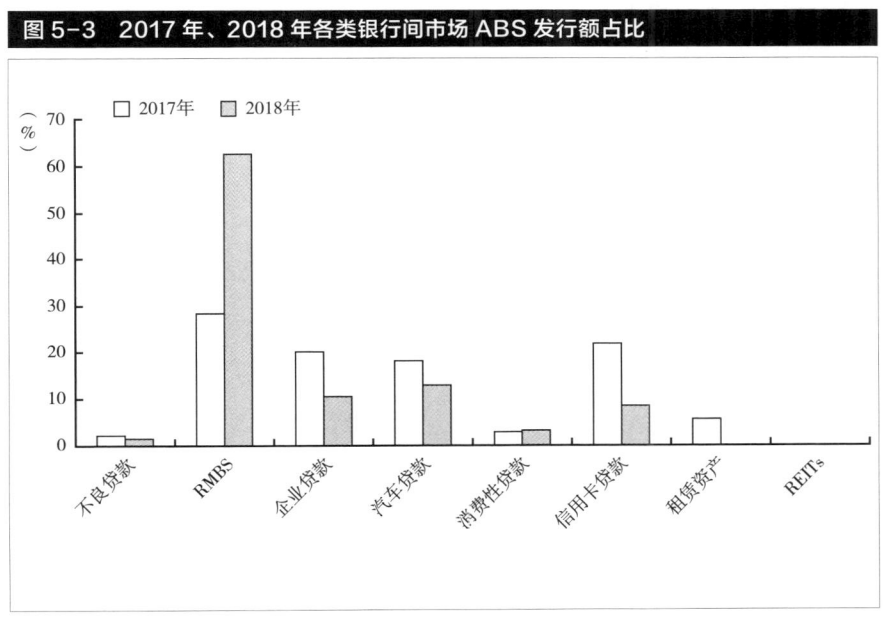

图5-3 2017年、2018年各类银行间市场ABS发行额占比

注：2017年REITs市场占比为0.09%，2018年REITs市场占比为0%。
资料来源：WIND，中债资信整理。

从发起机构看，全国性国有商业银行在RMBS发起机构中占主导地位，全国性股份制商业银行活跃度显著提升。2015年之前发行的RMBS的发起机构均为全国性国有商业银行，2015年之后发起机构的种类逐渐增多，包括全国性股份制商业银行、地区性商业银行、住房公积金管理中心，但整体看，全国性国有商业银行依然占主导地位。具体来看，建设银行和工商银行是RMBS的主要发起机构，截至2018年12月底，全年共有22家发起机构参与发起了106只RMBS，其中，建设银行发起39只，累计金额3790.37亿元；工商银行发起20只，累计金额2541.79亿元；分别占2005~2018年RMBS发行规模的40.25%和26.99%

（见表 5-1）。2018 年全国性股份制商业银行共发起 7 只 RMBS，累计金额 5227.89 亿元，同比增长 229.48%（见图 5-4）。

表 5-1 2005~2018 年各类发起机构发起 RMBS 证券数量及金额

发起机构	证券金额（亿元）	发行数量（只）
中国建设银行股份有限公司	3790.37	39
中国工商银行股份有限公司	2541.79	20
中国银行股份有限公司	990.48	11
兴业银行股份有限公司	494.3	5
上海市公积金管理中心	381.22	4
中国邮政储蓄银行股份有限公司	249.28	3
交通银行股份有限公司	231.38	3
招商银行股份有限公司	212.58	4
中国农业银行股份有限公司	103.16	1
中国民生银行股份有限公司	98.69	2
中信银行股份有限公司	71.97	1
广发银行股份有限公司	52.78	1
杭州银行股份有限公司	40.58	1
江苏江南农村商业银行股份有限公司	39.46	3
北京银行股份有限公司	29.9	1
华夏银行股份有限公司	22.01	1
武汉住房公积金管理中心	20.41	1
广东顺德农村商业银行股份有限公司	19.21	1
杭州市住房公积金管理中心	10	1
徽商银行股份有限公司	6.29	1
湖州市住房公积金管理中心	5.14	1
苏州银行股份有限公司	5.08	1
总计	9416.08	106

资料来源：WIND，中债资信整理。

（二）交易情况分析

2018 年 RMBS 二级市场交易量迅猛增长，但整体交易量仍较低，二级市场活跃度有待提升。RMBS 产品主要通过现券交易（现券买卖）的方式

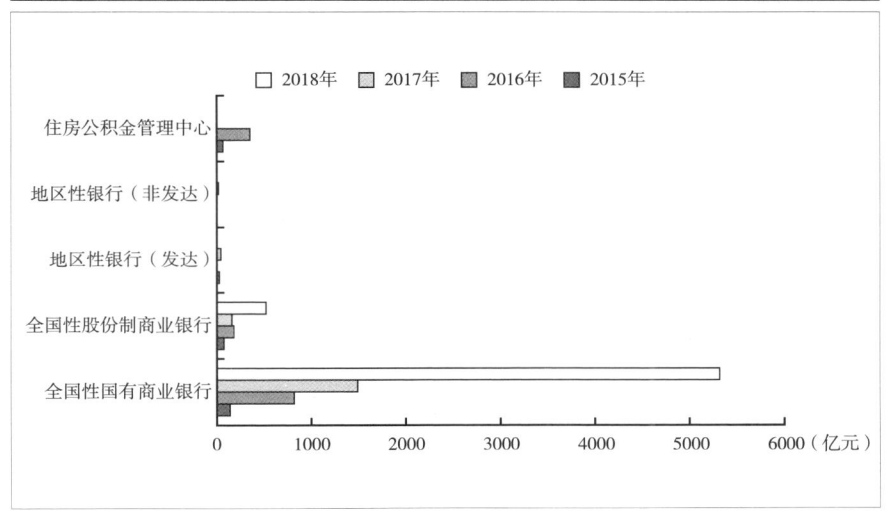

图 5-4 2015~2018 年各类发起机构发起 RMBS 证券金额

资料来源：WIND，中债资信整理。

在二级市场流通，2018 年 RMBS 全年现券交易量为 1172.81 亿元，同比增加 262.22%，占全部 ABS[1] 现券交易量的 38.42%，增长较为迅猛（见表 5-2），但与中期票据、记账式国债相比，RMBS 现券交易量仍较小。交易活跃度方面，RMBS 整体活跃度较低，2018 年换手率为 15.68%，虽然较以前年度有所上升，但与中期票据和记账式国债换手率相比仍处于较低水平（见图 5-5）。整体来看，RMBS 存量大，相比其他证券活跃度低，未来二级市场交易量仍有较大增长空间。

表 5-2 2014~2018 年 RMBS、ABS、中期票据、记账式国债现券交易量

单位：亿元

年份	2014	2015	2016	2017	2018
RMBS	4.00	20.70	141.26	323.78	1172.81
ABS	146.89	394.29	1435.28	1694.29	3052.50
中期票据	35466.49	31282.40	16593.46	63155.60	73995.77
记账式国债	57291.91	94625.35	123463.01	120159.43	187430.52

资料来源：WIND，中债资信整理。

1 包含企业 ABS 和信贷 ABS。

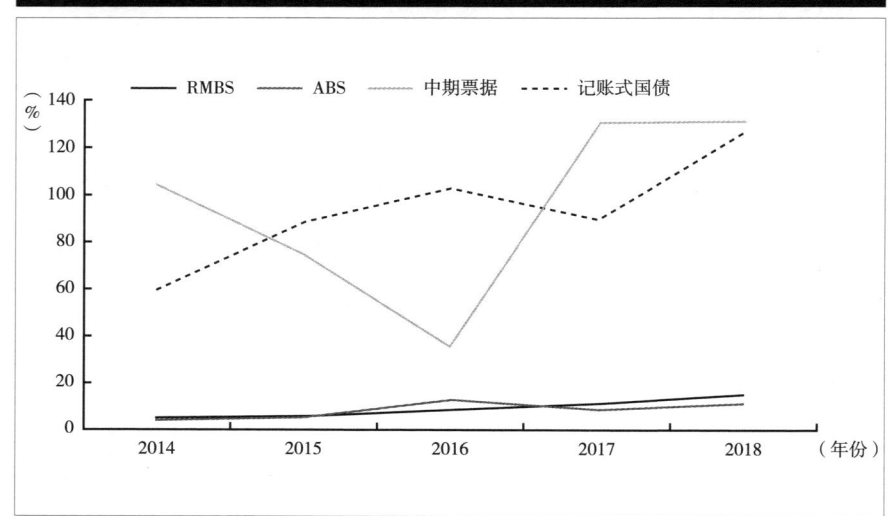

图 5-5　2014~2018 年 RMBS、ABS、中期票据、记账式国债现券交易换手率

资料来源：WIND，中债资信整理。

2018 年，RMBS 二级市场交易取得的重大突破在于实现了首单质押式回购交易和做市交易。"建元 2018-8"是首只引入质押式回购交易的 RMBS，证券的牵头主承销商作为资金融出方，接受以优先档资产支持证券作为质押券，与优先档资产支持证券持有人开展银行间质押式回购交易，并尝试为 RMBS 优先档提供连续双边报价做市服务。质押式回购和做市服务的出现，表明市场参与者积极推动 RMBS 二级市场建设，有利于促进 RMBS 二级市场流动性的进一步提升。

（三）存续情况分析

截至 2018 年 12 月，银行间市场共有 106 只处于存续期的 RMBS，存量余额 7477.61 亿元，占信贷 ABS 存量余额的 68.35%，占中国债券市场存量的 0.87%。存续期证券均表现良好，未发生违约事件及任何对证券化信托财产和信托事务管理产生重大影响的事项[1]。

1　详细内容参见相关 RMBS 各期《个人住房抵押贷款证券化信托受托机构月度报告》列示的对证券化信托财产和信托事务管理产生重大影响的事项。

1．**基础资产情况**

（1）基础资产特征分析

2018 年 RMBS 发行数量和金额在 2005 年至今 RMBS 发行规模中的占比都超过 50%，因此本节着重分析 2018 年发行的 RMBS 的基础资产情况。

从违约率来看，2018 年我国个人住房抵押贷款不良率依然保持在极低水平（见图 5-6），一定程度上反映了 RMBS 基础资产良好的信用质量。个人住房抵押贷款整体不良率从 2008 年的 0.9% 下降到 2017 年的 0.3%，明显低于个人信用卡贷款和个人汽车贷款，形成了较为稳定的低位趋势。在此基础上，商业银行根据交易文件规定的资产合格标准（通常会优于本行个人住房抵押贷款平均水平）筛选出有一定账龄表现且信用风险相对较低的个人住房抵押贷款作为 RMBS 入池资产，以确保资产端能够产生相对稳定的现金流用来支付 RMBS 证券端的费用、利息和本金。

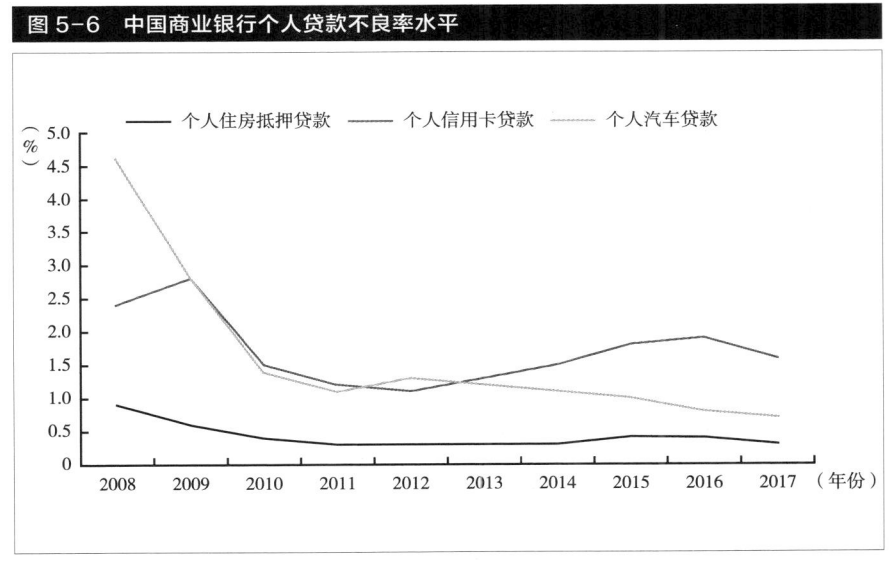

图 5-6 中国商业银行个人贷款不良率水平

资料来源：《中国金融稳定报告》，中债资信整理。

从资产池特征来看，以发行量占比较大的全国性国有商业银行和全国性股份制商业银行为例，个人住房抵押贷款形成的基础资产还表现出以下特点：入池资产笔数多、分散度高，资产之间同质性强，借款人之间相关性弱，单户借款人违约对资产池整体违约率影响有限；资产池加权平均贷款利率较低，2018

年RMBS基础资产加权平均贷款利率为4.84%，虽然仍处在较低水平，但相比2017年的4.75%上升了9 bp；入池资产普遍具备一定账龄表现，伴随账龄增加，贷款价值比（LTV）不断下降，有助于降低借款人违约意愿；加权平均剩余期限相较其他证券化产品略长，风险暴露期加长，基础资产池信用质量易受未来经济形势影响；抵押率充足，初始LTV保持在较低水平（见表5-3）。

表5-3 2017年、2018年部分机构RMBS基础资产特征

基础资产特征	全国性国有商业银行		全国性股份制商业银行	
	2018	2017	2018	2017
未偿本金余额（亿元）	113.92	99.48	74.85	53.82
入池资产笔数（笔）	44217	41372	20028	13145
加权平均贷款利率（%）	4.83	4.76	4.84	4.54
加权平均账龄（年）	3.40	3.16	2.92	3.33
加权平均剩余期限（年）	11.06	10.07	9.71	12.97
LTV（%）	62.34	61.90	61.14	61.87
一线、二线城市占比（%）	43.41	39.58	49.38	56.15

资料来源：中债资信根据相关资料整理。

（2）重点参数分析

①累计违约率分析

某一收款期间的累计违约率指该收款期间以及之前各收款期间的所有违约贷款在成为违约贷款时的未偿本金余额之和占初始起算日资产池余额的比例。

从各RMBS产品来看，RMBS产品违约率低，信用质量好，所有存续期项目在其存续期间累计违约率最大为1.22%，除"居融2015-1"外，其余项目在存续期的累计违约率均低于1%，其中存续期满1年、2年、3年的平均累计违约率分别为0.11%、0.27%、0.51%（见图5-7）。

从发起机构来看，RMBS存续期累计违约率最低的发起机构为住房公积金管理中心，其后依次是全国性国有商业银行、全国性股份制商业银行、地区性商业银行（发达），平均累计违约率和累计违约率最大值均出现在地区性商业银行（非发达）的RMBS项目中（见表5-4和图5-8）。

整体来看，存续项目累积违约率呈现平稳上升的趋势，尚未出现多只RMBS累计违约率集体跃升的现象，基础资产整体违约风险平稳可控。

图 5-7 不同 RMBS 产品累计违约率表现

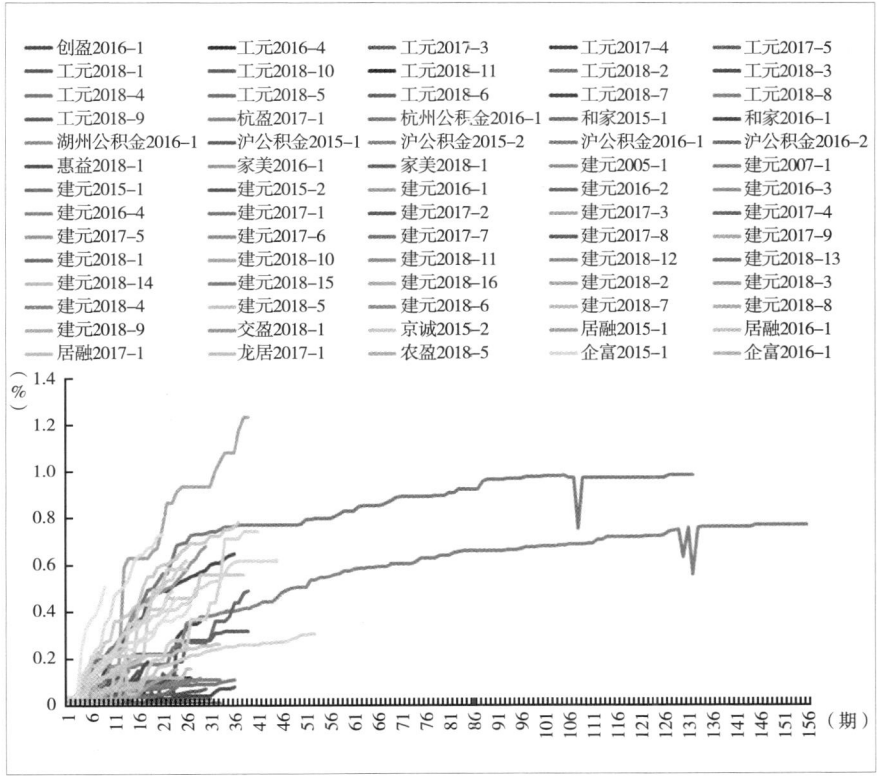

资料来源：公开市场信息，中债资信整理。

表 5-4 各类发起机构存续期 RMBS 累计违约率情况

机构类型	总期数	平均累计违约率（%）	最大累计违约率（%）	最小累计违约率（%）
住房公积金管理中心	232	0.04	0.70	0.00
全国性国有商业银行	805	0.13	0.77	0.00
全国性股份制商业银行	227	0.16	0.73	0.00
地区性商业银行（发达）	85	0.22	0.57	0.00
地区性商业银行（非发达）	144	0.24	1.22	0.00

注：考虑到"建元 2005-1"和"建元 2007-1"两只 RMBS 存续时间较长，因此累计违约率较高，导致全国性国有商业银行平均累计违约率和最大累计违约率较高，对统计结果影响较大，与其他发起机构不具有可比性，表中数据分析剔除了这两只 RMBS。根据最新一期受托报告，"建元 2005-1"和"建元 2007-1"累计违约率分别为 0.76% 和 0.97%。

资料来源：公开市场信息，中债资信整理。

图 5-8　各类发起机构存续期 RMBS 累计违约率趋势

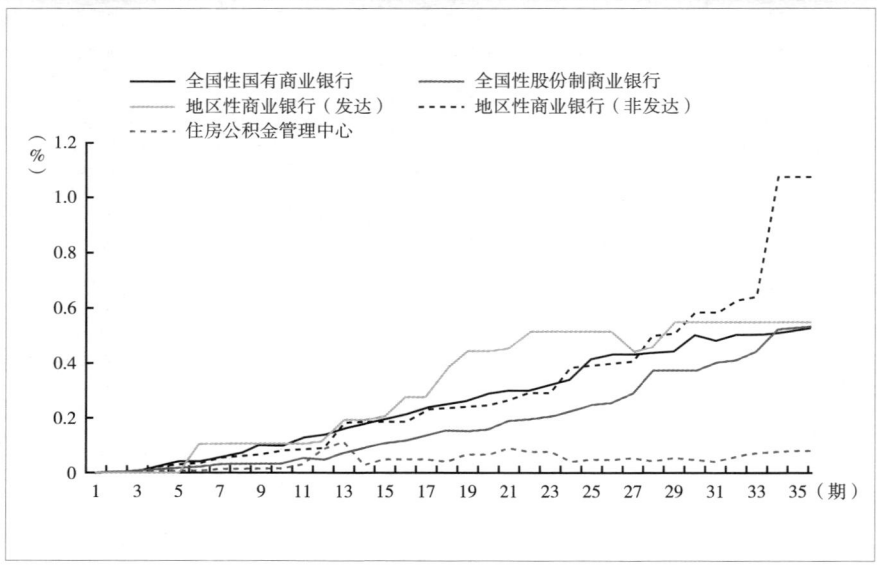

注：图中地区性商业银行（非发达）RMBS 平均累计违约率在第 33 期出现跃升，主要是因为从第 33 期开始仅有"居融 2015-1"一只 RMBS 存续，而"居融 2015-1"累计违约率较高。
资料来源：公开市场信息，中债资信整理。

②违约回收率分析

违约回收率，是指发起机构针对违约贷款，通过正常还款、处置抵押物等方式回收的金额占总违约金额的比例。

从回收率水平来看，由于抵押住房贷款通过处置抵押物实现回收周期较长，而目前存续期 RMBS 的存续期较短，所有存续期 RMBS 平均违约回收率为 18.48%，首期回收率仅为 0.2%，存续期 RMBS 在前 36 期的平均违约回收率低于 50%（见图 5-9），之后逐渐升高。

从发起机构来看，全国性国有商业银行回收情况最好，月平均违约回收率为 23.60%；其后是住房公积金管理中心，月平均违约回收率为 14.91%；全国性股份制商业银行，月平均违约回收率为 12.19%；地区性商业银行（发达）和地区性商业银行（非发达），月平均违约回收率均为 3.94%。

整体来看，存续期 RMBS 违约回收率整体呈波动上升趋势。其中，住房公积金管理中心违约回收率波动较大,商业银行的回收率较为稳定,随存续期的增加稳步上升。

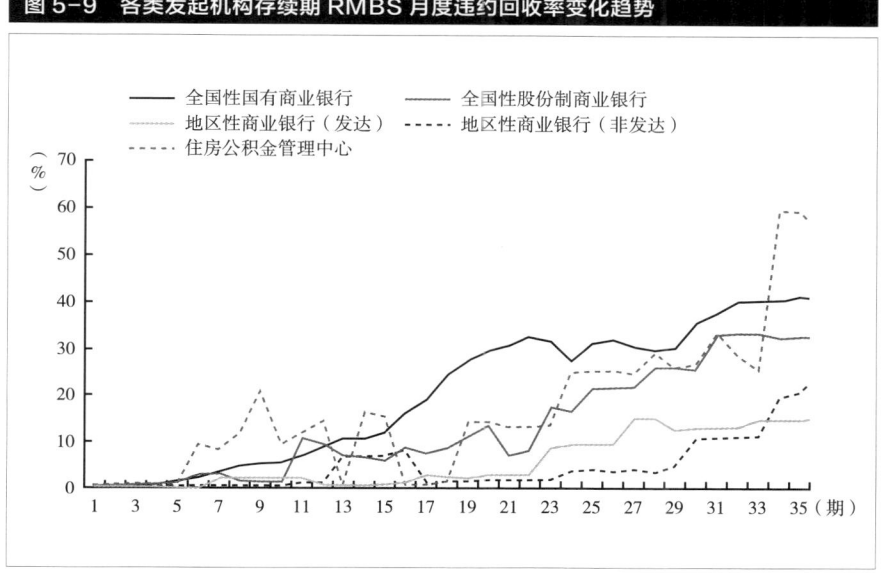

图 5-9 各类发起机构存续期 RMBS 月度违约回收率变化趋势

注:此处披露的第 n 期的违约回收率 = 截至第 n 期累计回收本金 / 截至第 n 期累计违约金额。这里只统计到 36 期是因为更长存续期的项目较少,结论缺乏统计学意义。
资料来源:公开市场信息,中债资信整理。

③提前还款率分析

提前还款是指借款人在每月还款日之前提前偿付利息、本金的行为,包括部分提前还款和提前结清。提前还款率同贷款利率设置、贷款类型、账龄、房价上涨预期和国家房地产调控政策等息息相关。

从提前还款率来看,存续期 RMBS 年化提前还款率区间为 0%~33.87%,大部分维持在 10%~12%,平均年化提前还款率[1]为 10.72%。

从发起机构来看,各类发起机构提前还款率差异不大,公积金管理中心、全国性国有商业银行和全国性股份制商业银行存续期 RMBS 最大年化提前还款率相对大于地区性商业银行。平均年化提前还款率方面,由于贷款

---

1 月度提前还款率 SMM_n = 提前还款本金金额 / 月初本金金额,年化提前还款率 $CPR = 1-(1-SMM_n)^{12}$

利率差异的影响,住房公积金管理中心相对较低,地区性商业银行(发达)最高(见表5-5和图5-10)。

表5-5 各类发起机构存续期RMBS平均年化提前还款率情况

机构类型	平均年化提前还款率(%)	最大年化提前还款率(%)	最小年化提前还款率(%)
住房公积金管理中心	9.35	33.87	0.58
全国性国有商业银行	10.92	31.58	0.09
全国性股份制商业银行	10.93	31.93	3.28
地区性商业银行(发达)	11.65	23.90	1.61
地区性商业银行(非发达)	10.66	28.10	0.00

资料来源:公开市场信息,中债资信整理。

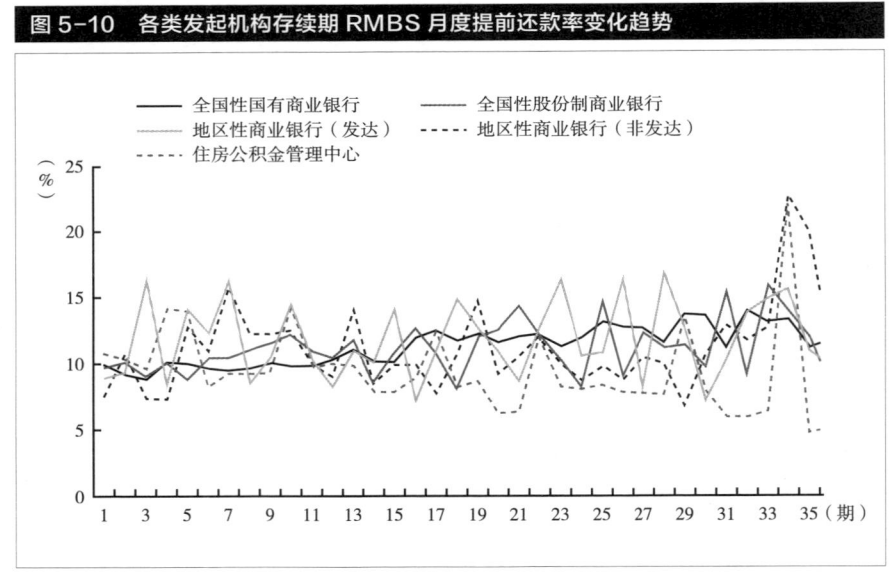

图5-10 各类发起机构存续期RMBS月度提前还款率变化趋势

资料来源:公开市场信息,中债资信整理。

2．证券情况

(1)交易结构分析

交易结构安排是资产证券化的重要环节,包括信用增信措施、支付顺序、信用触发机制等,都会在一定程度上降低优先档证券发生损失的可能性。

①信用增信措施

目前，RMBS 产品的交易结构安排都会设置信用增信措施，主要措施包括以下几种。

（A）优先/次级分层设计

优先/次级分层设计是指将整个证券划分为优先档证券和次级档证券，次级档证券为优先档证券提供信用损失保护，目前发行的 RMBS 产品都有优先/次级分层设计，绝大部分产品仅设置优先 A 档证券，部分产品设置了优先 B 档证券，优先 B 档证券与次级档证券为优先 A 档证券提供信用支持，次级档证券为优先 B 档证券提供信用支持。

（B）本金账回补收益账

本金账回补收益账是指为了确保优先级费用及优先档证券利息的支付，本金账在支付优先档证券本金之前，会对收益账内各项优先级费用和优先档证券利息的支出进行差额补足，收益账在支付完优先级费用及优先档证券利息之后，若有剩余，则转移到本金账。

（C）超额抵押

超额抵押是指初始起算日资产池余额超过证券发行额的部分。超额抵押的现金流可用于弥补低利率贷款或贷款违约等因素造成的回收款不足。由于公积金项目的资产端利率较低，无法满足证券端利率需求，因此会设置超额抵押的内部增信结构[1]。初期未设置"超额抵押"信用增信措施的债券随着后续证券的支付，也会出现超额抵押。

②支付顺序

我国目前发行的 RMBS 产品支付顺序大体一致，违约发生前区分收入账、本金账，收入账优先支付各中介机构报酬及优先档证券利息，不足部分由本金账回补，剩余部分转入本金账，与本金账一起依次支付证券本金；违约发生后不再区分收入账、本金账，按照优先级费用、优先档证券利息和本金、次级档证券本金和次级档证券超额收益的顺序依次支付，充分保障优先档证券投资者的权益。

③信用事件触发机制

大部分 RMBS 产品设置了加速清偿事件与违约事件触发机制，一旦信

---

[1] "武汉公积金 2016-1""杭州公积金 2016-1"未设置超额抵押。

用事件触发机制启动，基础资产现金流支付机制将被重新安排，以保证优先档证券的偿付。

触发加速清偿事件后，收益账资金在支付完优先级费用及优先档证券利息后，将不会支付次级档证券的期间收益，剩余资金将全部转入本金账，用于支付优先档证券本金。

触发违约事件后，信托账户项下不再区分本金账与收益账，在支付完税费等优先级费用后，将依次支付优先档证券利息和本金、次级档证券本金、次级档证券超额收益，充分体现劣后档证券对优先档证券的信用支持。

（2）偿付方式分析

目前，我国发行的 RMBS 偿付类型包括过手型、固定摊还型（含目标余额型），以过手型为主。从时间趋势上看，2005~2014 年发行的 3 只 RMBS 产品均为过手型产品，2015 年出现了过手型偿付与到期一次性偿付[1]、过手型与固定摊还型相结合[2]的偿付模式，2018 年首次出现了目标余额型偿付。

①过手型

过手型是指在每个支付日没有固定的还本金额安排，而根据现金流的实际情况，在扣除相关费用后直接按比例分配给投资者。过手型偿付方式可有效减少现金在信托账户的沉淀闲置成本，但每期证券本金的偿付金额完全依赖资产池在当期的现金流入情况，证券期限具有较大确定性。

②固定摊还型

固定摊还型是指证券本金的偿付在支付日期和支付金额方面有固定的摊还计划，证券本金的偿付按照预先约定的计划进行，因此投资者未来现金流更容易计算和量化，证券期限也相对确定。通常为了契合投资人的管理需求、降低销售难度，RMBS 的优先档证券的偿付方式同时包含固定摊还型与过手型。

1　"招元 2015-1""居融 2015-1"的优先 A-1 档为到期一次偿付。
2　"和家 2015-1"的优先 A-1 档、优先 A-2 档，"京诚 2015-2"的优先 A-1 档，"中盈 2015-2"的优先 A-1 档，"家美 2016-1"的优先 A-1 档、优先 A-2 档，"和家 2016-1"的优先 A-1 档，"建元 2016-3"的优先 A-1 档，"企富 2016-1"的优先 A-1 档均采用固定摊还的方式偿付。

③目标余额型

2018 年，RMBS 产品的偿付首次出现了目标余额型偿付方式[1]，即某 1~2 档优先档证券在摊还日设定了目标余额，可分配金额用于先行支付该优先档证券本金至目标余额，剩余款项将用于其余优先档证券的本金分配，如果可分配金额不足以支付至目标余额，则在以后期间补足至当期目标余额。严格来讲，目标余额型属于固定摊还型的一种，其与固定摊还型的区别是，在一定的提前还款假设下现金流才能达到目标余额，且可分配金额不足以支付至目标余额一般不触发加速清偿事件。

相比传统的固定摊还型偿付证券，目标余额型偿付证券具有以下特点：第一，目标余额的设定使得支付更加灵活，可避免基础资产的提前还款导致证券期限过短，平滑投资人现金流，保障优先级投资者利益；第二，交易结构设计技术要求更高，在进行结构设计的时候需要进行多轮测算，以便合理估计一定提前还款率假定下的未来现金流情况，因而对预测基础资产提前还款的准确性提出了更高的要求。

（3）期限分析

早期 RMBS 的证券期限都很长，和资产池最长剩余期限相同。2005~2014 年发行的三只 RMBS，所有级别证券的期限都在 25~32 年。从 2015 年开始，相关机构开始根据资产池的现金流归集和支付顺序设计不同的证券期限，出现了 0.08~19.88 年的证券期限，证券期限不再和资产池的最长期限一致。

就 2018 年发行的 RMBS 而言，在到期期限[2]方面，优先档证券期限平均为 3.71 年[3]，次级档证券期限平均为 18.63 年。从发起机构类型来看，全国性国有商业银行优先档证券到期期限普遍短于股份制商业银行，而次级档证券到期期限普遍长于股份制商业银行。

---

1 共有 12 只 RMBS 置了目标余额，发起机构有建设银行、中国银行、邮储银行和兴业银行。
2 到期期限（年）=（预期到期日 − 信托成立日）/365。其中，预期到期日为发行说明书披露的在 10%CPR 假设下计算的预期到期日。
3 优先 A-1 档证券平均到期期限为 1.69 年，优先 A-2 档证券平均到期期限为 5.21 年，优先 A-3 档证券平均到期期限为 5.55 年。

(4)发行利率分析

RMBS 的发行定价,既是投资者获得投资价值和进行风险管理的关键,也关乎 RMBS 市场的健康发展。

(A)证券加权平均发行利率[1]与资产池加权平均利率对比分析

RMBS 产品较容易出现利率倒挂[2]的问题,主要原因是流入端房贷的利率较低,而证券端资金面紧张导致利率较高。2018 年 RMBS 优先 A 档证券发行利率区间为 3.55%~5.92%,平均发行利率为 4.51%,发行的 54 只 RMBS 中有 18 只出现了利率倒挂现象,主要集中于上半年,下半年利率倒挂现象逐渐缓解,这可能和上半年资金面较为宽松,下半年资金面较为紧张,使得资金成本有所变化有关。

(B)流动性溢价逐渐缩小,市场认可度逐步提升

RMBS 优先 A 档证券发行利率与短期融资券、中期票据和国开债收益率均存在一定同步性,并且普遍存在一定的流动性溢价。2018 年优先 A 档证券平均发行利率较同期短期融资券[3]利率高 17.99bp(见图 5-11),较同期中期票据利率高[4]14.54bp(见图 5-12),较同期国开债[5]利率高 60.10bp(见图 5-13、图 5-14)。其中 RMBS 发行利率与同期国开债收益率同步性最高,存在较为稳定的正利差。2018 年下半年,优先 A 档发行利率与短融、中票的利差逐渐收窄,流动性溢价缩小,一定程度上说明市场对同期同级别 RMBS 的认可度逐渐提高。

(四)发展现状小结

RMBS 的跨越式发展一方面得益于政策的鼓励和监管的引导;另一方面归功于其独有的功用和价值。从供给层面来看,RMBS 可以盘活信贷资产存量,腾挪信贷额度,提高资产使用效率;从需求层面来看,RMBS 基础资产分散度较高、抵押物的回收保障性强、发行利率与短融和中票相比通常有一定的溢价,可以为投资者提供新的投资品种。发挥 RMBS 的功用和

---

1 以证券端各优先档证券的规模为权重对发行利率进行加权。
2 指证券端的发行利率超过资产池的加权平均利率。
3 即 RMBS 起息日当天相同到期期限的 AAA 级短期融资券。
4 即 RMBS 起息日当天相同到期期限的 AAA 级中期票据。
5 即 RMBS 起息日当天相同到期期限的国开债利率。

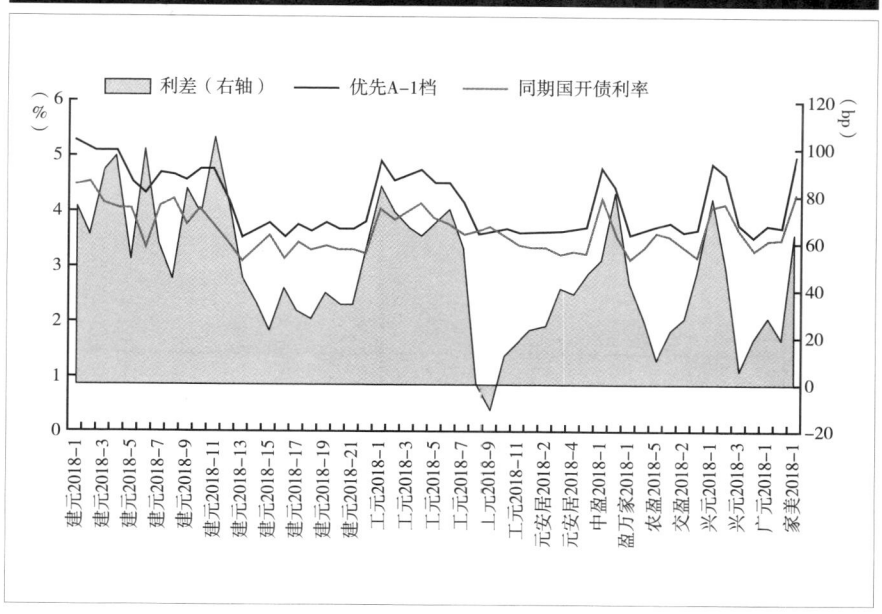

图 5-11 RMBS A-1 档证券发行利率与同期国开债利率趋势

资料来源：公开市场信息，中债资信整理。

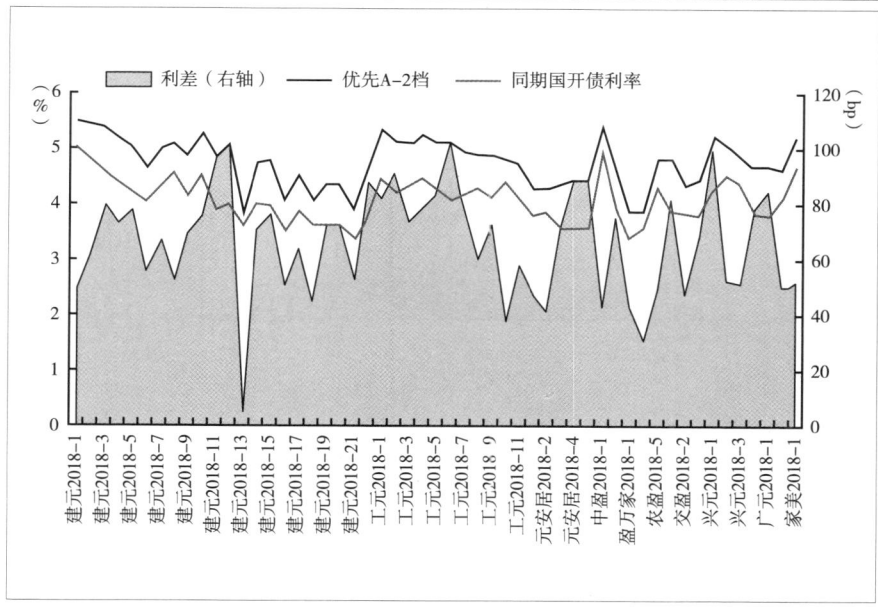

图 5-12 RMBS A-2 档 RMBS 发行利率与同期国开债利率趋势

资料来源：公开市场信息，中债资信整理。

图 5-13 AAA 级 RMBS 发行利率与同期短期融资券发行利率和利差趋势

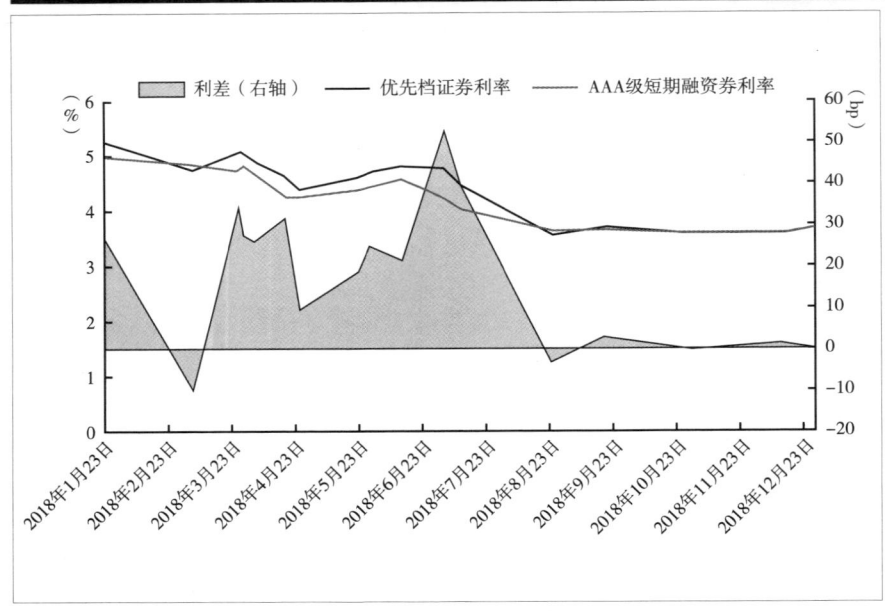

资料来源：公开市场信息，中债资信整理。

图 5-14 AAA 级 RMBS 发行利率与同期中期票据发行利率和利差趋势

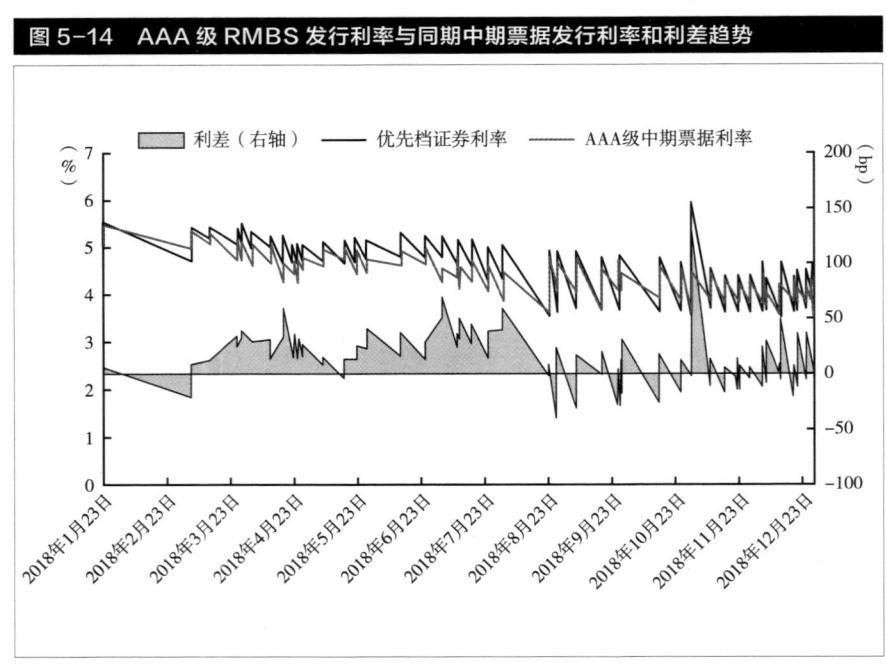

资料来源：公开市场信息，中债资信整理。

价值，与我国目前的经济发展思路相契合，对支持我国经济结构调整，促进经济提质、增效、转型具有重要意义。

一是 RMBS 有利于盘活房贷发放机构存量、优化信贷结构。通过发行 RMBS，发起机构将住房抵押贷款这类期限长、流动性差的资产转化为现金和流动性较高的证券，一方面能够补足银行即期资金，缓解信贷规模紧张局面；另一方面在一定程度上解决了银行资产负债的期限错配问题，提高商业银行流动性管理能力。此外，通过发行 RMBS，发起机构可以将不同区域、利率类型的资产组合打包销售，如早期低利率贷款、信贷规模紧张的热点城市贷款等，从而灵活调整信贷资产结构，提升综合收益率。

二是 RMBS 有利于发挥金融工具能效、支持实体经济发展。由于存在 SPV/SPE 这一风险隔离机制设计，RMBS 发起机构的资产可以脱离资产负债表实现表外融资，从而降低财务杠杆比率和负债水平，及时补充银行现金储备，缓解资产负债表快速扩张的"负重压力"，探索实现"轻资产"运营模式。同时，发起机构通过调整 RMBS 自持结构和比例，可以节约风险加权资产和监管资本，在相同的资本充足率要求下开展更多业务，配合住房租赁市场的发展，保护低收入人群租房、购房权益，保障住房领域资金的精准投放和体内循环，实现"居者有其屋"的良好社会生态。

RMBS 产品作为直接融资的创新方式，日益受到市场机构的青睐，市场对 RMBS 的需求也有望继续保持增长态势，但我们也应关注产品本身存在的提前还款风险、利率风险、违约风险和抵押物跌价风险等相关风险因素，有序推进 RMBS 市场持续健康发展。

二 现存问题

我国 RMBS 市场培育初见成效，但与国外成熟证券化市场相比仍有较大差距。RMBS 作为国际市场上最主流的资产证券化产品，不仅是个人住房抵押贷款经营机构盘活存量、进行资产端直接融资的重要工具，更与利率市场化、住房金融政策施行等一系列宏观金融问题紧密联系。因此，如何提升 RMBS 市场活跃度、加强市场风险控制、促进市场持续稳定发展是市场各方都需认真思考的问题。

（一）一级市场发行体量较小，发起人积极性需进一步培育

我国住房金融改革的愿景之一是使 RMBS 成为贷款发放机构的主要融资渠道[1]。目前，RMBS 发行体量较小，市场规模尚难以对住房金融改革资金供给形成有效支持，发起人的发行积极性需进一步培育。

目前，我国 RMBS 市场上最为活跃的发行主体为建设银行，其 RMBS 的发行频率较高、规模较大，而其他发起机构以及尚未发行 RMBS 的商业银行的发行积极性和潜力仍需发掘。就内生动机来说，金融机构尤其是大型商业银行要实现常态化发行 RMBS 还需继续完善内部制度，加强系统建设；就外生环境来说，目前 RMBS 发行备案审批速度具有一定不确定性，RMBS 的发起机构资本节约效果有限以及市场销售不畅等制约因素，也在一定程度上阻碍了 RMBS 一级市场的发展。

（二）RMBS 定价机制仍需完善，投资环境有待优化

我国 RMBS 市场刚刚起步，相关机构投资积极性尚待培育。目前，我国 RMBS 二级市场交易量虽然在逐年增加，但绝对值仍较小，整个二级市场的流动性机制建立仍处于起步阶段。二级市场流动性差对 RMBS 投资者积极性的影响是显著的。相比其他证券化产品，RMBS 产品期限普遍较长，若缺乏流动性，投资者将只能长期持有，面临更大的信用风险、利率风险，存在较大投资顾虑。除一级市场供应量较小之外，二级市场流动性差的主要原因还有 RMBS 证券定价机制尚不成熟，市场参与者很难获得和把握市场定价估值标准，难以基于有效价格开展市场交易。

（三）房贷利率和发行利率关联尚未建立，RMBS 市场利率传导器作用有待开发

个人住房抵押贷款利率和 RMBS 发行利率尚未建立合理联系的主要表现为利率倒挂，即发行利率低于基础资产池加权平均利率，这意味着发起人的发行成本很可能高于资产池所能提供的收益。此外，部分公积金贷款资产支持证券采取折价发行，也意味着基础资产池加权平均利率无法支撑平价

---

1 温信祥：《"十三五"住房金融改革发展的新思路》，财新网，2016。

发行的证券端利率。发生利率倒挂的原因是我国的 RMBS 的"资产池利率不能决定发行利率，发行利率也不能决定资产池利率"。资产池利率即贷款利率在官方公布的贷款基准利率基础上浮动，而证券发行利率由投资人基于当时的资金面情况、SHIBOR 等市场基准利率加上流动性溢价、信用风险利差确定，即发行利率的确定滞后于资产池利率的形式，但又不以资产池利率为锚，在资金面紧张、发行利率升高的情况下，RMBS 很容易出现利率倒挂。

与美国市场大部分 RMBS 由 TBA 市场证券发行利率决定贷款发放利率的状况不同，我国商业银行目前的主要负债来源还是存款，且没有"预成交"市场，尚未建立市场基准利率通过 RMBS 传导从而确定住房抵押贷款利率的机制。因此，RMBS 的发行还不能促使投资人和发起人对贷款利率和发行利率形成一致预期。这一方面不利于实现利率市场化目标；另一方面也会导致发起人产生发行亏损的预期，不利于夯实 RMBS 可持续发展的基础。

（四）风险控制等配套机制的建设尚待探索

根据国外成熟市场的经验教训，在发挥 RMBS 对国家住房金融市场发展的促进作用的同时，也不应该忽视其配套风控机制的建设，如对基础资产信用质量的把控和信息披露的要求。一直以来，我国对房贷发放的把控都是较严的，体现在对借款人资质和首付比例的要求上，因此我国房贷质量整体较好，这也是我国 RMBS 表现良好的重要基础。但是值得关注的是，我国 RMBS 市场的发展始终伴随房价上涨的"顺经济周期"，基于对房价上涨的乐观预期，不能忽视其中房贷信用风险的上升，例如，借款人杠杆率的实质性增高，以及银行执行不同的房贷发放标准和在发放贷款时对相关法律规定执行力度的放松（如不及时办理抵押权属登记），可能对 RMBS 违约率和回收率造成不利影响。除此之外，我国证券化市场的投资人保护机制和市场规范化建设尚在起步阶段，贷款服务机构和受托人要恰当履行管理和受托责任还需要认识上的培育、实践上的积累和系统的持续建设升级。在此背景下，应当居安思危，以把控基础资产质量为核心，以建设市场风险控制机制为重点，在资产合格标准设置、信息披露、逾期率/违约率等关键指标评估、数据提供和披露的完整和准确性等方面进一步加强 RMBS 风险控制制度的建设，防患于未然。

三 发展建议

基于前文分析，我们认为 RMBS 发展面临的问题是互相关联、互为因果的。一级市场的供给不足会直接影响二级市场的发展；二级市场流动性匮乏会反作用于一级市场，使发行利率的流动性溢价高企，加剧利率倒挂，降低发起人发行意愿，进一步减少一级市场供给。因此解决问题的思路也应是全局性和系统性的。

我们建议市场各方贯彻落实"深化金融体制改革，增强金融服务实体经济能力"，统一标准、信息共享、加强监管、防范风险，激发一级市场活力，提高二级市场流动性，进一步发挥 RMBS 在疏导商业银行个人住房抵押贷款信贷风险、匹配资产负债结构、优化信贷资源配置、推动利率市场化及住房金融政策施行等方面的作用。

（一）激发一级市场活力，释放发行投资动能

相较其他类型信贷资产证券化产品，由于风险自留规定[1]以及二重征税等原因，目前发起人发行 RMBS 很难获得收益，投资收益也很低，难以满足投资人的要求，借鉴美国市场的成熟经验，建议下一步试点开展信用风险自留规定对 RMBS 发起人的有条件豁免，对于符合一定条件的基础资产和具有一定资质的发起人，分档降低风险自留比例甚至完全豁免。除此之外，建议对 RMBS 的发行给予一定的税收优惠，以加大投资人的收益空间，增强 RMBS 产品的吸引力。

（二）支持发行主体和证券设计多元化，提高发行效率和创新效能

为提高市场发行规模，建议监管机构多措并举，鼓励更多的房贷发放

---

[1] 中国人民银行和银监会于 2013 年 12 月发布《关于规范信贷资产证券化发起机构风险自留比例的文件》，规定发起机构需持有发起产品的一定比例，持有比例不得低于全部发行规模的 5%，可以"垂直"持有或者"水平"持有。

机构参与 RMBS 发行，同时还需从发行程序上着手，提高 RMBS 发行效率。建议发起人和主承销商提高产品设计的精细度，以满足不同投资者的偏好。

（三）积极培育境内投资者，鼓励境外投资者参与投资

从需求端促进 RMBS 市场的活跃发展，建议市场机构和专业研究机构通过发行 RMBS、发布 RMBS 相关研究成果等方式着力培育国内投资者关于 RMBS 的投资理念，鼓励资金实力雄厚的大型金融机构参与 RMBS 市场投资。同时，发起人和承销商可还以择机利用已建立的"债券通"渠道，鼓励境外投资者参与我国 RMBS 市场投资。

（四）完善估值体系建设，多措并举提升二级市场流动性

从二级市场流动性需求来看，"资管新规"要求净值管理；"新金融工具准则"要求按照公允价值计量的信贷 ABS 要分阶段实时反映其公允价值；"理财新规"要求次级档资产支持证券不能自持，必须进入市场流通，这些都需要 RMBS 具有流动性较高的二级市场，以提供估值判断的合理依据。为提升 RMBS 二级市场流动性，建议尽快建立和完善估值体系、质押回购机制和做市市场，形成规模化发展，培育市场流动性。

（五）加强政府支持，将 RMBS 培育成政策性金融支持住房消费的重要工具

RMBS 作为美国住房金融市场的重要工具，在解决住房民生问题上起着不可替代的作用，居民住房消费在我国也同样是重大民生问题之一，是我国住房金融改革着力解决的难题。因此，建议加强政府支持，探索建立有效支持住房消费的政策性金融体系，支持住房金融改革，为住房消费刚性需求提供持续稳定的低利率贷款。

（六）加强 RMBS 市场风险控制，完善 RMBS 风险控制制度

放眼 RMBS 市场的长期发展，汲取美国次贷危机的教训，在促进市场活跃度提高的同时，必须持续对市场风险防范保持足够重视。

首先，继续加强对基础资产质量的把控，重视处置回收，保障资产现金流的稳定和安全。把控底层资产的信用质量是降低基础资产违约率以及规避证券违约风险、减少证券违约损失的关键措施,也是防控市场风险的根本所在。我国房贷规模近年来增长较快,整体系统性风险控制难度加大[1],建议发起机构多措并举保障房贷资产质量:一是加强房贷发放管理的防风险能力,降低违约率;二是保障证券化入池资产质量,阻断风险传导;三是加大对违约房贷的催收处置力度,提高回收率。

其次,加强信用评级对信用风险的评估和揭示,帮助投资者准确判断风险和理性承担风险。信用评级是应对市场信息不对称的必要手段,其对结构化产品的风险评估和揭示能够帮助投资者建立对具体证券的风险和收益预期,理性进行投资。基于此,信用评级一定要保持公信力和评级技术上的先进性,提高信用评级结果的可靠性,向市场充分揭示风险。投资人付费模式是避免评级机构和投资人利益冲突、保持评级公信力的有效途径,应该作为长期坚持的评级机制。信用评级机构应持续迭代评级方法,不断完善评级体系。此外,建立有效的激励和约束机制,保障发起机构提供数据的质量是前提。

最后,加强市场规范化建设,促进投资人保护机制的建立与完善。市场规范化建设和投资人保护机制建设是市场风险防控的重要一环,对维护交易秩序、提高发行效率、降低交易风险、保护投资人权益具有重要的支撑作用。建议行业自律组织梳理 RMBS 发行中各个环节的流程,形成统一的操作指南,降低操作风险。此外,和其他证券市场一样,信息披露是投资人保护机制的核心,要着力加强对信息披露质量和基础资产质量的管理。

希望在监管机构、自律组织、参与主体的共同努力下,RMBS 市场可以实现稳定健康的发展,为利率市场化、住房金融政策施行和改善民生做出更大的贡献。

---

1 房贷是中国家庭最主要的负债。随着房地产市场的快速膨胀,中国居民房贷规模大幅上升,据统计,2011 年底居民房贷余额为 7 万亿元,到 2016 年底房贷余额已超过 19 万亿元。2016 年中国居民房贷占居民总贷款的 60.3%,且 2013 年以来持续上升。2010~2016 年,中国住房抵押贷款占总贷款的比重从 15% 上升至 21%。

第六章 房地产投资信托基金（REITs）市场*

- 21世纪初以来，REITs这一金融产品就得到了国内金融界的重视，金融监管层和市场机构在政策研究和业务试点两方面做了大量工作，为在中国推出REITs进行积极探索和创新尝试。目前，经过三个阶段的努力，境内REITs已经具备较为坚实的政策基础，同时以"中信启航"为代表的"类REITs"已形初具雏形、粗具规模。

- 国内"类REITs"于2014年正式启动，截至2018年境内共发行"类REITs" 44只，总金额达到886亿元，5年间发行金额增长率为164%，发行数量增长率为650%。5年间44只"类REITs"对应证券分档共计117只，各档证券评级情况从A级到AAA级不等，A级最少，只有1只，发行金额14.78亿元；AAA级最多，达到49只，占比为41%，发行金额达到454亿元，占比为51%；此外38只产品挂牌了无评级的次级档，合计发行金额为162亿元，无评级分档的平均规模低于有评级分档，说明目前境内产品仍以固定收益模式为主，权益型产品较少。从发行场所看，深圳证券交易所发行数量为24只，占比为55%，发行金额为512亿元，占比为58%；上海证券交易所发行项目数量为17只，占比为39%，发行金额为329亿元，占比为37%，机构间私募产品报价与服务系统和银行间债券市场发行量较少。

- 尽管REITs市场取得了一定程度的发展，但当前"类REITs"模式在法律模式、税务安排和市场体系等方面同真正的REITs还有较大差距，不能完全实现REITs的功能，对金融市场和房地产市场的支持能力有限。建议尽快建立以公司制为导向的业务架构，完善相关法律体系；建设相关税务法律制度，充分体系税务中性原则；加强市场层面各项基础建设，夯实业务健康发展的基础，尽快实现具有完整架构REITs的落地和快速发展。

---

* 本章作者：陈晓，国家金融与发展实验室房地产金融研究中心特聘研究员，中国民生银行信用卡中心金融同业部副总经理，曾任第一创业证券股份有限公司结构化产品部总监，拥有丰富的资产证券化实践经验。

一 REITs 市场的发展历程

（一）中国 REITs 政策研究和海外探索阶段（2001~2006 年）

在这一阶段，国内金融监管层在信托业务方面推出了多项法规，交易所则先导性地启动了 REITs 的行业研究，越秀集团成功赴香港发行 REITs，为后续 REITs 的发展奠定了良好的基础。

2001~2002 年，《中华人民共和国信托法》（本文以下简称《信托法》）、《信托投资公司管理办法》、《信托投资公司资金信托管理暂行办法》等一系列文件发布，在推进我国信托业务发展的同时逐步开启了房地产信托业务的发展之路，2001 年国家发展计划委员会（现国家发改委）曾牵头起草《产业投资基金管理暂行办法》并向社会公开征求意见，2003 年深交所开始研究 REITs 发行的可行性，一度引起了对 REITs 的讨论热潮。2005 年末，越秀集团携所辖广州和上海的 7 处优质物业赴港发行 REITs 成功，成为我国第一只真正意义上的房地产投资信托基金，至此国内资产境外发行进一步点燃了国内房地产金融行业的热情，国内推动 REITs 业务发展的积极性在这一时期达到顶点。

但是，后续监管机构出台了《信托投资公司房地产信托业务管理暂行办法（征求意见稿）》、《关于进一步加强房地产信贷业务管理的通知》以及《关于加强信托投资公司部分风险业务提示的通知》等文件，提高了房地产信贷和房地产信托业务的门槛，加强了业务管控，而 2006 年国家外管局、国家发改委等部门联合发布《关于规范房地产市场外资准入和管理的意见》，从投资主体、资金、外汇管理等多方面严格限制境外公司收购内地物业，导致"越秀模式"难以复制，这些政策在一定程度上减缓了中国 REITs 的发展步伐。

（二）中国 REITs 政策发展和产品试点突破阶段（2007~2014 年）

此阶段证监会和央行、银监会两大系统几乎同时启动了 REITs 相关方案的研究，之后国务院文件也明确提出了发展房地产投资信托基金，对 REITs 的研究工作不断深入；与此同时，国内的房地产企业和相关金融机构也通过境内境外多个渠道尝试发行产品，推动业务落地，最终"中信启航 ABS"产品的发行正式标志着国内首只具有 REITs 框架的产品诞生。

2008 年，央行在《2007 中国金融市场发展报告》中指出要充分利用金融市场存在的创新空间，择机推出房地产投资信托基金产品。2008 年，银监会召集业内机构共同起草了《信托公司房地产投资信托计划试点管理办法》，虽然未能发布，但这是 REITs 作为一个独立的金融产品第一次在中国的监管层面得到正式研究推进；2008 年 12 月，《国务院办公厅关于促进房地产市场健康发展的若干意见》发布（国办发〔2008〕113 号，"金融国九条"），房地产投资信托基金首次在国务院层面作为一种拓展企业融资渠道的创新融资方式被提出。2009 年，央行和银监会联合拟定了《房地产集合投资信托业务试点管理办法》，提到 REITs 将被两家监管机构共同监管，明确了中国 REITs 的产品结构、投资范围和收益分配等内容，使 REITs 在业务的实质上又向前推进了一大步。2009 年 11 月，中国人民银行经征求试点城市和试点项目参与机构的意见，起草了《银行间债券市场房地产信托受益券发行管理办法》，并向九部委、社保基金以及北京、上海、广州三个试点城市政府征求意见，但因种种原因最终未能下发。2010 年，住建部等七部门联合发布《关于加快发展公共租赁住房的指导意见》，鼓励金融机构探索运用房地产投资信托基金拓展公共租赁住房融资渠道。2014 年，《中国人民银行 中国银行业监督管理委员会关于进一步做好住房金融服务工作的通知》明确要积极稳妥开展房地产投资信托基金（REITs）试点。

实务方面，2009 年，中国人民银行和证监会牵头研究部署，上海、北京和天津获得了保障性住房 REITs 试点资格并制定了试点方案，但最终未能获得国务院批准；2014 年 1 月 16 日，证监会下发了《关于核准中信证券股份有限公司设立中信启航专项资产管理计划的批复》，同意中信证券设立中信启航专项资产管理计划（本文以下简称"中信启航"），4 月 25 日"中信启航"ABS 成功发行，虽然部分分层产品仍为债权性质，但底层资产为国内优质商业不动产资产的股权权益和经营性现金流，标志着中国通过私募方式成功实现了权益型"类 REITs"产品的破冰。与此同时，大量机构通过各种方式在境外进行 REITs 产品尝试，包括 2011 年汇贤产业信托在香港上市，鹏华美国房地产基金成为内地首只发行的投资美国房地产的基金；2013 年，开元酒店作为内地首只酒店房地产基金成功在香港上市，广发美国房地产指数基金作为国内首只美国房地产指数基金开盘。

（三）中国 REITs 政策演进和实践发展阶段（2014 年至今）

随着中信启航项目的破冰，私募"类 REITs"的模式逐渐成熟并成为主流的业务模式，政策层面的进展主要体现在资产支持专项计划的发行从审批制转为备案制，而实践层面"类 REITs"则在交易所和银行间两个市场蓬勃发展。

2014 年 5 月，证监会在《关于进一步推进证券经营机构创新发展的意见》中提出，研究建立 REITs 的制度体系及相应的产品运作模式和方案；当年 11 月，证监会颁布《证券公司及基金管理公司子公司资产证券化业务管理规定》，正式将"类 REITs"载体——资产支持专项计划的发行模式从行政审批改为备案管理。2015 年 1 月，住建部发布《关于加快培育和发展住房租赁市场的指导意见》，明确提出积极推进房地产投资信托基金（REITs）试点。2017 年 7 月，住建部等九部委联合发布《关于在人口净流入的大中城市加快发展住房租赁市场的通知》（建房〔2017〕53 号），提出积极支持并推动发展房地产投资信托基金（REITs）。2018 年，证监会系统年度工作会议提出，研究出台公募 REITs 相关业务细则，支持符合条件的住房租赁、PPP 项目开展资产证券化。2018 年 4 月，《中国证监会 住房城乡建设部关于推进住房租赁资产证券化相关工作的通知》印发，表示重点支持住房租赁企业发行以其持有不动产物业作为底层资产的权益类资产证券化产品并试点发行房地产投资信托基金（REITs），再一次强调了 REITs 的重要性。

2014 年 12 月，中信华夏苏宁云创资产支持专项计划在深交所上市，成为国内第二只"类 REITs"产品，开启了交易所"类 REITs"蓬勃发行的大幕。2015 年 6 月，鹏华前海万科 REITs 封闭式混合投资基金发行，并于 9 月 30 日登陆深交所开始交易，虽然因为投资不动产比例和底层资产等问题不是真正的 REITs[1]，但这是目前国内首只也是唯一向普通公众发行的大规模投资不动产对应权益的公募基金产品。2017 年 2 月，我国首只银行间"类 REITs"——"兴业皖新阅嘉一期"房地产投资信托基金发行。到 2018 年底，各交易场所[2]共发行"类 REITs"产品 44 只，上市资产规模达到 889 亿元。

1　鹏华基金持有的不动产资产并不是商业物业产权，而是一个有固定期限（10 年）的 BOT 收益权，因此严格意义上并非 REITs，但是，这一产品突破了《中华人民共和国证券投资基金法》对证券投资基金投资范围（不能投不动产资产）的限制以及《证券投资基金运作管理办法》关于公募基金投资单一证券比例（不能超过 10%）的限制，因而具有较强的创新价值。

2　包括上海证券交易所、深圳证券交易所、机构间私募产品报价与服务系统和银行间债券市场。

二 境内 REITs 市场发展现状[1]

（一）产品架构

目前，"类 REITs"产品从架构看主要以券商资产管理计划作为发行载体，借助私募基金（个别也采用信托作为通道）认购持有标的不动产项目公司的股权，同时根据项目公司负债情况和税务筹划安排对项目公司发放债权，以项目公司经营性税后现金流、物业增值资本性收入以及相关方权利金作为资金来源，按投资人持有份额和结构化偿付顺序进行价值分配。

在这一结构中，证券公司或基金子公司作为计划管理人对产品成立承担勤勉尽责义务，原始权益人作为资产持有方将资产转让给私募基金，多数情况下还需要作为或引入优先收购权人或流动性支持机构提供资金支持和增信作用。销售机构负责面向投资人完成资金募集工作，交易所和中证登分别负责产品的挂牌转让和登记结算工作。私募基金管理人负责私募基金的管理工作。监管和托管由具有相应资质的商业银行负责。具体结构如图 6-1 所示。

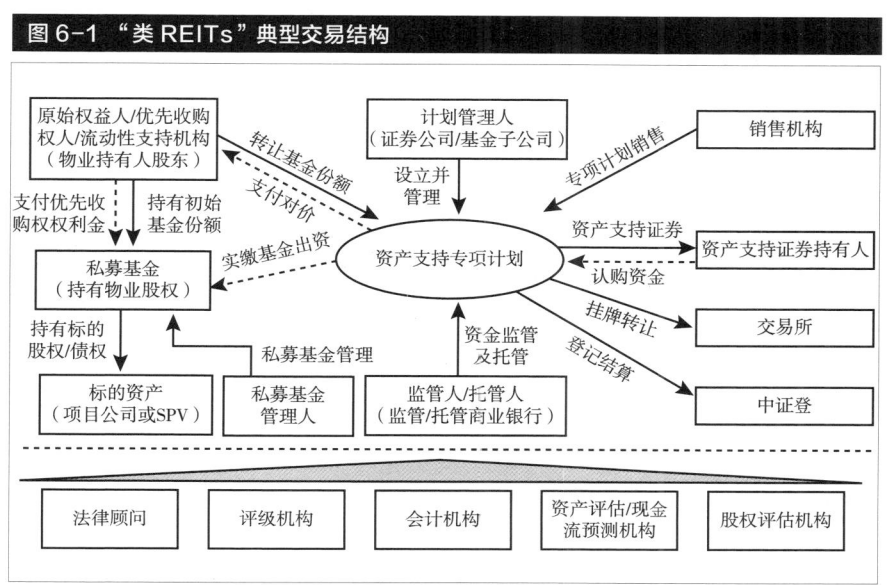

图 6-1 "类 REITs"典型交易结构

---

[1] 由于目前在银行间市场以信托计划作为载体的"类 REITs"仅有 1 只，且架构也基本复制了证监会体系下的产品，因此本节除统计信息外，对目前"类 REITs"的论述主要基于证监会模式。

（二）典型案例——中信启航"类 REITs"

中信启航是国内发行的第一只"类 REITs"产品。中信启航是一款以专项资产管理计划为载体，在深交所综合交易平台挂牌交易的以私募形式发行的"类 REITs"产品。

1．产品情况

产品规模：中信启航募资总规模 52.1 亿元，分为优先级证券和次级证券，优先级证券和次级证券份额均可以在深交所综合协议交易平台转让流通。

分层设计：优先级证券规模 36.5 亿元，占比 70.1%，评级为 AAA 级，预期期限不超过 5 年；次级证券规模 15.6 亿元，占比 29.9%，预期期限不超过 5 年。

产品收益：优先级证券收益包括固定部分和浮动部分，固定部分为每年支付的收益，收益率为 7%，浮动部分为退出时获得资本增值的 10%。

次级证券收益为在产品存续期间满足优先级收益后的剩余收益，及退出时获得资本增值的 90%。

2．基础资产

产品基础资产为北京和深圳的两栋中信证券自持物业，其中，北京中信证券大厦位于北京燕莎商圈，深圳中信证券大厦位于福田 CBD 核心地段，两栋大楼均地理位置优越，且主要由中信集团成员单位承租，租约和租金极其稳定。

3．交易结构

中信启航设立了一个私募基金来持有两个物业对应的项目公司股权，再以专项资产管理计划认购私募基金份额。中信金石基金作为管理人对该私募基金进行管理。具体交易结构如图 6-2 所示。

4．产品亮点

（1）优先级证券、次级证券份额皆可在深交所交易，产品具有一定流动性，未来可以通过私募市场退出，同时保留在政策允许的情况下转为公募 REITs 产品公开上市的法律安排。

（2）产品次级证券份额采用偏股型法律结构，主要依赖经营收入和物业增值实现投资人回报，体现了 REITs 的核心理念。

（3）通过设立通道型产品，向高净值个人客户发行部分次级证券份额，对于未来 REITs 的投资渠道进行了积极尝试。

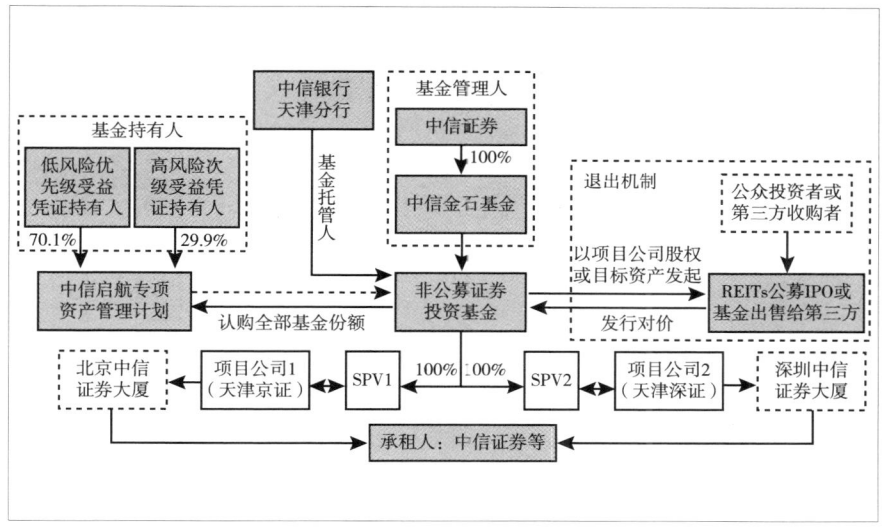

图 6-2 "中信启航"项目交易结构

资料来源:中信启航发行材料。

5.产品不足

(1)私募产品定位,投资人范围受限,流动性严重不足,发行价格存在溢价。

(2)投资对象单一,不能增加投资标的,只能采用被动管理模式。

(3)偏债权而非股权,占多数份额的优先级证券为典型的固定收益产品,而次级证券收益从最终清算结果看也未体现股权属性。

(三)市场统计分析

1.发行总体情况

国内"类 REITs"于 2014 年正式启动,从 2014 年发行 2 只证券,发行金额 96 亿元,到 2018 年发行 15 只证券,发行金额 253 亿元,5 年间,境内共发行"类 REITs"44 只,总金额达到 886 亿元。除个别年份发行金额和数量略有下降外,整体呈现较好的增长态势,5 年间发行金额增长率为 164%,发行数量增长率为 650%。同时,单个项目规模呈现减少趋势,平均金额由约 50 亿元下降至约 20 亿元,说明发行物业开始由一线核心区域向二线、三线城市扩大。具体情况如图 6-3 所示。

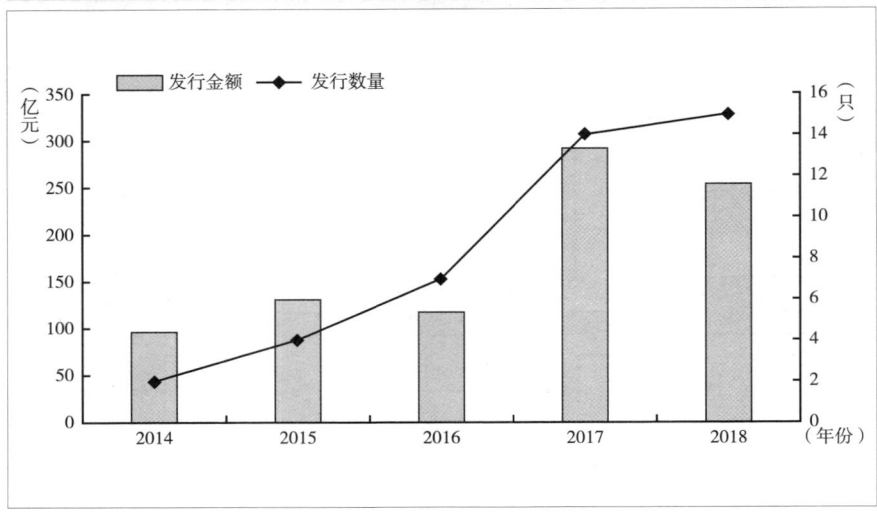

图6-3 "类REITs"发行情况

资料来源：WIND。

2．物业类型构成情况

2014~2018年，境内市场已发行"类REITs"项目的物业类型包括综合体、专业市场、写字楼、物流、社区商业、商业门店、酒店、购物中心、公寓9类，以写字楼、商业门店、购物中心、公寓为主。如图6-4所示，购物中心物业类型的项目数量最多，达到10个，占比为23%；如图6-5所示，商业门店物业类型的发行金额最大，达到178亿元，占比为20%。每个类型项目规模不同，平均来看，酒店最大，公寓最小。

3．产品评级情况

2014~2018年，境内"类REITs"项目对应分档证券共计117只，各档证券评级情况从A级到AAA级不等，其中，A级最少，只有1只，发行金额14.78亿元；AAA级最多，达到49只，占总量的41%，发行金额达到454亿元，占总量的51%；此外38只产品还挂牌了无评级的次级档证券，合计发行金额为162亿元，无评级分档的平均规模低于有评级分档，说明目前境内产品仍以固定收益模式为主，权益型产品较少。具体情况如图6-6所示。

4．发行利率情况[1]

2014~2018年，境内共发行AAA级分档证券49只。如图6-7所示，

---

[1] 考虑其他分档证券的样本较小，此处仅对AAA级证券的情况进行分析。

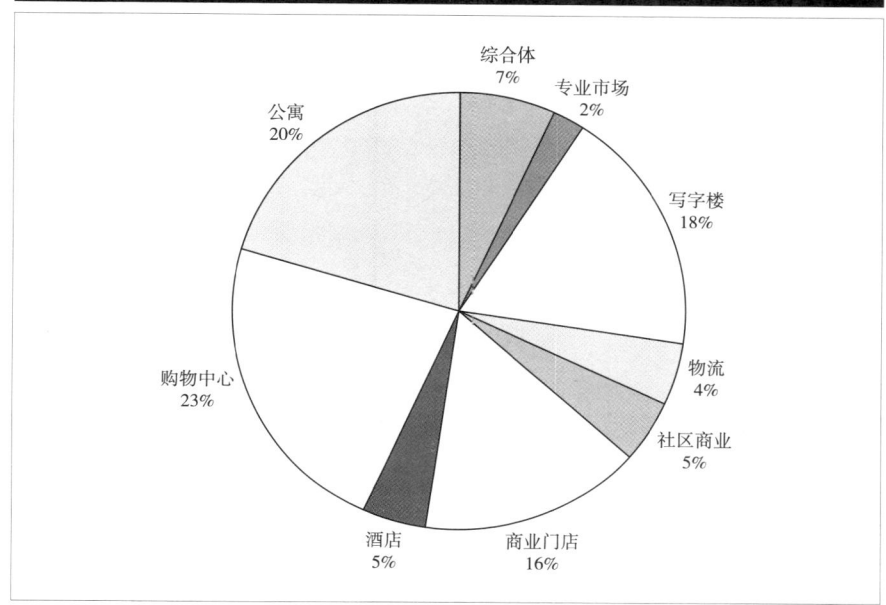

图6-4 "类REITs"物业类型构成（按项目数量）

资料来源：WIND。

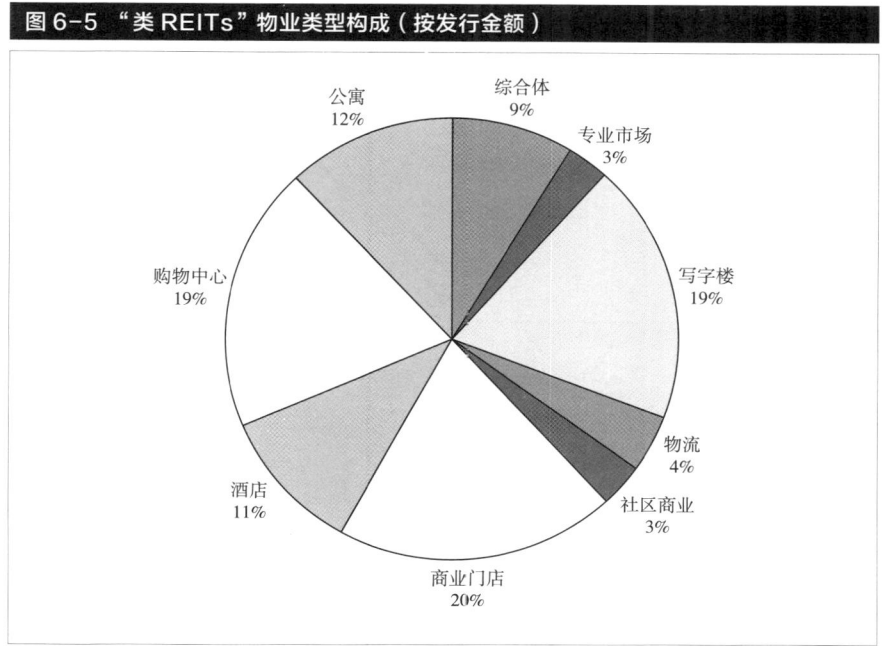

图6-5 "类REITs"物业类型构成（按发行金额）

资料来源：WIND。

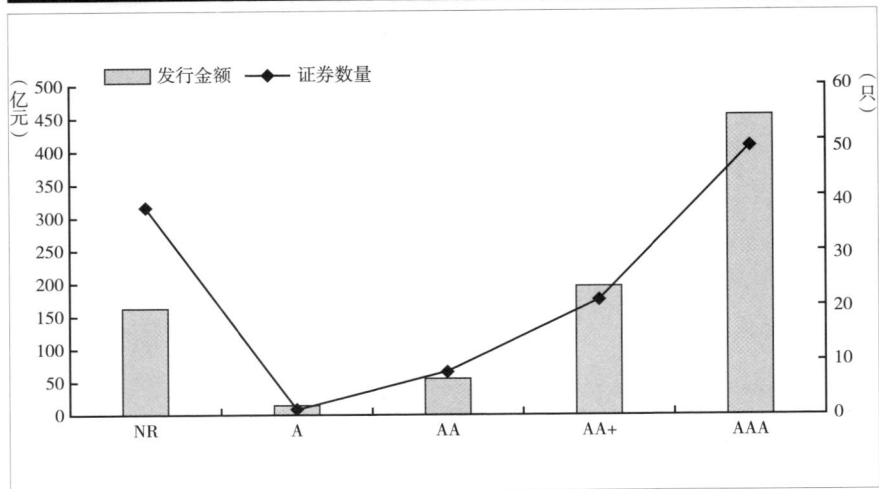

图 6-6 "类 REITs" 评级分布情况

资料来源：WIND。

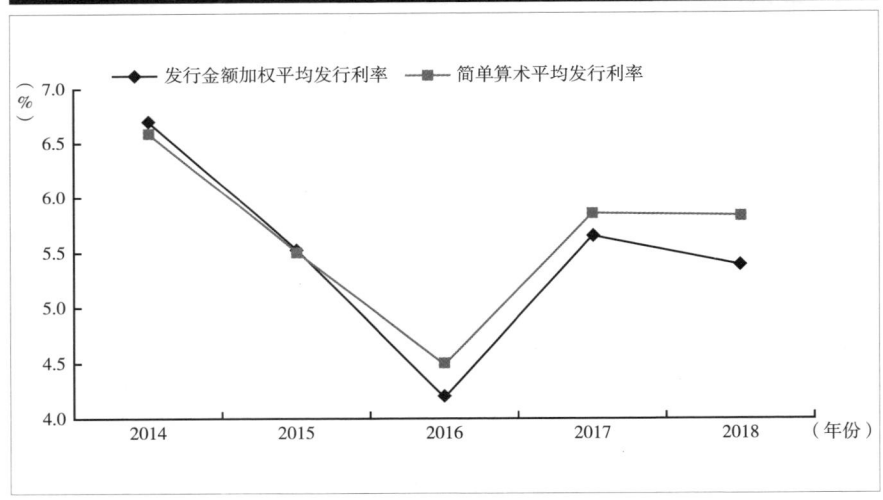

图 6-7 "类 REITs" 发行利率情况（年度平均）

资料来源：WIND。

按照发行金额加权平均和简单算术平均两种算法计算年度平均发行利率，二者走势基本一致，总体表现为先降后升再持平，从发行金额加权平均发行利率来看，2014 年最高，达到 6.7%，2016 年最低，仅为 4.19%，2015 年、2017 年和 2018 年在 5.5% 上下。具体项目分档的利率差别较大，剔除一个极特殊的 0.5%，最低的为 3.8%，最高的为 7.5%，区间宽度近 4 个百分点，30 只发行利率集中在 5%~6.5%。从发行规模和发行利率的关系看，发行规模对发行利率没有明显影响，具体如图 6-8 所示。

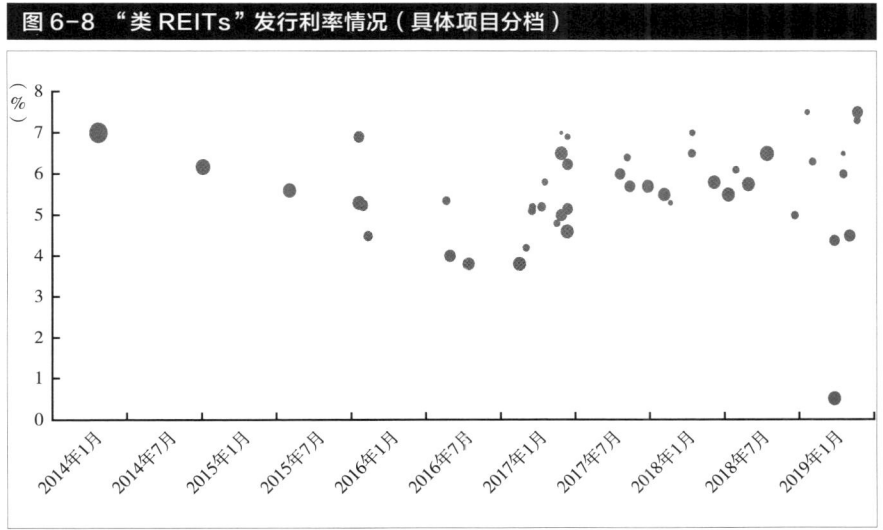

图 6-8 "类 REITs" 发行利率情况（具体项目分档）

注：图中气泡大小表示发行金额多少。

资料来源：WIND。

5. 发行场所情况

2014~2018 年，境内发行"类 REITs"项目的场所包括上海证券交易所、深圳证券交易所、机构间私募产品报价与服务系统和银行间债券市场，绝大部分在上海证券交易所和深圳证券交易所发行流通，目前只有 2 只在机构间私募产品报价与服务系统和 1 只在银行间债券市场发行流通，合计金额不到 50 亿元。深圳证券交易所发行项目数量为 24 只，占比为 55%，发行金额为 512 亿元，占比为 57%；上海证券交易所发行项目数量为 17 只，占比为 39%，发行金额为 329 亿元，占比为 37%。具体如图 6-9 和图 6-10 所示。

6. 承销机构情况

2014~2018 年，境内发行过"类 REITs"项目的计划管理人有 21 家，集中度较高。从项目数量来看，中信证券发行 7 只，前海开源发行 5 只，恒泰证券和华夏资本各发行 4 只，位居前三，华泰证券、招商证券和渤海汇金

图6-9 "类REITs"流通场所构成(按项目数量)

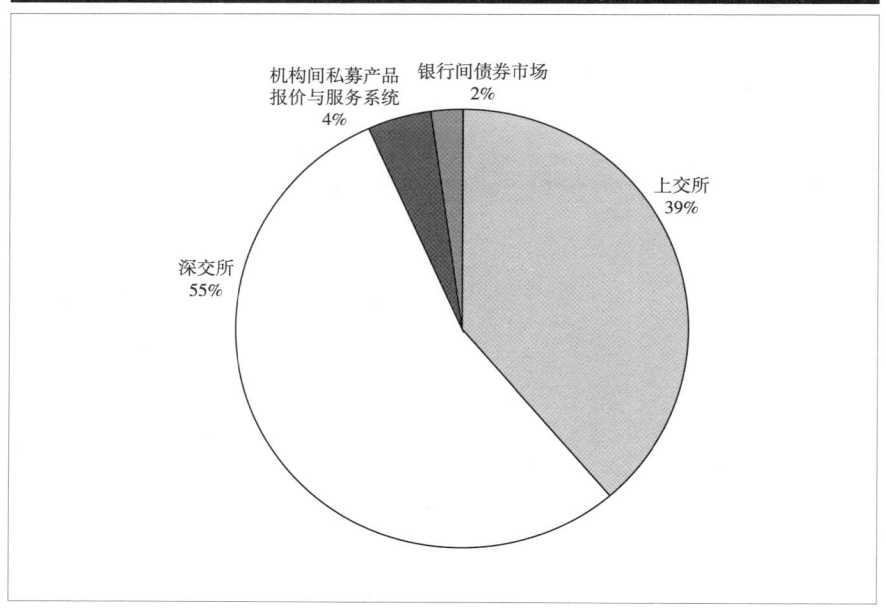

资料来源:WIND。

图6-10 "类REITs"流通场所构成(按发行金额)

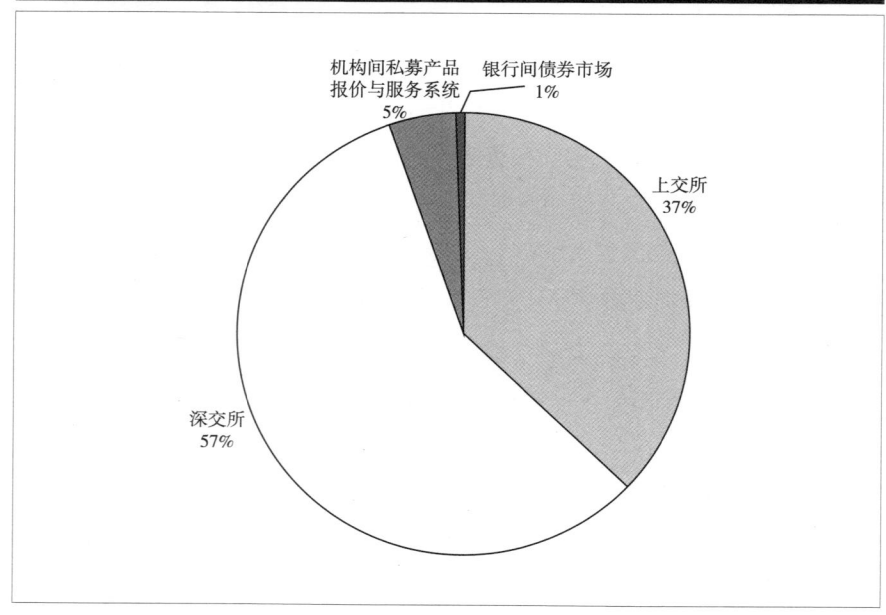

资料来源:WIND。

证券各发行 3 只，天风证券发行 2 只，其余均发行 1 只。从发行金额来看，中信证券、华夏资本、恒泰证券位列前三且均超过百亿元，分别为 134.96 亿元、126.3 亿元、117.36 亿元，分别占总量的 15%、14%、13%（见表 6-1）。

表 6-1 "类 REITs" 计划管理人情况统计

机构名称	项目数量（个）	发行金额（亿元）
中信证券股份有限公司	7	134.96
前海开源资产管理有限公司	5	86.11
恒泰证券股份有限公司	4	117.36
华夏资本管理有限公司	4	126.3
渤海汇金证券资产管理有限公司	3	56.9
华泰证券（上海）资产管理有限公司	3	65.48
招商证券资产管理有限公司	3	61.55
天风证券股份有限公司	2	18.13
东吴证券股份有限公司	1	20.5
光大保德信资产管理有限公司	1	5.55
国泰元鑫资产管理有限公司	1	5.4
国信证券股份有限公司	1	31
江海证券有限公司	1	7.7
开源证券股份有限公司	1	22
平安证券股份有限公司	1	16.8
上海东方证券资产管理有限公司	1	10.5
上海富诚海富通资产管理有限公司	1	12.4
首誉光控资产管理有限公司	1	25
兴业国际信托有限公司	1	5.54
长江证券（上海）资产管理有限公司	1	10.4
中国国际金融股份有限公司	1	49.2

资料来源：WIND。

三 目前境内"类 REITs"模式问题剖析

境内"类 REITs"自诞生以来，虽然在很大程度上解决了优质物业走向资本市场、提升融资/退出效率、扩大金融市场投资范围等问题，也在一定程度上体现了公募 REITs 标准化设立、权益化发行、专业化运作等功能，但是如第二节所述，"类 REITs" 仍然是在现有证券公司资产管理计划基础上嫁接的金融产品，并未在体制机制上实现突破创新，因此在组织形式、产品结构、税务筹划、期限安排、分配方式、管理模式、投资来源等方面均同真正的 REITs 有较大差距。出现这一状况的原因，既有政策层面的不足，也有市场自身缺乏发展。具体来看，包括以下三方面。

（一）法律实质上仍是私募封闭式产品

1. 宏观环境和监管体系决定目前 REITs 的法律架构建设面临巨大挑战

根据成熟国家的经验，REITs 的真正落地无不需要在法律法规层面进行建设、优化甚至革新，如建立专门的 REITs 法律体系进行市场建设，美国、日本、新加坡和中国香港等典型市场均采用了这一模式，也有部分国家和地区在相关法律层面对涉及 REITs 的组织结构、收入分配、资产投向、负债安排、税收策略、上市要求等内容进行完善和修改，如澳大利亚和马来西亚。不论采用何种方式，都需要对多项顶层制度进行修订和完善，这就决定了这一工作具有极强的系统性和较大的工作量，既有内部的相互影响制约，又难以一蹴而就。

进入 21 世纪以来，国内的房地产市场进入长达 20 年的单边、持续、快速上涨阶段，为了遏制房地产行业盲目扩张带来的泡沫，避免类似次贷危机性质的系统性金融风险，我国多次在全国范围内推行严格的房地产金融调控政策，也间接影响了 REITs 的政策导向和相关法律的出台，而随着市场的不断演变，这一工程也在多次调整中不断难产。

另外，REITs 作为一种较为特殊的金融产品，法律建设工作不仅涉及目前的金融监管机构包括中国人民银行、银保监会和证监会等，同时由于其房地产特性、税务中性和公司化运作模式，还涉及财政部、国家税务总局、住建部、国家发改委、国家市场监督管理总局、自然资源部等多个部门，最终还需要由立法机关审议发布，协调工作量巨大。在国务院层面尚未设置领导小组专项统筹的情况下，随着部门设置和职能的不断调整，相关法律的出台进度难以保障。

因此，在目前的外部环境下，本着积极推进、试点先行的原则，充分利用证监会体系下的券商资产管理计划潜力，借助多个创新结构开展"类REITs"业务，既可以避免长期等待跨部委完成法律制度建设的协调工作，又能在最大限度上实现REITs的功能，是目前最便捷、最现实的选择。

2．实现真正的REITs架构在法律制度优化方面面临挑战

首先，信托制和公司制是REITs最为成熟的两种模式，但不论采用何种模式，均需修订目前的顶层法律。如采用信托制，因其类似目前交易所的券商资管计划模式或银行间市场的财产权信托模式，考虑《信托法》和《关于规范金融机构资产管理业务的指导意见》（简称"资管新规"）等相关法律法规，在合同数量、面向个人投资人发行、信托公司管理职责和能力、单一份额金额及流动性等方面会遇到诸多问题。如采用公司制，由于《中华人民共和国公司法》（本文以下简称《公司法》）和《首次公开发行股票并上市管理办法》等法律法规在收入优先弥补亏损、提取法定公积金、股东可间接干涉经营、盈利必须达到一定水平方能上市、具有完全独立性、避免同业竞争等方面同REITs存在明显相悖的要求，REITs的现金流分配和公募上市均难以实现。

其次，目前的证券市场法规也在较大程度上限制了REITs的公募发行。根据《中华人民共和国证券法》（本文以下简称《证券法》）规定，"在中华人民共和国境内，股票、公司债券和国务院依法认定的其他证券的发行和交易，适用本法；本法未规定的，适用《中华人民共和国公司法》和其他法律、行政法规的规定"。REITs如果希望成为类似股票的公募性质产品，必须对《证券法》进行修改或出台补充规定，将其明确纳入"证券"范畴。

最后，"类REITs"在法律法规层面缺乏具体认定，影响了投资人准入和产品流动性。由于"类REITs"并非法律层面的金融产品，其法律依据仅停留在《证券公司客户资产管理业务管理办法》和《证券公司及基金管理公司子公司资产证券化业务管理规定》这样的部门规章层面。"类REITs"利用券商资管计划作为载体，借用交易所债券平台私募发行的模式，影响了机构投资人的投资规模和指标计量，而本应通过其享受不动产价格上涨收益的个人投资人更被排除在外，进而也自然影响了这种产品在二级市场的流动性，最终市场难以达到发展预期。

3．券商资管计划作为载体是目前模式偏离REITs本源的重要原因

首先，偏债非股的特点是"类REITs"偏离真正REITs的最大原因。从前文所述的"类REITs"产品结构可以明显看出，其一般为结构化产品，包括两层以上结构,其中优先级和夹层往往是固定收益型产品,占比较高且优先于劣后级获得兑付,而劣后级多数没有预期收益,获得全部剩余收益,具体水平随资产服务机构运营的情况而波动。这一特点和真正的 REITs 以类似股票的方式发行,投资人完全通过分红和份额市值提升获利有明显不同,导致"类 REITs"被戏称为"不动产支持债券"。

其次,私募发行的性质较大程度影响了价格和流动性。虽然境外也存在大量的私募 REITs 产品,但现阶段在境内已经发行的"类 REITs"产品,缺乏公募发行渠道,券商资管计划的投资人上限仅为 200 人,而通过交易所固定收益类平台发行又导致个人投资人基本被排除在外,较高的投资门槛造成这一具有优质资产基础的产品发行价格偏高,且缺乏流动性。

最后,封闭运作使得"类 REITs"脱离了资产管理的本源。成熟市场的 REITs 产品一般为开放式或半开放式产品,通过并购重组等方式增量投资于成熟物业并进行管理,也可以将本身拥有的增值物业套现获利或对贬值物业进行处置,体现了资产管理人的价值。但目前"类 REITs"的结构只能定向投资运营固定物业,其现金流也仅限于基础物业公司的运营收入以及产品到期退出时物业资产的处置收入或原始权益人支付的权利对价等,未来的发展空间极为有限,同时,此类产品只能通过设定固定期限来保障退出安排,较难采用惯常的二级市场交易退出方式。

(二)税务上缺乏税优政策,只能曲线实现税务中性

在美国、日本、新加坡等 REITs 较为成熟的国家和地区,REITs 之所以因其收益率高且稳定而广受市场青睐,最重要的原因在于税务优惠政策。上述市场均通过专门立法或修改现有法案的方式,给予 REITs 诸多税收优惠安排,包括在 REITs 产品认购资产和规模扩张时提供税收优惠、产品层面所得税减免、投资人分红时给予优惠等[1],至少也会在 REITs 这一层面对应税所得额进行税务中性处理。但是,因为国内"类 REITs"的主管部门是证监会,目前管理权限无法触及财税领域,只能引导相关市场机构通过一些技术创新曲线实现部分功能,影响了这一业务的扩大和推广。

第一,我国商业地产和租赁住房的租金收益率均较低,一线城市甲级写

---

[1] 详见本书第十一章。

字楼的租金收益率也难以超过 8%，商业物业多数在 4% 以下水平，而住宅的租金收益率更低于 2%，因此本身可分配的现金流极为有限。另外，目前"类 REITs"产品结构往往嵌套多个特殊目的载体（产品或公司），在暂无税务中性政策情况下，重复纳税在所难免，额外增加了税务负担，如按照上述情况扣缴大量税款，会导致投资人收益率过低甚至低于无风险回报率，造成 REITs 产品丧失价值，学习成熟市场的税优方案，通过设定一定的分红条件来给予 REITs 税收优惠政策，免缴 REITs 层面所得税，减少投资人税务负担，避免税负过高和双重征税，这具有现实意义。

第二，从目前"类 REITs"的产品运作流程来看，涉及的税种较多，部分存在较高税率。一是 REITs 设立环节，根据资产交易方式的不同，可能需要支付的税种包括增值税及其附加、印花税、土地增值税、所得税和契税，其中印花税涉及买卖双方。二是 REITs 持有环节，存在增值税及其附加、印花税、房产税、土地使用税、所得税等税种，至少涉及投资者、封闭式证券投资基金、专项资产管理计划和项目公司四个主体，还有可能涉及 SPV 公司、信托计划等通道，有可能重复计税。三是 REITs 退出环节，类似设立时情况，REITs 层面可能涉及增值税、土地增值税、印花税和所得税等，投资人可能涉及所得税，具体情况见表 6-2。可以看出，其中土地增值税（30%~60%）和企业所得税（25%）税率较高，且均有可能在设立和退出环节发生，税务负担较重。在实践中，往往会发现大量"类 REITs"产品不是按照正常程序并购持有不动产的项目公司，而是先设立一个 SPV 公司并同时构建 SPV 公司的负债，由 SPV 公司并购项目公司再反向吸收合并，从而在项目公司层面创造债务利息负担，利用利息支出降低项目公司利润，避免项目公司层面缴纳所得税，变相实现税务中性。

第三，实践中仍存在税收管理标准化程度不足的问题。目前最典型的是包含不动产资产的公司股权转让行为，该情形是否应视同房地产销售从而适用土地增值税，在具体的法规层面并不明确，从国家税务总局和前地方税务局的具体批复来看，存在计税和不计税两种情况。另外，营改增之后一系列涉及资产管理产品的文件认为，资管产品（含专项计划及私募基金）取得的保本收益需缴纳增值税，以管理人为代扣代缴义务人并按 3% 的税率简易征收，但实践中资产支持专项计划的优先级收益和私募基金预期收益虽然没

表6-2 "类REITs"涉及的税种情况

流程	交易环节	被征税对象	应税行为	税种	计税依据	税率
设立环节	SPV公司收购资产	发起人（卖方）	资产转让	增值税	转让收入	11%或5%
				增值税附加	增值税	12%
				土地增值税	增值额	30%~60%
				印花税	合同金额	0.05%
				企业所得税	应纳税所得额	25%
		SPV公司（买方）	受让资产	契税	交易金额	3%~5%
				印花税	合同金额	0.05%
	REITs收购股权	发起人（卖方）	股权转让	企业所得税	应纳税所得额	25%
				印花税	合同金额	0.05%
		REITs（买方）	受让股权	印花税	合同金额	0.05%
持有运营环节	物业营运	项目公司	物业出租	增值税	租金收入	11%或5%
			物业出租	增值税附加	增值税	12%
			物业出租	印花税	租金收入	0.10%
			持有物业	房产税	租金收入/物业值	12%/1.2%
			持有物业	土地使用税	面积	大城市1.5元至30元
			物业出租	企业所得税	应纳税所得额	25%
	分红	机构投资者	分红	企业所得税	应纳税所得额	25%
		个人投资者	分红	个人所得税	应纳税所得额	25%
退出环节	投资者在二级市场转让公募基金份额	投资者	资本利得	企业缴纳应纳税所得额25%，个人缴纳应纳税所得额20%		
	REITs处置资产或项目公司SPV股权	专项计划或项目公司	财产转移	类似于设立环节时的资产转让和股权转让行为		

资料来源：北京大学光华管理学院《不动产信托投资基金税制问题研究》。

有采用保本收益条款，但鉴于其收益率非常具体且有极大概率实现，仍有可能被认定为保本收益纳入应税收入。而房产税亦存在透明度不足问题，如从租计征为租金收入的 12%，如从值计征则为房产原值折让基础上的 1.2%。

（三）尚未形成标准化市场体系

首先，目前国内 REITs 发展面临专业化资产管理人缺位的情况。由于国内 REITs 业务迟迟没有推出，而物业又经历了长期的资产单边增值上涨，专业化不动产资产管理人的价值难以体现，市场尚未形成明确和规模化需求。另外，"类 REITs"在规模上仍属于小众金融产品，且由于其封闭式、偏债化特点，大量案例体现为原始权益人的融资需求而非退出需求，后续的管理主要由融资方承担，所谓管理人往往是物业服务公司而非资产管理公司，且因产品真实期限不长（一般 3 年即退出），在实际运作中主要仍以租金收付这一简单模式为主，鲜有涉及物业的价值提升。

其次，没有专项的信息披露体系。鉴于"类 REITs"是嫁接在券商专项资产管理计划上的产品，因此其监管在设计之初，不可能考虑其个性化的情况，从目前的规范来看，《证券公司及基金管理公司子公司资产证券化业务信息披露指引》这一部门规章以及中国证券投资基金业协会发布的相关文件对资产层面的信息披露要求主要是合规性、可特定化和预计现金流水平等，对于 REITs 业务中极为关键的项目公司情况、不动产具体信息、现金流构成明细、项目公司层面税费成本和分配安排等均没有具体要求，导致实务操作中因专项计划管理人的能力和责任心不同，不同产品的披露之间存在较大差距，缺乏细致专业的标准化要求。

最后，投资人准入和教育工作较为滞后。目前，国内监管机构鉴于"类 REITs"非保本的法律实质，对目前"类 REITs"的劣后级（一般为权益层）以"一刀切"的方式禁止风险承受能力较弱的个人投资人进场，没有根据其风险承受能力做差异化管理，而机构投资人因资本占用等监管指标也往往无法投资劣后级，这成为目前"类 REITs"上市推广的重要障碍之一。从国内金融市场发展阶段来看，资产管理业务还处在"资管新规"实施的过渡期，包括非常规的银行理财产品、信托产品、券商基金资管产品在内的"影子银行"体系推高了资本市场的"无风险收益预期"，而依托于券商资管产品的"类REITs"也因而被资本市场寄予了一定的刚性兑付预期,从而在一定程度上抑制了合理健康的REITs市场环境的形成。

四 发展建议

(一)尽快确定业务架构,组织完善法律层面建设

建立中国REITs的架构体系,要采用"以终为始"的视角,从最终目标出发,找到适合国情的REITs业务载体,然后以此为基础展开法规制度的全面建设和完善工作。从目前成熟市场经验看,业务载体包括公司和信托(国内的券商资产管理计划在法律层面也是类似信托的一种金融通道),建议国内以公司模式为方向开展法律建设。一方面,从美国这一最为成熟和发达的REITs市场看,虽然其监管当局并未限制REITs的形式,但最终多数REITs均采用公司制,并随之采用了内部化的管理模式,而从实证绩效研究和委托代理理论来说,这一模式对REITs的成长更为有利,公司制是符合REITs主动管理理念的选择。另一方面,从国内现有法律体系来看,REITs的权益性、公募化、可负债、期限不固定、份额可灵活变动等特点更契合公司的法律特点,而从物权登记要求、"资管新规"对产品的约束等方面看,信托等契约型产品的法律体系同REITs的设计存在较多的冲突。

确定中国REITs的框架后,后续应尽快展开法律法规的修订、完善和补充工作。目前可能涉及的相关法律包括《公司法》《证券法》《信托法》《证券投资基金法》等;涉及的部门规章和交易场所的自治规范包括发行上市相关法规制度、证券投资相关法规制度、资管产品管理相关法规制度、金融机构资本和风险管理相关法规制度等。上述体系的构建既可以通过新设立专项法律的方式实现,也可以通过完善现有法律法规来推进,根据具体情况灵活处理。

具体的操作过程中,REITs的公募化上市是焦点和核心,显然目前《首次公开发行股票并上市管理办法》无法满足要求,对此可参照科创版上市制度体系,一方面由中国人民银行及证监会授权交易所出台具体的上市标准并试行注册制;另一方面对于上市业绩标准做特色化安排,设立多个可选性标准,强调物业质量、经营性现金流水平和分红能力等物业运营的关键指标,

改变目前经营性企业重点考量净利润的模式，避免 REITs 因主体利润不足而无法公开上市。此外，对于 REITs 的核心指标，如资产构成、收入构成、分配比例、负债比例等则需要进行严格限制，避免通过 REITs 进行套利的行为。在投资人方面，则建议出台投资额度和比例、资本计提、非标额度计算、风险暴露设定等一系列配套的市场监管安排，以市场化手段弱化房地产信托、券商资产管理计划等私募产品对房地产行业的支持，获得"开正门、堵旁门"的效果，实现房地产行业和金融行业良性互动发展。

（二）充分体现税务中性原则，尝试给予适度税收优惠政策

目前，税务部门长期未针对 REITs 准出税收优惠政策主要是为了避免影响财政收入，但从理论和实践角度来看，对 REITs 的税优政策不会造成大规模税务损失，反而有可能提高税务收入。一方面，从流转频率来看，虽然降低税率或减少部分应税行为会造成单笔交易的税务损失，但是目前国内不动产的资产规模估计在百万亿元，由于税务负担过重，大量交易被搁置，如果 REITs 减税可以提高不动产交易的活跃程度，即便只带来交易量 1% 的提升，也能实现上万亿元的税基增长。另一方面，REITs 作为金融产品，预计未来会有较为活跃的金融市场，包括分红收入、资本利得收入、注册印花等都是新的增长点，而 REITs 的不动产属性则会创造诸如家政、安保等生活服务配套需求，整体上对税源的贡献极大。

在具体的设计中，首先，中国 REITs 应以税务中性为基本原则，底线是确保以 REITs 持有并经营资产所承担的税负不应大于投资者自行持有并经营资产所承担的税负，发挥 REITs 的收入传递和资源优化作用。一方面，明确 REITs 层面包括中间通道层面不再缴纳所得税和增值税，而由最终投资者在其自身层面缴纳所得税，改变目前重复课税的状况；另一方面，为了防止利用政策恶意逃税，可以参考成熟市场的模式对收入来源、资产构成、分红比例等约定具体的门槛，满足门槛的产品才能获得 REITs 地位并给予税优政策。

其次，把握业务实质，采用差异化税务征收模式。目前在 REITs 设立时，资产转让会触发一系列税种，但转让行为本身可能因原始权益人的转让模式不同而存在较大差异，如以单纯获得现金对价的融资模式开展，则相当于资产变现，从税务政策一致性角度出发理应征税；如以资产让渡至 REITs

为目的（类似 UPREITs 模式），仅仅获得 REITs 份额作为对价，而未来以分红作为主要收益，建议递延相关交易税款，根据其未来份额转让的价格和持有期限等情况设定不同的纳税方案。

最后，在试点阶段适度降低税务负担，提高资产持有人的积极性。一方面，结合国家大政方针，在长租公寓、基础设施等需要扶持的领域，对 REITs 进行资产交易时涉及的高额增值税、土地增值税和所得税，以及 REITs 经营层面涉及的房产税等税种参考个人持有人进行适度减免，培育更多专业化、规模化、集约化的机构。另一方面，应通过税收优惠政策鼓励 REITs 长期持有不动产，包括对原始权益人和投资人根据 REITs 份额持有期限建立差异化所得税政策，对持有 REITs 期限超过特定年限的投资者获得的股利免征个人所得税，促进 REITs 市场的发展，抑制 REITs 市场的短期投机，带动市场长期健康发展。

（三）加强市场层面各项基础建设，夯实业务健康发展的基础

首先，打造专业化资产管理人群体。REITs 作为典型的主动管理金融产品，必须以 REITs 投资人的投资收益最大化为目标，由优秀管理人负责运作才能不断实现资产的保值增值，要在物业投资组合管理、资本结构优化、物业改造提升、租赁运营及物业管理等领域体现专业水平，其工作包括但不限于投资标的筛选、尽职调查、投后管理等。管理人的费率水平和费用构成要能在管理人和投资人之间形成激励相容的格局，如采取"固定小额年度管理费+基于回报的业绩分成"模式，在市场机制推动下建立良好的激励机制。要对管理人设定明确的准入条件，确保其公司和团队的业务能力和经验水平，同时设立动态的市场化准入机制，形成良性竞争的市场格局。

其次，重视信息披露工作，研究建立完善的信息披露制度。按照真实、充分、准确、及时的信息披露原则，通过定期、临时的信息披露完整反映 REITs 的经营情况，确保市场的有效性，形成准确的价格体系，提高投资人参与的积极性。在此过程中，REITs 需要定期或临时向发行场所提供的重要信息包括现金流分配、资产构成及变动情况、收入来源情况、股东构成及变动情况、负债和杠杆率情况等。与此同时，还要在市场中介机构层面建立完善和审慎的会计审计体系、物业估值体系、法律调查体系等，确保信息披露内容口径的标准化和一致性，在制度层面保障中介机构尽职履职，提高信息的透明度和效度，减小投资者和管理团队之间的信息不对称性，使市场价格能充分及时反映REITs价值，带动形成市场的长期投资体系。

最后，要做好投资人准入和教育工作。结合成熟市场经验，具有一定投资经验和风险承受能力的个人投资人是REITs市场的重要投资群体，而REITs作为具有不动产属性的金融产品，其实质风险远小于股票类的权益性产品，建议国内监管机构考虑以"资管新规"的合格投资人标准为基础，综合其对不动产投资的熟悉程度和风险承受能力，在REITs市场引入个人投资人。出于市场培育阶段的审慎性考虑，可在产品推出的初期选择处于优质地域的成熟基础资产和自身信用水平较高的发行人（管理人）开展试点。在投资者教育的过程中，要重点宣传高股息收益率、长期回报特性、兼具资产信用支持的特点，避免个人投资人产生间接"炒房致富"的错误理念，形成长期投资的良好习惯；对于机构投资人则要引导其建立专业化投研体系，通过合理估值形成市场化且具有稳定性的REITs价格曲线，实现REITs在不动产市场的价格发现功能。

第七章 住房租赁金融市场*

- 在"租购并举"政策推动下,我国住房租赁市场快速发展,相应的金融工具也发挥了较好的支撑作用。在住房租赁企业的金融支持方面,国内商业银行通过政银合作或银企合作方式的意向授信总规模已达到万亿元级别,已落实的信贷支持也达百亿元级别。从信贷投向来看,包括政府建设的公共租赁住房(公租房、廉租房、人才公寓)、集体建设用地租赁住房、房地产企业自持租赁住房、住房租赁企业非自持租赁住房和企业自建职工租赁住房等。债券方面,重庆龙湖住房租赁专项公司债券于2018年3月21日完成首期30亿元的发行,标志着全国首只公募住房租赁专项公司债券正式落地。截至2018年底,住房租赁专项公司债券发行规模达到125.28亿元。股权方面,长租公寓市场的股权融资热度持续升温。2018年长租公寓股权融资23次,融资规模82.38亿元,已经接近2017年的两倍。

- 资产证券化为住房租赁企业提供更灵活的融资方式和退出机制,2017年1月,"魔方公寓信托受益权资产支持专项计划"得以发行,开启了住房租赁业务证券化融资的创新之路。目前来看,住房租赁证券化模式分为两种:一是以ABS、ABN为代表的债券型产品;二是"类REITs"模式的权益型产品。截至2018年底,已有24只住房租赁资产证券化产品获批,获批发行总规模达1032.32亿元,截至2018年底已成功发行206.65亿元。

- 个人住房租赁贷款市场方面,2018年经历了先快速扩张后收缩的局面,预计2019年还将延续收缩的态势。究其原因,个人住房租赁贷款存在监管不到位和金融消费者保护不力的现象,下一步面临整顿规范的局面。

---

* 本章作者:蔡真,国家金融与发展实验室房地产金融研究中心主任、高级研究员,中国社会科学院金融研究所金融实验室副主任、副研究员;崔玉,国家金融与发展实验室房地产金融研究中心研究员。

党的十九大以及 2017 年中央经济工作会议提出，要加快建立多主体供给、多渠道保障、租购并举的住房制度。在我国特殊的住房环境下，住房租赁供给侧改革离不开政策层面的顶层设计，更离不开金融服务和产品的配套支持。自 2017 年以来，住房租赁金融业务快速发展，创新产品不断涌现，本章就住房租赁金融市场展开分析。

一　住房租赁企业的金融支持

对企业端的金融支持可以切实提高住房租赁市场的供给规模和质量，目前，住房租赁市场企业端的融资渠道主要包括银行信贷、住房租赁专项公司债券和股权融资等。

（一）银行信贷

1. 银行信贷支持基本情况

2017 年 10 月，建设银行作为住房金融领域的先行者发布《中国建设银行公司住房租赁贷款管理办法（试行）》（建总发〔2016〕189 号），率先宣布进军住房租赁市场，从租赁住房供给侧发力，主动探索信贷渠道支持住房租赁市场发展的模式，这意味着主流的商业银行融资渠道向住房租赁企业打开了大门。之后，中信银行、工商银行、交通银行、农业银行、中国银行、国开行、招商银行、浦发银行、华夏银行、北京银行、徽商银行等多家银行也先后涉足住房租赁市场，为住房租赁企业提供符合经营特点的长期信贷支持，发放优惠利率住房租赁贷款。综合来看，目前国内商业银行通过政银合作或银企合作方式的意向授信总规模已达到万亿元级别，已落实的信贷支持也达百亿元级别。从信贷投向来看，包括政府建设的公共租赁住房（公租房、廉租房、人才公寓）、集体建设用地租赁住房、房地产企业自持租赁住房、住房租赁企业非自持租赁住房和企业自建职工租赁住房等。

2. 信贷产品

从信贷产品类型来看，目前商业银行向住房租赁企业提供租赁住房开发贷款、住房租赁抵押贷款、住房租赁支持贷款、住房租赁应收账款质押贷款、住房租赁企业经营贷款等多种信贷产品，基本覆盖了项目的启动（租赁住房土地的获取)、项目的获取(建造、购买或租赁房源)、项目的设计(改造、装修、家具家电的配置)及后续的日常运营等住房租赁项目全生命周期的金融需求。表 7-1 给出了各家银行主要的住房租赁产品,表 7-2 详细列出了建设银行的产品列表。

表 7-1 主要商业银行对住房租赁企业提供的金融支持产品

商业银行	贷款产品或方式	产品特性
建设银行	提供支持住房租赁企业发展的综合金融解决方案	住房租赁企业贷款最长可达 25 年,用于满足租赁住房项目建设、购买房源、支付房源租金、改造装修房屋、家具家电配置、日常运营、盘活资产等全生命周期金融需求
工商银行	租赁住房开发贷款、租赁住房建设贷款、租赁住房运营贷款	租赁住房开发贷款融资额可达项目总投资的 80%,期限最长可达 25 年。
交通银行	提供融资支持、平台建设、咨询服务等方面的金融服务	可以为住房租赁企业提供长达 20 年的融资支持,未来将实现全链条覆盖、全产品配套、整合平台支撑的金融服务
农业银行	法人租赁住房贷款、集体建设用地租赁住房开发贷款	贷款用于有效满足住房租赁企业在房源获取阶段、装修改造阶段、项目运营阶段的合理融资需求
中信银行	租赁住宅开发贷款、租赁住宅并购贷款、住房租赁企业运营贷款	金融产品创新和业务模式优化,不断提升在租赁住房领域的金融服务

资料来源:各商业银行新闻和公告。

表 7-2 建设银行住房租赁专项贷款产品

专项贷款产品	用途	产品特性
住房租赁支持贷款	用于住房租赁企业在自持土地中建设租赁住房	根据信用评级及条件不同,最高贷款额度为总投资额的 80%,最长贷款期限为 25 年
住房租赁购买贷款	用于住房租赁企业购买房屋用于住房租赁	根据信用评级及条件不同,最高贷款额度为总投资额的 80%,最长贷款期限为 25 年
住房租赁抵押贷款	自持房屋的住房租赁企业将房屋进行抵押融资,用于补充流动资金及购买土地、房源等	放款额度以抵押品价值、未来租赁业务经营净现金流为参考,最长为 25 年
住房租赁应收账款质押贷款	住房租赁企业以未来租金收入为质押进行融资,用于补充流动资金及购买土地、房源等	放款额度均以未来租赁业务经营性净现金流为参考,最长为 25 年

表 7-2　建设银行住房租赁专项贷款产品　　　　　　　　　　　　　（续表）

专项贷款产品	用途	产品特性
住房租赁经营贷款	用于支付租金、改造装修租赁住房、家具家电配置等前期投入以及住房租赁业务日常运营维护	用于购买租赁权、改造装修等前期投入，贷款期限不超过 8 年；用于日常经营周转，贷款期限不超过 3 年

资料来源：建设银行《住房租赁贷款主要产品要素及与房地产开发贷对比表》。

3．业务模式

从业务模式来看，商业银行对企业端的金融支持主要通过政银合作和银企合作模式，与地方政府、房地产企业、长租公寓企业、住房租赁需求单位签署合作协议，向其提供以住房租赁专项贷款为主的意向授信和金融支持。

（1）政银合作

住房租赁市场的发展受国家和地方政策影响较大，获得地方政府大力支持对商业银行顺利开展住房租赁金融业务意义重大。2017 年 11 月 2 日，建设银行广东省分行与广东省住建厅、佛山市政府分别达成住房租赁战略合作，迈出了政银合作推进住房租赁市场建设的第一步。政银合作模式是由政府主导和推动，银行利用技术、资金、渠道优势，以互利共赢为基础，以市场化运作为原则，合作提供住房租赁综合解决方案，共同培育和发展住房租赁市场。

在这种模式下，银行提供的信贷支持主要有两种：一是为政府主导的保障性住房、人才公寓等项目提供开发贷款、运营资金贷款等形式的金融支持，例如，2017 年 12 月 20 日，徽商银行与合肥市政府签订战略合作协议，为合肥市国有住房租赁企业提供资金支持和金融保证，加快人才公寓建设和集体用地建设租赁住房试点项目的推进；二是与政府共同搭建住房租赁综合服务平台，将政府、住房租赁企业、租客等各类住房租赁市场参与主体接入平台，形成完整的住房租赁市场体系，为住房租赁市场各参与主体提供全链条、全生态综合金融服务，比如，2017 年 12 月 2 日，建设银行与佛山市政府签订住房租赁战略合作协议，合作开发由住房租赁监测分析平台、住房租赁监管服务平台、政府公共住房服务平台、住房租赁服务共享平台、企业租赁服务管理平台五大系统组成的佛山住房租赁服务平台网络，为佛山住房租赁企业提供综合金融服务（包括引入股权投资基金、增资扩股、并购等），在租赁住房项目的购、租、改建、装修设施维护以及租赁住房资产盘活、交易撮合与资金监管等方面提供全方位的金融支持。在协议签署当日，建设银行即向佛山国有住房租赁企业佛山市建鑫住房租赁有限公司发放首笔6000万元住房租赁融资支持。截至目前，建设银行已与全国300多个地级及以上城市签署住房租赁合作意向。

（2）银企合作

在政策持续严控背景下，房地产市场的"天花板"已经逐渐呈现，作为优质资产的住房贷款规模在缩减，培育租房贷款市场或将成为未来商业银行新的赢利点。因此，商业银行开始探索银企合作方式，积极开展以住房租赁支持贷款、租赁住房开发贷款、住房租赁运营贷款、租赁产业基金设立为主的金融支持服务，以满足住房租赁各环节的融资需求。2017年10月30日，中信银行与知名房地产企业碧桂园签订协议，约定在未来三年内为碧桂园在长租住宅领域提供300亿元保障性基金（首笔4亿元租赁住宅开发贷款已于2017年底发放完毕），同时整合中信集团各类金融资源，拟为碧桂园集团长租住宅项目并购、开发建设、装修支持、持有运营、后期退出等全链条业务提供定制式的综合化金融服务，满足其在长租住宅领域多层次、多元化的金融需求；2018年1月18日，农业银行与北京市保障性住房建设投资中心、首创置业、北京城建、首开股份、中铁置业、北京建工签署合作协议，拟向这六家参与北京市集体建设用地租赁住房项目的企业提供合计2000亿元的法人租赁住房贷款，用于支持集体建设用地租赁住房项目开发和建设；2018年4月，建设银行为魔飞公寓提供4000万元的住房租赁贷款。

（二）住房租赁专项公司债券

债券渠道方面，住房租赁企业可以通过发行住房租赁专项公司债券进行融资。得益于国家政策对住房租赁企业发行债券专门用于发展住房租赁业务的支持，债券发行监管机构为住房租赁市场特设绿色通道，住房租赁专项公司债券发行也得以加速推进。

重庆龙湖企业拓展有限公司住房租赁专项公司债券（发行总规模不超过50亿元，期限不超过15年，主体和债项评级均为AAA级，分期发行）于2017年12月28日获证监会核准后，于2018年3月21日完成首期30亿元的发行，于2018年8月17日完成二期20亿元的发行，标志着全国首只公募住房租赁专项公司债券正式落地，债券融资渠道实现"0到1"的突破。

自龙湖集团住房租赁专项公司债券获批后，万科、保利置业、海伦堡、绿城、合生创展、鸿坤伟业、融信、富力、首创置业、花样年、石榴置业、碧桂园、泰禾、葛洲坝、龙光控股共 15 家知名房地产企业紧随其后，先后申请发行住房租赁专项公司债券，申请发行总规模至少 668 亿元，截至 2018 年底已经发行规模为 125.28 亿元，包括龙湖集团 50 亿元、保利置业 7 亿元、万科 35 亿元、碧桂园 3.28 亿元、融信 20 亿元、龙光控股 10 亿元；已经通过审核待发行规模为 310 亿元，包括万科 45 亿元、保利置业 13 亿元、海伦堡集团 5.5 亿元、绿城 40 亿元、首创置业 50 亿元、碧桂园 25 亿元、石榴置业 13.5 亿元、葛洲坝 28 亿元、泰禾 30 亿元、正荣集团 40 亿元、广州城建 20 亿元；已中止发行规模为 230 亿元，包括合生创展 100 亿元、花样年 50 亿元、富力 60 亿元、新欧鹏 20 亿元。

与卖房等传统业务相比，目前住房租赁的回报率还比较低，普遍不足 2%~3%，甚至难以覆盖资金的利息成本，但在房地产企业融资收紧、信用债规模缩减的背景下，从审批结果和审批速度上看，监管机构对房地产企业发行的住房租赁专项公司债券都采取支持的态度，以帮助房地产企业获得低成本资金来鼓励住房租赁市场发展。从住房租赁专项公司债券的审核情况来看，其要求发行人必须确实在住房租赁市场上深耕运作，且募集资金必须较大比例用于住房租赁项目建设，并明确约定住房租赁项目名称、自持比例、自持期限等细节。总的来说，现阶段公司信用类债券在住房租赁领域的应用处于起步阶段，在政府和监管部门的支持下，住房租赁开始摆脱传统间接融资模式，开启了债券市场支持和服务住房租赁市场的新局面。表 7-3 列明了目前已经发行的住房租赁专项公司债券。

表 7-3 住房租赁专项公司债券发行情况

发行人	发行日期	债券简称	发行规模（亿元）	发行期限（年）	票面利率（%）	发行方式	债券类型
龙湖集团	2018 年 3 月 21 日	18 龙湖 01	30	5	5.6	公募	公开发行住房租赁专项公司债券（第一期）
万科	2018 年 8 月 9 日	18 万科 01	15	5	4.05	公募	公开发行住房租赁专项公司债券（第一期）

表7-3 住房租赁专项公司债券发行情况　　　　　　　　　　　　（续表）

发行人	发行日期	债券简称	发行规模（亿元）	发行期限（年）	票面利率（%）	发行方式	债券类型
保利置业	2018年8月13日	18保置01	7	3	5.28	私募	非公开发行住房租赁专项公司债券（第一期）
龙湖集团	2018年8月17日	18龙湖04	20	5	4.98	公募	公开发行住房租赁专项公司债券（第二期）
万科	2018年10月29日	18万科02	20	5	4.18	公募	公开发行住房租赁专项公司债券（第二期）
碧桂园	2018年11月16日	18碧桂01	3.28	3	6.60	私募	非公开发行住房租赁专项公司债券（第一期）
融信	2018年11月28日	18融信01	20	3	7.28	私募	非公开发行住房租赁专项公司债券（第一期）
龙光控股	2018年12月7日	18龙控06	10	4	7.00	私募	非公开发行住房租赁专项公司债券（第一期）

资料来源：WIND。

（三）股权融资

对于轻资产运营的长租公寓（以中介系、酒店系、互联网和创业系为主）而言，债务性融资与现金流的收益特点不完全匹配。由于住房租赁市场前景良好，备受风险投资（VC）和私募股权（PE）青睐。

据不完全统计，2012~2018年长租公寓领域股权融资事件超过100次，总融资规模超过200亿元（不包括房地产企业和头部住房租赁公司为快速占领市场而进行的内部注资）。从融资情况来看，住房租赁企业股权融资起步较早，但早期融资规模较小，2015年以来长租公寓市场的股权融资热度持续升温（见图7-1）。2018年融资规模接近2017年的两倍，且融资额度逐步向头部企业聚集，品牌融资规模呈现爆发趋势，以2018年的23起融资事件为例，链家自如1月的A轮融资额为40亿元，蛋壳公寓2月和6月的B轮、B-轮融资总额为1.7亿美元，V领地4月的A轮融资额为2亿美元，优客逸家5月的C1轮融资额为10亿元，乐乎城青年社区6月的B轮融资额超过1亿元，E+青年公寓11月的A轮融资额为1亿元，这六家头部住房租赁企业融资额占总融资额比例

图 7-1 历年长租公寓市场股权融资事件数及融资总额

资料来源：根据互联网资料整理。

已经超过 90%，在资本的助推下长租公寓领域寡头垄断的时代可能将逐步到来。

（四）资产证券化

通过项目端的资产证券化，可以将与租赁住房相关的一系列用途、性能、租期相同或相近且可以产生大规模稳定现金流的租赁资产进行结构性重组，转换成可以在金融市场上出售和流通的证券，为住房租赁企业提供更灵活的融资方式和退出机制，进而在开发端实现住房租赁企业的轻资产运营，有效改善住房租赁企业的现金流，降低其财务风险，提高住房租赁服务质量，加速住房租赁机构化趋势，推动租赁市场规范化发展。2017 年 1 月 10 日魔方（南京）企业咨询管理有限公司发行了我国首只住房租赁 ABS "魔方公寓信托受益权资产支持专项计划"，总金额为 3.5 亿元，产品期限为 1~3 年，采用优先级/次级支付机制，其中优先级共设三档，开启了住房租赁业务证券化融资的创新之路。自此之后，我国住房租赁市场的资产证券化业务发展不断加速，已成为租赁住房融资的重要渠道。资产证券化的融资方式也不断创新，产品形式、融资主体和标的资产都越来越多元化。

目前，我国住房租赁资产证券化产品主要可以分为两大类：一是以资产抵押债券（Asset-Backed Securities，ABS）、资产支持票据（Asset-Backed Medium-term Notes，ABN）、商业房地产抵押贷款支持债券（Commercial Mortgage Backed Securities，CMBS）为代表的债券型产品；二是类房地产投资信托基金（"类REITs"）模式的权益型产品。ABS和ABN类产品主要为纯债性产品，体现为债权或收益权属性，将未来物业产生的现金流折现，通常不包含物业产权或抵押权，其基础资产通常包括租赁住房租金收益权和租赁分期应收贷款两种，典型产品如魔方公寓ABS，链家自如1号、2号，招商蛇口租赁ABN等。CMBS主要是通过信托贷款等方式发放经营性物业抵押贷款，并将信托受益权或贷款债权作为基础资产发行资产支持证券，标的物业的经营收入等额偿还优先级证券本金及预期收益，其底层资产需为商业性质的物业以作为抵押，典型产品如招商蛇口的租赁CMBS产品。"类REITs"以商业地产产权和租金收益权为底层资产，以商业地产为抵押，将未来租金形成的应收账款注入资产池。目前"类REITs"产品多采用"私募基金+专项计划"的典型结构。由基金管理人发起设立契约型私募基金，由私募基金通过SPV间接持有项目公司的股权，项目公司持有标的物业，专项计划发行资产支持证券募集合格投资者的资金，用以收购和持有私募基金份额，进而间接享有标的物业产权。CMBS和"类REITs"最大的区别是"类REITs"不直接就商业物业进行操作，原始权益人通过将商业物业注入项目公司，以项目公司股份转让的形式转让商业物业。与前两种模式相比，"类REITs"的融资形式不限于债权，而是股权+债权的形式。表7-4列出了两类住房租赁资产证券化产品的主要区别。

表7-4 两类住房租赁资产证券化产品比较

产品类型	模式	融资形式	抵押物	底层资产	交易场所	结构
债权型	ABS	债权融资	轻资产，如应收账款等	租金收入、贷款本息和其他服务费用	交易所	信托收益权+专项计划
	ABN	债权融资	轻资产，如应收账款等	租金收入、贷款本息和其他服务费用	银行间	信托收益权+专项计划
	CMBS	债权融资	重资产，如不动产、商业物业	相关商业房地产未来收入	交易所	信托收益权+专项计划

表 7-4 两类住房租赁资产证券化产品比较 （续表）

产品类型	模式	融资形式	抵押物	底层资产	交易场所	结构
权益型	"类 REITs"	股权+债权融资	重资产，如不动产、商业物业	不动产价值+经营净收入	交易所	私募基金+专项计划

截至 2018 年底，已有 24 只住房租赁资产证券化产品获批（包括 13 只 ABS、1 只 ABN、2 只 CMBS、8 只"类 REITs"），获批发行总规模达 1032.32 亿元，截至 2018 年底已成功发行规模为 206.65 亿元。表 7-5 和表 7-6 分别列出了债券型和权益型住房租赁资产证券化产品的发行情况。

二 个人租赁及出租住房的金融支持

（一）租房公积金的提取

2015 年 1 月，住建部、财政部和中国人民银行联合发布《关于放宽提取住房公积金支付房租条件的通知》，放宽了住房公积金提取范围，允许职工连续足额缴存住房公积金满 3 个月后，本人及配偶在缴存城市无自有住房且租赁住房的，可提取夫妻双方住房公积金支付房租。对租住公共租赁住房者，按照实际房租支出全额提取；对租住商品住房者，由各地住房公积金管理委员会根据当地市场租金水平和租住住房面积确定提取额度。以北京目前实施的政策为例，职工租住公共租赁住房，按照实际房租支出全额提取；租住商品住房，应提供无房产证明、房屋租赁合同、支付房租费发票或收据，按实际房租发生额支取本人及配偶名下住房公积金；只提供无房产证明的，每人每月提取金额不超过 1500 元。

（二）个人住房租赁贷款

个人住房租赁贷款是指银行或消费金融机构向个人或家庭提供住房租赁融资服务，用于支付住房租金等相关用途。2017 年 11 月，建设银行推出全国首款个人住房租赁贷款产品"安居贷"，对符合优质客户条件的客户提供最长期限达 10 年、最高可贷额度 100 万元、执行 1 年期贷款基准利率的个人住房租赁贷款。在此之后，工商银行的"租 e 贷"、中国银行的"中银智

表 7-5 债券型住房租赁资产证券化产品发行情况

发行企业	证券化产品类型	发行时间	产品结构设计	发行规模	获批和已发行规模	产品期限	发行利率	评级	底层资产	交易场所
魔方公寓	ABS	2017年1月	优先01	1亿元	3.5	1年	4.80%	AAA	4014间公寓未来3年租金收入	上交所
			优先02	1亿元		2年	5.00%	AAA		
			优先03	1.15亿元		3年	5.40%	AAA		
			次级	0.35亿元		3年	—	—		
链家自如		2017年8月	优先级	4.5亿元	5亿元	2年	5.39%	AAA	自如房租分期小额贷款	上交所
			次级	0.5亿元			—	—		
		2018年3月	优先A级	2.208亿元	自如2号第一期（2.6亿元）	2年	6.47%	AAA		
			优先B级	0.182亿元			6.75%	AA+		
			中间级	0.156亿元			7.60%	BBB-		
			次级	0.234亿元			—	—		
	ABS	2018年5月	优先A级	2.34亿元	自如2号第二期（3亿元）	2年	6.29%	AAA		上交所
			优先B级	0.21亿元	20亿元（储架式，拟分8期发行）		6.75%	AA+		
			中间级	0.18亿元			7.60%	BBB-		
			次级	0.27亿元			—	—		
		2018年7月	优先A级	2.34亿元	自如2号第三期（3亿元）	2年	5.81%	AAA		
			优先B级	0.21亿元			6.65%	AA+		
			中间级	0.18亿元			7.50%	BBB-		
			次级	0.27亿元			—	—		
招商蛇口	ABN	2017年12月	—	40亿元	首期（40亿元） 200亿元（储架式）	15年	5.00%	1级	麦格公寓、美伦公寓收益权	银行间市场
	CMBS	2018年2月	优先级	19.9亿元	首期（20亿元） 60亿元（储架式）	18年	5.70%	AAA	旗下四海小区物业及租金收入	银行间市场
			次级	0.1亿元			—	—		

表 7-5 债券型住房租赁资产证券化产品发行情况（续表）

发行企业	证券化产品类型	发行时间	产品结构设计	发行规模	获批和已发行规模	产品期限	发行利率	评级	底层资产	交易场所
景瑞地产	CMBS	2018年7月	优先级	6.84亿元	2.2	11年	6.60%	AAA	北京景瑞三全公寓物业及租金收入	深交所
			次级	0.36亿元		—	—	AAA		
世茂集团	ABS	2018年7月	优先级	4.5亿元	10亿元（储架式）	20年	5.60%	AAA	杭州世茂天宸物业和租金收入	上交所
			次级	0.5亿元	首期（5亿元）		—	—		
	ABS	2018年12月14日	优先级	4.5亿元	10亿元（储架式）	20年	6.99%	AAA		上交所
			次级	0.5亿元	二期（5亿元）		—	—		
	ABS	2018年12月27日	优先级	1.7亿元	世茂18第一期（2亿元）	20年	5.60%	AA	以租赁住房租金债权为基础资产	上交所
			次级	0.3亿元			—	—		
中国恒大	ABS	2018年7月（获批）	—	—	100亿元（储架式）	已获批，尚未发行				深交所
万科方村	ABS	2018年7月（获批）	—	—	50亿元（储架式）	已获批，尚未发行				深交所
远洋地产	ABS	2018年8月（获批）	—	—	50亿元（储架式）	已获批，尚未发行				深交所
泰禾集团	ABS	2018年9月	优先A级	1.7亿元	50亿元（储架式）	18年	7.50%	AAA	福悦居所持物业资产及其对应的租金收入	深交所
			优先B级	4.8亿元	首期（8.16053亿元）		9.00%	AA+		
			次级	1.6053亿元			—	—		
武汉地产开发投资集团	ABS	2018年11月	优先A级	8.555亿元	8.915	18年	5.08%	AAA	其持有的武汉市保障性公共租赁住房租金收入	上交所
			次级	0.36亿元			—	—		

资料来源：交易所官网。

表7-6 权益型住房租赁资产证券化产品发行情况

发行企业	证券化产品类型	发行时间	产品结构设计	发行规模（亿元）	获批和已发行规模	产品期限	发行利率	评级	底层资产	交易场所
新派公寓	"类REITs"	2017年11月	优先级	1.3亿元	2.7亿元	5年	5.30%	AAA	北京国贸区域新派公寓租金收益和物业增值	深交所
			权益级	1.4亿元			—	—		
保利地产	"类REITs"	2018年3月	优先级	15.45亿元	50亿元（储架式）（一期17.17亿元）	19年	5.50%	AAA	保利地产自持瑜憬阁商务公寓、诺雅服务式公寓、N+青年公寓、和熹会自持租赁住房物业	上交所
			次级	1.72亿元			—	—		
碧桂园	"类REITs"	2018年4月	优先级	15.45亿元	50亿元（储架式）（一期17.17亿元）	18年	5.75%	AAA	碧桂园在北京、上海和厦门3个城市共4个项目的自持租赁房物业	深交所
			次级	1.72亿元			—	—		
旭辉领寓	"类REITs"	2018年6月	优先A	0.9亿元	30亿元（储架式）（一期2.5亿元）	3年	5.90%	AAA	旭辉领寓旗下柚米国际社区浦江店与博乐诗服务公寓浦江店租金收益和物业增值	上交所
			优先B	0.6亿元			6.50%	AA+		
			权益级	1亿元			—	—		
越秀集团	"类REITs"	2018年8月	优先级	4.9666亿元	50亿元（储架式）（首期4.9666亿元）	18年	5.00%	AAA	越秀集团持有的经营性租赁住房	深交所
阳光城	"类REITs"	2018年9月	优先A	4亿元	30亿元（储架式）（一期12.1亿元）	18年	6.30%	AAA	阳光城持有的位于上海君云的公寓资产为标的物业资产	深交所
			优先B	3亿元			6.80%	AA+		
			权益级	5.1亿元			—	—		
安居集团	"类REITs"	2018年12月	优先级	9.3亿元	200亿元（储架式）（一期31亿元）	19年	4.38%	AAA	安居集团持有并管理的人才公寓	深交所
			次优先级	15.5亿元			—	AAA		
			次级	6.2亿元			—	—		
朗诗集团	"类REITs"	2018年12月24日（获批）	—	—	50亿元（储架式）（首期10.67亿元）	18年	4.60%	AAA	朗诗集团旗下上海市浦东新区外高桥板块的朗诗万森兰项目	上交所

资料来源：交易所官网。

贷-租房贷"、平安银行的"房租贷"和"蘑菇宝"等产品相继推出。

目前,国内租房主要的付款方式是"押一付三"或"押二付三",外加一笔中介费或服务费,这笔开销对刚毕业的大中专学生或普通工薪阶层来说是沉重的负担。个人住房租赁贷款为这些租户提供短期信贷,通过一次性借贷一年租金并逐月还贷的方式,缓解了他们的资金压力,同时也使其可以将更多的结余资金用于个人教育提升等方面,有利于他们的长远发展。对承租者来说,年付往往较按季支付在租金价格、中介费或服务费方面可以获得更多的优惠;出租方也因为能提前收到一年的房租,得到足够的运转资金,从而进一步提升规模和服务;金融机构则赚取了利息收入,并获得了将来给租户提供一体化生活金融服务的潜在机会。

(三)银行存房业务

存房业务是建设银行2018年1月推出的一项"家庭不动产财富管理"业务,着力整合社会资源,盘活家庭闲置住房,同时也进一步创新了长租房源供给模式,可以解决住房租赁市场的痛点问题,有效地提高租赁市场供给。

在操作流程上,"存房"与"存钱"类似,如果业主有空置的房屋,短期内没有出租的需求,可以向建设银行提出"存房"申请。建设银行发挥其价值评估专业特长,对该房产未来3~10年内的租金收益进行评估,双方认可租金以后,银行会撮合业主与第三方公司达成住房长租权交易,由第三方公司向业主一次性或分期支付未来的长租收益,并负责出租与后续管理,租赁期满后,第三方公司会将房产归还给房主。通过存房业务,专业的房屋租赁公司拓宽了长租房来源;业主可获得一笔稳定的资金收入,用来投资或理财,既提高了收益又增加了家庭不动产的流动性,还无须担心中介或租户不诚信、租金难收等问题;租客向专业的租赁公司租房,可以保持租房的连续性和稳定性,避免出现租赁住房被提前收回、租金突然上涨等情况,租住体验提升了;银行则可以借此积累大量客户,进而向其提供配套的金融服务,如理财、结算产品等。

三 2019年住房租赁金融市场展望

展望2019年住房租赁金融市场的形势,我们认为,住房租赁企业的融资将进一步扩张。首先,在国家"租购并举"的政策推动下,住房租赁市场将迎来快速发展。根据链家研究院发布的《租赁崛起》,目前我国住房租赁市场规模达 1.1 万亿元,预计到 2025 年将增长到 2.9 万亿元,到 2030 年将超过 4 万亿元。从部分上市房企公布的数据来看,一些头部房企在积极布局长租公寓市场(见表 7-7),如截至 2018 年底万科累计开业房源 6 万间,2019 年预计总开业达到 10 万间。其次,与住房租赁相关的金融产品处于初步发展阶段,得到政策大力推动。2016 年 10 月,《国务院关于积极稳妥降低企业杠杆率的意见》指出,支持房地产企业发展 REITs;2017 年 7 月,住建部会同八部委发布《关于在人口净流入的大中城市加快发展住房租赁市场的通知》,鼓励地方政府出台优惠政策,积极支持并推动发展 REITs。除了良好的政策环境,我国体量庞大的存量基础资产为 REITs 的发展提供了强大动力。根据北京大学光华管理学院《中国不动产投资信托基金市场规模研究》的估计,我国公募 REITs 的潜在规模在 4 万亿~12 万亿元。

表 7-7 截至 2018 年底部分上市房企长租公寓布局情况

房企	长租公寓品牌	累计获取房源数(间)	累计开业房源数(间)	未来计划
万科	泊寓	40 万	6 万	2019 年总开业 10 万间
龙湖集团	冠寓	—	5.3 万	2019 年累计开业 10 万间,到 2020 年实现 20 亿元以上收入
旭辉领寓	领寓	5 万	—	2019 年计划管理规模达 8 万间,开业 4 万间
招商蛇口	壹栈、壹间、壹棠	2.4 万	—	计划在未来几年达到百万平方米的水平
中骏	Funlive、方隔公寓	1.3 万	—	计划在 3~5 年内推出 10 万间长租公寓

资料来源:根据上市公司公开资料整理。

个人住房租赁贷款方面,2018 年经历了先快速扩张后收缩的局面,预计 2019 年还将延续收缩的态势,具体原因有三点。第一,从规范性角度看,个人住房租赁贷款存在监管不到位和金融消费者保护不力的现象。2018 年,鼎家等中介型长租公寓爆仓的一个重要原因是,租金贷并没有按照资产证化的模式进行破产隔离和专户监管,与之合作的银行或 P2P 平台未能很好地履行信息披露责任,消费者大多数是在不知情的情况下获得租金贷款的。第二,从机构风险管理的角度看,P2P 平台本身面临着"双降""三降"[1]的政策压力,从风险角度看很难进一步拓展新业务,受此影响一些银行也暂停了租房贷款业务,目前已正式确认的包括北京银行、建设银行和平安银行。第三,从理论视角看,住房租赁市场的个人端主要采取的支持手段应是财政补贴,发达国家的经验已经表明这一点。究其原因,金融是一定时间跨度内的资金交换,资金出借者之所以让渡资金是为了在未来获得相应的收益,因此借款人的还款能力至关重要,不少住房租赁者是中低收入人群,其还款能力是不足的,因而应发挥财政兜底的功能。就中国情况而言,进入住房租赁贷款市场的主要人群是新进入职场的大学毕业生,他们总体的收入能力不是问题,但面临期限错配的困境,这时需要发挥住房租赁消费贷款的金融功能。

---

1 "双降""三降"的含义:2017 年 6 月,中国人民银行等国家十七部门联合印发《关于进一步做好互联网金融风险专项整治清理整顿工作的通知》,要求各省领导小组采取有效措施确保整治期间辖内 P2P 网贷平台"从业机构数量及业务规模双降"。2018 年 11 月,北京市副市长殷勇在公开论坛上介绍北京市互金风险整治时率先提出要通过整治活动让发展到一定规模的平台实现存量"三降"——"降余额、降人数、降店面",此后深圳、杭州等也提出"三降"要求。

第八章 小众住房金融市场*

- 住房抵押类 P2P 贷款市场呈萎缩趋势。平台数量由 2016 年的 460 家下降至 2018 年的 61 家，其在所有平台中的占比由 17.91% 下降至 5.97%；2018 年个人住房抵押类网贷余额为 423.67 亿元，占全部网贷余额的比例为 5.37%。住房抵押类 P2P 之所以大幅萎缩主要是受政策影响：2016 年 8 月，银监会等部门发布《网络借贷信息中介机构业务活动管理暂行办法》，规定同一自然人在同一网络借贷信息中介平台的借款余额不超过人民币 20 万元，在不同网络网贷信息中介机构借款总额不超过人民币 100 万元。这一监管政策对抵押类 P2P 贷款产生了较大冲击，使得这类产品的借款人成本明显上升。2017 年 6 月出台的《关于对互联网平台与各类交易场所合作从事违法违规业务开展清理整顿的通知》又将平台联合放贷以及交易所合作模式堵死。

- 个人住房典当融资市场具有融资规模较小、融资期限短、融资成本较高的特点，主要服务于中小企业主和个人的短期融资行为，是一款小众住房金融产品。2017 年，典当行业典当总额为 2899.7 亿元，典当余额为 963.7 亿元，其中房地产典当金额为 1516.0 亿元，占典当总额的 52.3%，占当年新增个人住房贷款总额的 2.9%。

- 个人住房反向抵押贷款在政策推动下有一定程度的发展。银行方面，中信银行于 2011 年在北京、上海等地开展养老按揭贷款即"以房养老"业务；2013 年兴业银行在"安愉人生"产品的基础上推出住房抵押养老业务。保险方面，幸福人寿于 2015 年推出"幸福房来宝"反向抵押保险业务，2015~2017 年累计共有 116 人（84 户）参保，2017 年底反向抵押贷款金额仅为 1574 万元，抵押房产价值为 1.13 亿元。总体而言，个人住房反向抵押贷款业务量并不大，究其原因，需求端，房地产市场单边上涨预期以及传统"房产继承观念"导致客户不愿意进行反向抵押；供给端，长寿风险以及金融机构的专业能力不足影响业务扩展；政策方面，现有法律法规存在冲突以及人们担忧有关房产税费的法律发生变化，也导致业务开展不顺利。

---

* 本章作者：崔玉，国家金融与发展实验室房地产金融研究中心研究员；蔡真，国家金融与发展实验室房地产金融研究中心主任、高级研究员，中国社会科学院金融研究所金融实验室副主任、副研究员。

本章针对三个小众住房金融市场展开分析，分别是住房抵押 P2P 贷款市场、个人住房典当融资市场以及个人住房反向抵押贷款市场。

一 住房抵押 P2P 贷款市场

P2P 网络借贷（Peer to Peer Lending）作为网络金融的典型代表为借贷双方提供信息沟通、信用评价、投资咨询等促使交易完成的金融服务，旨在支持个体之间或个体与企业之间通过网络实现直接借贷。2005 年，全球首家 P2P 网络借贷平台 Zopa 在英国成立，随后 P2P 这一新型借贷模式在其他国家也迅速开展。2013 年被称为中国互联网金融的元年，这一年 P2P 网络借贷平台呈爆发式增长，由 2012 年的 179 家上升至 2013 年的 779 家，在发展初期，住房抵押 P2P 贷款是 P2P 网贷的一种重要形式。住房抵押 P2P 贷款指借款人以个人购买或建造的住房所有权为抵押物作为还本付息保证，向 P2P 网络借贷平台申请贷款，由 P2P 网络借贷平台为其提供住房融资及相关信用服务。

（一）业务类型

1．住房抵押经营类和消费类 P2P

住房抵押经营类和消费类 P2P 与传统的银行抵押贷款没有太大差异，而个人选择从网络借贷平台而不是从传统金融机构获得贷款的原因是：第一，个人没有征信记录很难从银行获得这类零售贷款，而 P2P 网络借贷平台应用交易数据、交叉检验方法甚至社交类非结构化数据对借款人进行评估，在一定程度上缓解了信息不对称，解决了资金可得性的问题；第二，P2P 网络借贷平台的机构组织扁平化特性在一定程度上降低了管理成本，再加上其相对高的利率抵补了一部分信用风险，这就解决了网络借贷平台的盈利可持续问题；第三，尽管借款人的经营业绩或收入水平是还款的第一来源，但作为第二还款来源的抵押物，网络借贷平台在判断抵押物是否多次抵押、争取优先债权偿还顺序、贷后催收等方面具有丰富的经验，这是住房抵押类 P2P 快速发展的原因。

2．二手房交易类 P2P

二手房交易类 P2P 是指在买卖二手房的过程中，应用网络借贷平台的借款满足临时性的资金需求，具体资金用途包括三个方向。第一，卖方的赎楼资金。当业主决定卖房子，但是以前的贷款尚未还清，则需要筹款还贷。此时房子的产权还抵押在银行，银行政策不允许借新还旧，买方也不愿意把钱先付给卖方，这时网络借贷平台挂出标的帮助卖方进行融资，或网络借贷平台帮助买方融资，买方再将融资作为定金付给卖方用于赎楼。第二，买方的购房首付款资金。买方决定购入一套房产，但可供支付首付款的资金为定期存款未到期、封闭式理财暂时无法赎回或应收款未到账时，网络借贷平台挂出标的满足买方支付首付款的流动性需求。第三，尾款垫资。当买方贷款已获批但未放款，这时合同付款期限已到，卖方又急着要钱，买方就需要获得一笔垫付资金，这时网络借贷平台的融资相当于买方的过桥资金。上述三种资金用途中第一种围绕抵押展开，也是主流产品。这一类 P2P 网络借贷平台大多具有房屋中介企业背景，凭借其良好的交易流程控制借贷风险。

3．新建房抵押类 P2P

新建房抵押类 P2P 的操作流程如下：网络借贷平台发出标的为购房人（借款人）的首付款提供贷款，投资人认购标的，开发商为投资人到期收回贷款提供履约担保，开发商再以房产为抵押与购房人签订反担保协议，从而以较小的成本控制风险。这类 P2P 网络借贷平台大多具有开发商背景，凭借其对开发全流程的掌控提供还款保证。在现实中，这种融资方式往往会异化为开发商融资，即开发商以员工名义发起标的借款，再让员工解除购房合同实现自身融资。

（二）行业发展及政策影响

自 2016 年 10 月国务院公布《互联网金融风险专项整治工作实施方案》以来，整个 P2P 行业呈收缩发展态势，网贷平台数量由 2016 年的 2568 家下降为 2018 年的 1021 家，住房抵押类 P2P 网络借贷平台呈现更为快速的下降态势，数量由 2016 年的 460 家下降至 61 家，其在所有平台中的占比由 17.91% 下降至 5.97%（见图 8-1）。从网贷余额数量来看，2018 年 P2P 网贷余额 7889.65 亿元，个人住房抵押类网贷余额为 423.67 亿元，占比仅为 5.37%（见图 8-2）。

住房抵押类 P2P 之所以大幅萎缩主要是受政策影响，其表现出比行业整体更快速的萎缩也与其自身产品特点有关。总体而言，网络借贷平台标的

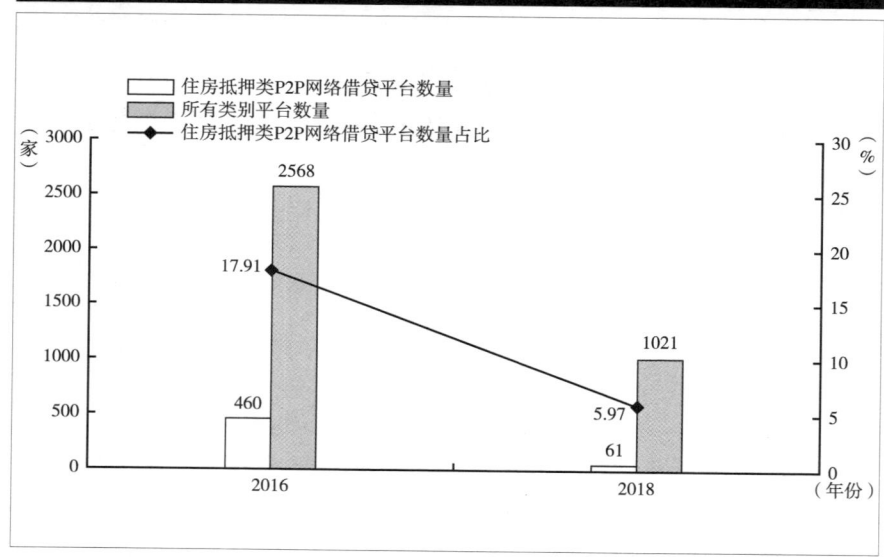

图 8-1 住房抵押类 P2P 网络借贷平台数量变化情况

资料来源:网贷之家。

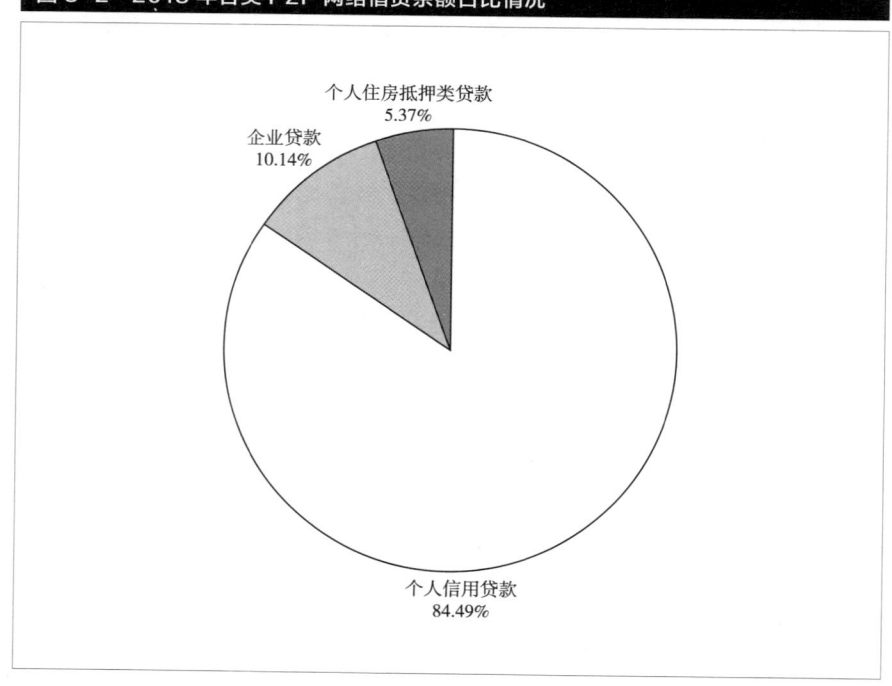

图 8-2 2018 年各类 P2P 网络借贷余额占比情况

资料来源:网贷之家。

遵循小额分散的原则，但住房抵押类贷款由于抵押物特性往往可以借入较大金额，而且风险相对较小。2016年8月银监会等部门发布《网络借贷信息中介机构业务活动管理暂行办法》，规定同一自然人在同一网络借贷信息中介平台的借款余额上限为人民币20万元，在不同网络借贷信息中介机构借款总额不超过人民币100万元。这一监管政策对住房抵押类P2P贷款产生了较大冲击，使得这类产品的借款人成本明显上升。需求萎缩导致P2P业务转型：一方面，有些平台转向二线、三线城市开展业务，然而投资人并不认可二线、三线城市；另一方面，有些平台联合放贷并与交易所合作拆分标的，从而满足借款人大额借款诉求，然而2017年6月互联网金融风险专项整治工作领导小组办公室（本文以下简称"整治办"）出台的《关于对互联网平台与各类交易场所合作从事违法违规业务开展清理整顿的通知》将这一通道堵死。

2018年3月，整治办下发了《关于加大通过互联网开展资产管理业务整治力度及开展验收工作的通知》，这一政策实际上是对之前国务院、银监会以及整治办相关文件的细化，整治力度更大，该政策主要措施包括：第一，不持牌不得进行互联网资产管理业务；第二，不得通过"引流"方式为各类交易所代销资管产品；第三，进一步压缩存量，至2018年6月压缩至零。由于开发商系平台和中介系平台大多通过交易所定向委托方式发售标的，而它们并不持牌，同时"引流"的方式被禁止，这一政策对开发商系和中介系的网贷借贷平台形成了较大冲击。据不完全统计，政策出台后恒大金服、海控金融、58钱柜等多家平台停止发售标的。

总体而言，在政策的影响下住房抵押类P2P贷款市场未来可能进一步萎缩。

二 个人住房典当融资市场

个人住房典当融资是指个人住房所有权人作为出典人将其拥有的个人住房相关权利按照一定的典价在一定时期内让渡给承典人，从而获得典金的行为。典当后，典当公司取得房屋的使用权和收益权，出典人需要在典当期限届满时交还典价和利息，依照约定赎回出典的住房，或者由承典人补足被典当住房与典金差额取得房屋的所有权。

典当是中国最古老的金融行业，诞生于南北朝时期，目前已有超过

1600 年的历史，其业务主要是通过小额短期质押的方式给资金需求者提供短期融资服务，是典型的从事短期融资的非金融类企业。中华人民共和国成立后，典当行业被认为是剥削穷苦人民的资产阶级产物，随着资本主义工商业的社会主义改造而消亡；改革开放后，1987 年四川省成都市开办了中华人民共和国第一家典当行——成都市华茂典当服务商行，典当这一传统融资方式被恢复。此后，我国典当行业虽几经周折但发展迅速，商务部全国典当行业监督管理信息系统报告显示，截至 2018 年 2 月，全国典当企业数量为 8532 家，注册资本 1731.3 亿元，2017 年全年典当行业典当总额为 2899.7 亿元，典当余额为 963.7 亿元，其中房地产典当金额为 1516.0 亿元，占典当总额的 52.3%，占当年新增个人住房贷款总额的 2.9%（见表 8-1）。

表 8-1 全国典当企业运行情况

时间	期末典当企业数量	典当总额（亿元）	房地产典当金额（亿元）	房地产典当占比（%）	期末典当余额（亿元）
2013 年	6833	3336.0	1745.2	52.3	866.0
2014 年	7574	3692.1	1934.7	52.4	1012.7
2015 年	8050	3671.9	1946.1	53.0	1025.2
2016 年	8280	3176.0	1592.5	50.1	957.3
2017 年	8483	2899.7	1516.0	52.3	963.7
2018 年 1~2 月	8532	881.9	466.4	52.9	896.5

资料来源：全国典当行业监督管理信息系统。

典当行业在重获新生后快速发展与其手续简便、快速融资、便捷放款、贷款用途不受限制等特点分不开。在当前经济金融环境下，中小企业主或个人经常面临资金短缺问题，而银行出于风险管理需求，对信用等级要求高、融资手续繁复、耗费时间长，急于融通短期资金的企业主或个人理所当然选择以其所拥有的个人住房进行典当来取得所需资金。不可否认，个人住房典当存在融资规模较小（一般发放不超过个人住房价值 50% 的典金）、融资期限短（一般个人住房典当的赎回期只有 3~6 个月）、融资成本较高（一般月利率 2.5%~3%）等问题，若不能按期还款付息，高额的典当利息和滞纳金会使出典人面临失去个人住房的风险。

总的来说，个人住房典当融资主要服务于中小企业主和个人，使其可以快捷地获得所需短期资金或"过桥"资金，但其融资总额占新增个人住房融资总额比例并不高，不会成为个人住房融资的主流，只能作为金融机构贷款融资的重要补充。

三 个人住房反向抵押贷款市场

个人住房反向抵押贷款产生于荷兰，后来在美国发展成熟，是一种复杂的新型交叉性个人住房融资业务，指拥有个人住房的老人，将住房抵押给银行或保险公司等金融机构，由评估机构对住房价值进行评估，基于借款人年龄、预期寿命、贷款利率、房屋价值及未来价值变动等多种因素，借款人可按照约定的方式（按年或月）从金融机构获得一定数量现金贷款并继续拥有住房的居住权，居住期间借款人应根据规定对房屋进行相关维护，借款人去世后，金融机构可将房产进行出售，从而偿付贷款本息和收益。因其与传统住房抵押贷款中金融机构先一次性发放贷款，借款人再按期还款的现金流方向相反，而被称为个人住房反向抵押贷款。

（一）政策回顾与业务发展情况

2003年8月，保监会和建设部向国务院提交了《关于开办"反向抵押贷款"有关问题的报告》，肯定了中国引入住房反向抵押贷款的意义。2013年9月，国务院发布的《关于加快发展养老服务业的若干意见》提出要开展老年人住房反向抵押贷款试点。2014年6月，保监会出台的《关于开展老年人住房反向抵押养老保险试点的指导意见》标志着试点工作正式启动，试点时间为2014年7月1日至2016年6月30日，试点城市为北京、上海、广州和武汉，适用人群为60周岁以上并拥有完全独立产权的老年人。2016年7月，保监会决定将试点时间延长至2018年6月30日，试点范围城市进一步扩大，2018年8月试点时间又进一步延长。

在政策推动下，住房反向抵押贷款有了一定程度的发展，从产品角度看主要包括两类：一是银行系的反向抵押贷款；二是保险系的反向抵押贷款保险。就银行系产品而言，2011年中信银行首先在北京、上海等地开展养老按揭贷款即"以房养老"业务。该业务要求申请人在55岁以上与年满18周岁的法定赡养人向银行共同提出养老贷款申请，同时还需出具拥有二套房产的证明，银行委托专业机构对房产进行评估，向申请者提供不超过房产价格

60% 的贷款用于养老，按月支付且每月支付额不超过 2 万元，贷款周期不超过 10 年，其间不提供利率优惠，贷款到期后必须还清本金，否则银行会处置其房产；2013 年，兴业银行在"安愉人生"产品的基础上也推出了"以房养老"业务，允许年满 50 周岁的客户或成年子女申请 30 万元以内且期限在 3 年以内的房产消费贷款。两家银行开办此类业务的咨询人数较多，但由于限制较多、缺乏利率优惠等一系列原因，银行主导的"以房养老"业务量不大。

保险系产品目前仅有幸福人寿的"幸福房来宝"一款产品。该产品面向的群体是 60~85 岁的老年人，符合条件的老年人将房产抵押给幸福人寿，房产经过评估和公证后，双方签订保险合同，老年人可以选择继续在原房屋居住，也可以将房屋委托给保险公司出租，自己入住养老院，合同期间保险公司根据合约向老年人支付养老保险金，具体金额不受房价上涨和下跌的影响。老年人去世后，保险公司获得抵押房产的处分权，处分所得优先偿付养老保险相关费用，如果所得款超过养老费用，余额将由老年人继承人所有，如果所得不足以偿付养老费用，不足部分由保险公司承担。"幸福房来宝"的保险条款对客户相当有利，尤其是房价上涨的收益归客户所有，然而，即使存在这样的优惠条款，该产品的业务量仍不大，2015~2017 年累计共有 116 人（84 户）参保，2017 年底反向抵押贷款金额仅为 1574 万元，抵押房产价值仅为 1.13 亿元（见表 8-2）。可以说这还是一款小众住房金融产品。

表 8-2 幸福人寿反向抵押贷款情况

年份	承保人数	反向抵押贷款金额	抵押房产总值
2015	40 人（30 户）	103.4 万元	—
2016	30 人（22 户）	640.4 万元	1.47 亿元
2017	46 人（32 户）	1574.0 万元	1.13 亿元

资料来源：《幸福人寿企业社会责任报告》《幸福人寿年度信息披露报告》（2015~2017 年）。

（二）反向抵押贷款发展的制约因素

制约反向抵押贷款发展的因素包括三个方面：需求端、供给端以及政策环境。

需求端的主要问题集中在两点。第一，房地产市场存在单边上涨预期，客户不愿意进行反向抵押。住房制度改革使得人们对住房的基本居住需求和改善需求得以释放，城市化进程中大量农民进城，这些因素导致房价一直呈单边上涨趋势，根据国家金融与发展实验室房地产金融中心的统计，2008年初至2018年底，一线城市房价上涨33.46倍，年均复合增长率为14.57%；二线城市房价上涨32.07倍，年均复合增长率为10.73%。房价的长期上涨影响了反向抵押市场的需求，尤其是对于拥有两套住房的老年人而言，一套可用于居住，另一套不仅可以出租享受租金收益，还可以获得房价上涨收益。第二，传统"房产继承观念"影响市场发展。一方面，房产是中国家庭财富的最主要部分，根据国家金融与发展实验室国家资产负债表中心的统计，房产占居民各类总资产的比例为45.84%，而房产由子孙继承是老年人的普遍观念；另一方面，子女未能给老人提供优质的老年生活，老人通过反向抵押获得养老金，这往往使子女面临舆论压力。

供给端的问题也主要表现为两点。第一，长寿风险使得金融机构不愿意开展这项业务。我国人口的预期寿命逐年上升，这主要来自老年人的寿命增长，人口结构正由目前的橄榄形向倒金字塔形转变，其中老年人的占比较大。老年人预期寿命的增长使得金融机构面临给付更多养老金的风险。第二，产品的复杂性以及金融机构的专业能力不足影响业务扩展。反向抵押产品涉及的风险包括长寿风险、利率风险、房价波动风险、抵押物处置风险等。银行擅长的是信用风险管控，即对借款人收入能力和还款意愿的评估，抵押物是第二还款来源；而反向抵押业务中抵押物是第一还款来源，银行要直接面对房地产市场的风险，这并不是银行的强项。保险机构擅长的是精算业务，对于预期寿命、发病率等有较为深入的分析，在反向抵押业务中，它不仅要面对房地产市场风险，而且要面对利率风险，这些都不是保险机构的专长。此外，两者都要面临与抵押物处置相关的法律风险和反向抵押的零售业务特征，开展业务的动力不足。

政策环境方面的制约因素包括两点。第一，现有法律法规存冲突的地方，这使得金融机构在履行义务之后权利存在不确定性。《中华人民共和国继承法》第十九条规定，遗嘱应当对缺乏劳动能力又没有生活来源的继承人保留必要的遗产份额，这使得老年人的抵押物难以处置。第二，对有关房产的法律的出台存在担忧，现有政策具体执行细则的不明晰也导致业务开展不顺利。比如，对于房屋达到70年产权时限的续期问题，对于房产税、遗产税出台的担忧等。

专题篇

第九章　住房金融风险分析*

- 我国住户部门的住房金融风险呈上升趋势：住户部门杠杆率从 2008 年底的 17.87% 快速上升至 2018 年底的 53.20%，上升了 35.33 个百分点；住户部门房贷收入比从 2008 年的 22.54% 上升到 2018 年的 65.37%，上升了 42.83 个百分点。2018 年，我国居民部门偿债率为 10.21%，住房贷款偿信率为 5.50%，从国际比较来看整体处于中等水平；房价收入比指标，北京、上海、深圳和广州在世界 299 个主要城市中分别排在第 2、第 3、第 4 和第 10 位，中国大陆的房价收入比为 29.09，而世界主要国家和地区的中位数水平为 11.63；租金资本化率指标，深圳、北京、上海和广州在世界 299 个主要城市中分别排在第 1、第 3、第 4 和第 5 位，中国大陆的平均租金资本化率为 52.18 年，而世界主要国家和地区的中位数水平为 21.46 年。从这些数据看中国房地产泡沫依然严重，住户部门杠杆经历了较长时间上涨，未来上升空间有限。

- 房地产开发企业的金融风险呈现上升趋势：A 股上市房企有息负债规模呈指数型增长，从 2007 年底的 1712.30 亿元快速攀升至 2018 年第三季度的 3.74 万亿元。偿债能力方面，行业流动比率从 2009 年的峰值 1.94 持续下降到 2018 年第三季度的 1.47，速动比率从 2000 年的峰值 0.91 持续下降到 2018 年第三季度的 0.52；资产负债率由 1998 年的 45.74% 上升到 2018 年第三季度的 80.54%；已获利息保障倍数从 2009 年的峰值 17.38 下降至 2018 年第三季度的 5.26。从相关指标来看，房企的盈利正在被高额债务利息侵蚀，在趋紧的融资环境下房企将迎来主动去杠杆的过程。

---

* 本章作者：蔡真，国家金融与发展实验室房地产金融研究中心主任、高级研究员，中国社会科学院金融研究所金融实验室副主任、副研究员；崔玉，国家金融与发展实验室房地产金融研究中心研究员。

- 从周期角度看，房价面临长期拐点，然而房价下跌不只是自身周期的修复问题，还关系到其他部门。目前，房地产市场已经将宏观经济、政府部门、金融体系捆绑在一起，是中国经济金融体系的系统重要性领域，其高度关联特性使房地产市场风险成为最大的"灰犀牛"，犹如达摩克利斯之剑高悬于中国经济之上。对此，我们应遵循"稳"字当头的原则，在稳房价同时有重点、有选择地降杠杆。首先，居民部门杠杆上升空间有限，保持既有政策即可。一方面，居民购房意愿已明显下降，房价上涨预期也得以扭转；另一方面，个人住房贷款占国有银行贷款比例高达30%，必须坚持"底线思维"，防止房地产风险向银行传导。其次，房地产企业应成为重点治理对象。房企既没有很好地落实"房子是用来住的"精神，又没有很好地执行去杠杆政策，必须通过整治房企违规行为维护中央权威。最后，关于地方政府的土地财政以及隐性债务问题，应针对不同城市采取分而治之的策略。

2017年中央提出打好"三大攻坚战",防范化解重大风险位于"三大攻坚战"之首。对于重大风险中的金融风险,习近平总书记在中共中央政治局第十三次集体学习时指出,"牢记将防范化解金融风险特别是防止发生系统性金融风险作为金融工作的根本性任务,严守不发生系统性风险底线"。我们认为,房地产金融风险已成为诱发系统性金融风险的重要因素,犹如达摩克利斯之剑高悬于中国经济之上,本章针对住房金融部门展开重点分析。

一 住户部门住房金融风险分析

(一)住户部门杠杆率快速攀升

住户部门的主要债务为住房抵押贷款,我们先从宽口径的住户部门杠杆率考察风险。该指标的分子为住户部门债务,分母为名义GDP。从债务规模来看,金融危机以后受"四万亿"投资计划带来的货币宽松和低利率环境影响,我国住户部门债务规模快速扩张,中国人民银行公布的住户部门本外币贷款余额从2008年底的5.71万亿元快速扩张到2018年底的47.90万元。根据国家金融与发展实验室的测算,我国住户部门宏观杠杆率在2008年前上升速度较慢,但2008年之后开始快速攀升,从2008年底的17.87%快速上升至2018年底53.20%,上升了35.33个百分点(见图9-1)。

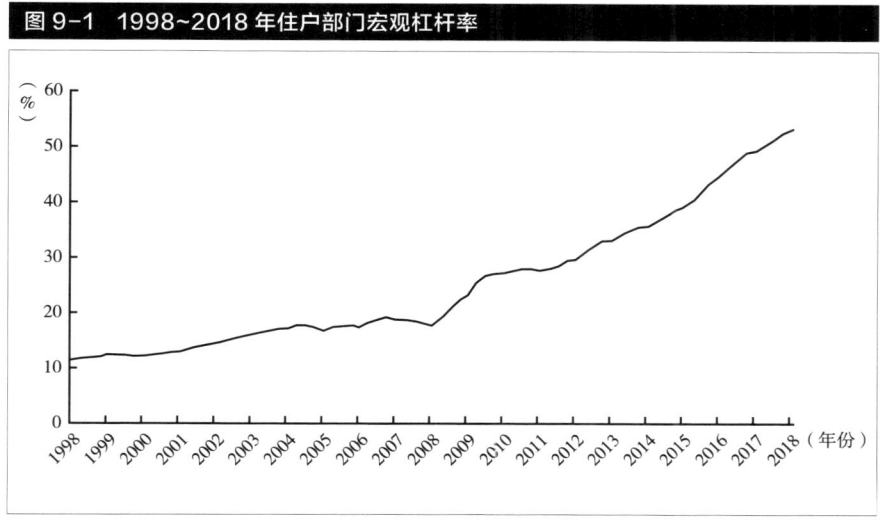

图9-1 1998~2018年住户部门宏观杠杆率

资料来源:国家金融与发展实验室。

高杠杆是金融脆弱性的根源，根据国际货币基金组织《全球金融稳定报告》提出的观点，住户部门杠杆率低于 10% 时，其上升有助于经济增长，住户部门杠杆率超过 30% 则会对国家中期经济增长产生影响，而住户部门杠杆率超过 65% 会影响国家金融稳定。目前来看，虽然我国住户部门杠杆率显著高于新兴市场国家的平均水平（38.7%），但略低于世界平均水平（59.2%），显著低于发达国家平均水平（72.2%）[1]。相比住户部门杠杆率水平，住户部门杠杆率快速攀升带来的金融风险更值得关注。2008 年以来，我国住户部门杠杆率快速上升的最主要原因就是住房贷款规模的快速扩张，从中国人民银行公布的数据来看，我国个人住房贷款余额从 2008 年底的 2.98 万亿元快速扩张至 2018 年底的 25.75 万亿元。无论是 20 世纪 90 年代房地产泡沫破灭前的日本还是 2007 年次贷危机前的美国，均出现了住房贷款快速扩张导致住户部门杠杆率快速攀升的情形。从住房市场的需求来看，主要包括住房消费需求和投资、投机需求两类，住房信贷规模的快速扩张会提高住房市场的消费需求，使得住房价格整体呈上升趋势，而住房价格的上升带来较高的投资收益，会提高住房市场的投资、投机需求，使得更多的杠杆资金投向住房市场，如此一来住房价格快速上升，偏离自身的真实价值，出现住房价格泡沫，且泡沫会随着住房价格的不断上涨而积聚。

近年来，杠杆助推泡沫的现象凸显。一个典型例证是，在限贷、限购等措施的调控下，2017 年后住房贷款余额增速明显放缓，住户部门短期消费贷款却出现不正常的增长。2016 年以来，在同期社会商品零售总额增速保持低速且微降的同时，短期消费贷款余额增速出现异常上升，从 2016 年的 20.26% 上升到 2017 年的 37.88%，2018 年又回调至 29.30%（见图 9-2）。对于这一异常现象的解释是，部分住房贷款需求者违规利用短期消费贷款缴纳购房款，变相降低首付自有资金比例，大量消费贷款违规进入住房市场。

（二）住户部门债务收入比快速上升

杠杆率指标是一个宽口径指标，其分母 GDP 并不是住户部门债务的

---

[1] 数据为国际清算银行（BIS）发布的 2018 年第三季度居民部门杠杆率数据。

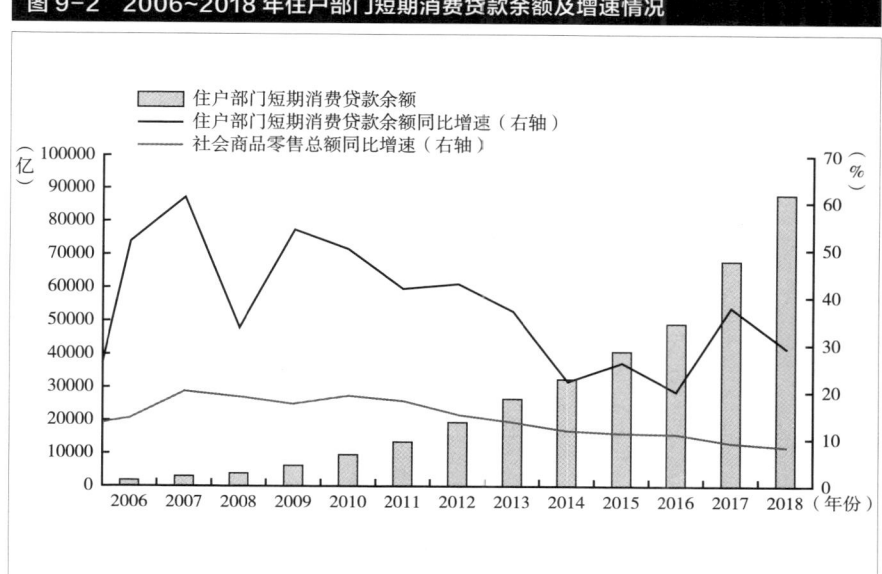

图 9-2 2006~2018 年住户部门短期消费贷款余额及增速情况

资料来源：WIND。

直接还款来源。下面我们使用债务收入比（Debt Service-to-Income Ratio）指标，其分母为居民可支配收入，是住户部门偿还债务的主要资金来源；分子为住户部门债务（债务收入比）或个人住房贷款（房贷收入比），该指标可以较好地反映住户部门债务负担水平。

从住户部门债务收入比来看，2008 年前其上升速度比较慢，但 2008 年之后开始快速上升，从 2008 年底的 43.17% 快速上升至 2018 年底的 121.60%，上升了 78.43 个百分点，其中，房贷收入比从 2008 年的 22.54% 上升到 2018 年的 65.37%，上升了 42.83 个百分点（见图 9-3）。目前，我国住户部门债务收入比已经超过美国（100.62%）、日本（103.95%）等发达国家，超过 1990 年日本房地产价格泡沫破灭前该指标的数值（120%），逼近 2007 年美国次贷危机爆发前的数值（134.62%）。我国住户部门债务收入比快速上升的主要原因是住房信贷的快速扩张，住户部门债务扩张速度远超过居民可支配收入的增长速度，住房信贷的扩张成为推高住房价格的重要因素。目前，我国债务收入比处于高位，居民债务负担在持续加重，已经不具备进一步持续加杠杆的条件，住户部门债务规模进一步扩张空间受限。

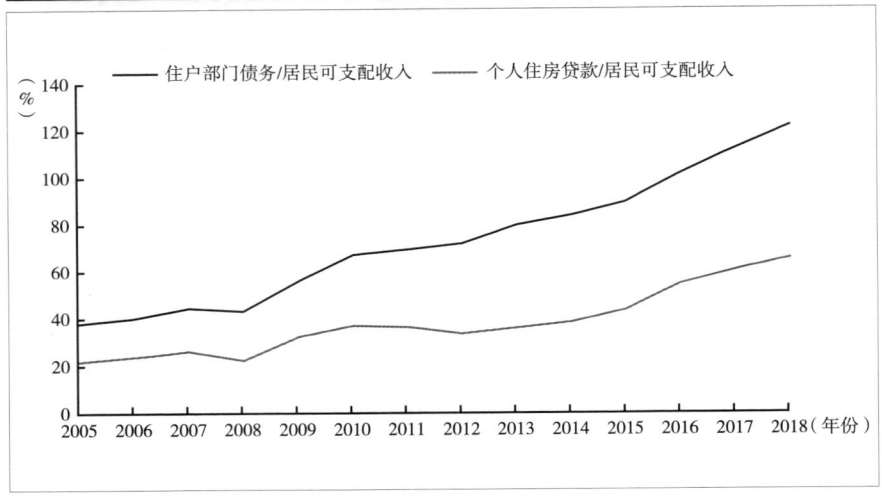

图 9-3 2005~2018 年我国住户部门债务收入比和房贷收入比

资料来源：WIND，CEIC。

（三）偿债率的跨国比较

住户部门偿债率（Debt Service Ratios of Households）是指住户部门当年应还债务本息额与住户部门年可支配收入的比值，我们基于这一指标进行住户部门债务水平的跨国比较。具体估算方法为：假定债务余额为 D，可支配收入为 Y，贷款季度利率为 i，贷款剩余期限为 t 个季度（假定各国住户部门贷款剩余期限均为 18 年，即 72 个季度），偿债率 $= \dfrac{i}{1-(1+i)^{-t}} \times \dfrac{D}{Y}$。其他国家住户部门偿债率数据来自国际清算银行数据库，我国住户部门偿债率数据根据 WIND 数据计算。以 4.9% 的基准利率来计算，2018 年我国住户部门偿债率为 10.21%，住房贷款偿债率为 5.50%；以基准利率上浮 20% 估算，2018 年我国住户部门偿债率为 10.99%，住房贷款偿债率为 5.92%（见表 9-1）。与国际清算银行公布的 2018 年第三季度世界主要发达国家住房部门偿债率数据相比，我国住户部门偿债率处于中等水平，住户部门可支配收入中 10% 左右的部分用于偿还债务，考虑我国住户部门的高储蓄率，住户部门债务偿付风险较低。

表 9-1 世界主要国家住户部门偿债率情况

年份	2013	2014	2015	2016	2017	2018
意大利	4.90	4.80	4.50	4.50	4.40	4.30
德国	6.90	6.70	6.50	6.30	6.20	6.10
法国	6.50	6.40	6.40	6.30	6.20	6.20
西班牙	8.60	8.10	7.50	7.10	6.80	6.50
葡萄牙	8.80	8.50	7.70	7.20	6.80	6.60
日本	6.70	6.80	6.70	6.70	6.70	6.80
芬兰	6.80	7.00	7.00	7.10	7.10	7.20
比利时	7.40	7.50	7.80	7.80	7.60	7.60
美国	8.40	8.20	8.00	8.00	7.90	7.80
英国	9.90	9.60	9.30	9.30	9.50	9.30
中国	6.69	7.04	7.51	8.50	9.42	10.21
瑞典	11.20	11.20	11.10	11.20	11.40	11.40
韩国	11.70	11.30	11.40	11.40	12.00	12.50
加拿大	12.50	12.40	12.30	12.60	12.90	13.20
丹麦	18.40	17.70	16.70	16.20	15.40	14.90
挪威	15.40	15.30	14.60	14.40	14.90	14.90
澳大利亚	15.20	15.00	14.90	15.10	15.40	15.50
荷兰	18.60	17.80	17.60	17.10	16.40	15.70

资料来源：国际清算银行数据库，WIND。

（四）房价收入比和租金资本化率依然处于较高水平

上述指标是对住房金融中债务风险的直接度量，现实中，房价下跌也会产生金融加速器效应及违约传染效应，加大整个住房金融市场甚至其他金融市场的风险。从历次房地产市场风险引发的金融危机来看，房地产泡沫[1]是房地产金融风险和金融危机的根源，因此我们需要对房地产市场本身的风险和泡沫程度进行度量。

房价收入比（Price to Income Ratio）是用来衡量住房对居民家庭可

---

1 房地产泡沫可以理解为房地产价格持续上涨至严重偏离基本价值的水平，这种价格的严重偏离存在突然崩溃的可能性，当发生外部冲击或预期发生转变时，房地产泡沫就可能破裂，从而导致房地产价格暴跌。

负担性的重要指标，一般用某地区一套住房市场价值的中位数与该地区居民家庭年可支配收入中位数的比值来计算，代表处于地区收入中位数的家庭购买具有地区中位数价值的一套住房需要花费多少家庭年可支配收入，该比值越高意味着居民家庭购买住房需储蓄可支配收入的时间越久。房价收入比是衡量住房市场泡沫的重要指标，可以用其考察住房市场泡沫中潜在住房金融风险的大小，一般来说房价收入比越高，住房市场泡沫化程度越大，居民家庭购买住房的支付能力越低，则风险越大。

根据 Numbeo 公布的最新数据，2019 年初，世界上 299 个主要城市的房价收入比[1]中位数为 10.1，我国的香港、北京、上海、深圳、广州分别排在第 1、第 2、第 3、第 4、第 10 位，房价收入比分别为 49.42、45.3、45.1、42.47、28.87；世界 93 个主要国家或地区的平均房价收入比的中位数为 11.63，中国香港、中国大陆、中国台湾位列前三，分别为 49.42、29.09、28.91（见图 9-4、图 9-5）。从理论上来说，虽然 Numbeo 的计算方法有待商榷，但就同一方法下的国际比较来看，我国 4 个一线城市的房价收入比均位于世界前列，全国平均房价收入比也位于世界国家（或地区）的前列，远高于世界主要城市和国家（或地区）的房价收入比中位数，住房市场的泡沫化程度较高，居民住房可负担性较低，一旦经济下行，失业率增加，我国金融机构面临的住房贷款违约风险将增大。

租金资本化率是衡量房地产泡沫严重程度的重要指标，其计算公式为：租金资本化率 = 每平方米住宅价格 / 每平方米住宅年租金，即一套住宅完全靠租金收回成本要经过多少年。这一概念与租售比类似，但更加直观，国际上通常认为合理的租售比为 1∶200~1∶300，换算成租金资本化率为 16.7~25 年。

根据 Numbeo 公布的最新数据，2019 年初，世界 299 个主要城市的租金资本化率的中位数为 18.57 年，而我国的深圳、北京、上海、广州和香港分别排在第 1、第 3、第 4、第 5、第 6 位，租金资本化率分别为 74.72、59.68、59.54、57.26、54.13 年（见表 9-2）；世界 93 个主要国家或地

---

1 Numbeo 的住房收入比计算公式为住房价格中位数与家庭可支配收入中位数的比值，以收入年数表示，假设家庭可支配收入为 1.5 倍的人均可支配收入（即假设女性劳动收入为平均劳动收入的 50%），住房面积为 90 平方米，住房价格中位数使用市中心住房和市中心以外住房每平方米住房价格的平均值。

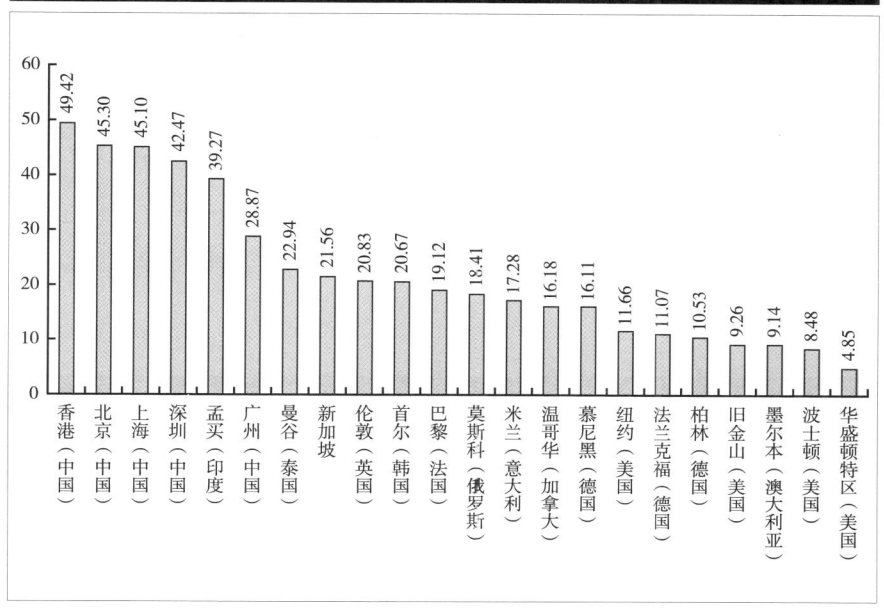

图 9-4 2019 年初世界主要城市房价收入比

资料来源：Numbeo。

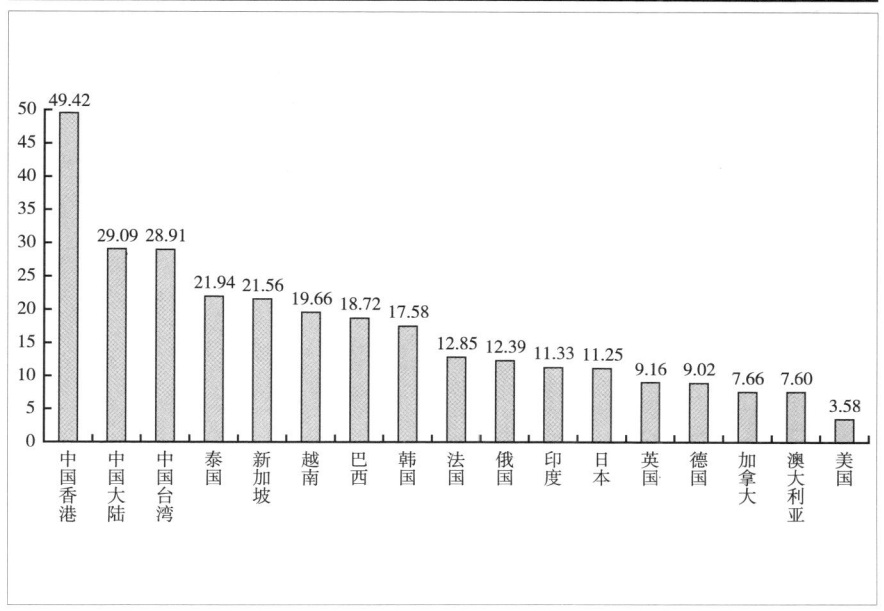

图 9-5 2019 年初世界主要国家或地区房价收入比

资料来源：Numbeo。

区的租金资本化率的中位数为 21.46 年，中国大陆位列第三，租金资本化率为 52.18 年；从我国历年租金资本化率的变化来看，2010 年以来基本处于持续上升状态，从 2009 年的 23.05 年上升至 2019 年初的 52.18 年（见表 9-3）。这表明我国房地产泡沫化程度较高，在经历了价格长期单边上涨之后房地产市场很可能出现周期性拐点，房地产市场泡沫破裂会导致个人住房抵押贷款资产质量大幅下跌，住房价格的大幅调整带来的债务违约风险会通过抵押物价值渠道向金融部门传导，大量住房贷款违约将有可能引发系统性金融风险，对整个宏观经济产生较大冲击。

表 9-2 世界主要城市住房租金资本化率情况（2009 年至 2019 年初） 单位：年

年份	2009	2010	2011	2012	2013	2014	2015	2016	2017	2018	2019（初）
中国深圳	—	—	26.78	21.86	29.14	29.30	37.92	51.76	72.44	77.58	74.72
韩国首尔	76.43	58.98	55.69	35.32	28.04	29.26	32.26	33.36	41.15	53.50	63.48
中国北京	23.33	22.30	24.66	28.52	38.46	38.86	36.99	41.40	41.69	66.53	59.68
中国上海	18.62	18.99	30.78	35.19	35.36	29.54	32.92	42.05	46.59	53.19	59.54
中国广州	—	—	36.45	34.25	30.04	36.35	41.74	38.50	42.97	38.29	57.26
中国香港	35.52	32.91	33.59	29.62	32.10	32.34	36.79	48.95	44.58	51.86	54.13
阿根廷布宜诺斯艾利斯	29.49	19.85	19.21	21.11	21.82	24.40	27.00	25.90	26.97	26.99	43.70
中国台北	—	—	55.56	67.90	54.48	56.60	65.20	88.30	61.17	62.97	41.96
新加坡	20.02	27.68	25.39	25.02	26.55	24.95	26.37	33.93	31.90	34.53	39.57
法国巴黎	31.35	35.91	36.62	33.70	32.57	35.31	36.66	36.55	36.23	37.42	38.45
日本东京	34.93	40.53	24.44	35.40	36.71	21.93	23.62	53.95	48.48	38.68	36.50
印度德里	24.95	48.60	27.15	25.98	35.24	38.62	38.73	41.27	36.18	40.11	34.94
芬兰赫尔辛基	28.68	23.50	24.10	24.25	25.08	25.96	26.62	26.64	27.09	28.72	32.71
英国伦敦	39.32	31.21	28.93	25.55	23.79	23.64	25.54	41.32	36.75	31.77	31.74
法国里昂	22.97	25.04	28.93	25.55	23.79	23.64	25.54	41.32	36.75	31.77	31.74
德国法兰克福	—	20.11	19.64	21.22	21.03	23.29	25.62	25.34	24.99	26.14	31.38
意大利罗马	24.54	—	31.32	38.22	33.45	32.71	31.20	31.38	36.66	31.67	28.01
德国柏林	16.40	16.40	30.49	24.03	20.86	20.61	21.89	24.16	26.90	26.56	26.90
意大利米兰	22.98	22.45	24.70	27.44	27.97	31.74	32.35	29.59	30.65	27.53	26.09
巴西里约热内卢	19.22	13.88	19.33	27.89	23.60	21.09	21.31	22.95	22.12	23.50	25.87
泰国曼谷	28.09	17.82	15.35	23.52	21.94	21.78	22.79	24.72	24.58	24.59	25.41

表 9-2　世界主要城市住房租金资本化率情况（2009 年至 2019 年初）　（续表）

年份	2009	2010	2011	2012	2013	2014	2015	2016	2017	2018	2019（初）
马来西亚吉隆坡	21.94	35.09	25.60	15.63	18.41	18.66	18.18	20.67	19.97	23.50	23.88
澳大利亚悉尼	25.48	19.48	24.35	18.81	18.74	18.56	18.85	23.61	23.73	22.23	23.61
加拿大多伦多	22.71	20.81	17.09	21.55	18.28	19.39	21.91	24.54	20.18	21.58	23.59
希腊雅典	43.12	43.12	37.87	27.45	28.86	27.83	26.12	24.07	24.09	23.97	22.98
西班牙巴塞罗那	33.87	32.83	31.40	31.50	28.79	25.39	22.83	23.64	23.88	23.78	22.71
俄罗斯莫斯科	24.98	27.39	25.30	25.38	20.56	19.70	20.27	23.41	22.71	21.86	22.58
加拿大蒙特利尔	12.05	14.73	13.20	14.18	15.98	15.54	17.99	20.49	19.67	20.51	21.32
丹麦哥本哈根	10.50	21.57	21.49	20.13	17.95	17.72	16.34	20.00	18.98	20.50	20.56
比利时布鲁赛尔	13.60	13.60	14.28	17.37	18.62	15.82	16.94	19.72	18.76	18.21	17.72
美国纽约	23.30	21.59	17.72	16.79	14.50	13.04	14.55	27.27	19.71	17.97	17.43
美国旧金山	19.64	25.08	17.30	13.64	15.40	13.48	15.85	16.75	15.74	15.38	17.42
阿拉伯联合酋长国迪拜	17.13	16.42	13.07	18.19	10.11	11.41	11.23	8.79	9.66	8.96	8.78

资料来源：Numbeo。

表 9-3　世界主要国家或地区住房租金资本化率情况（2009 年至 2019 年初）单位：年

年份	2009	2010	2011	2012	2013	2014	2015	2016	2017	2018	2019（初）
韩国	76.43	58.98	75.24	41.01	40.97	27.73	28.28	37.40	44.50	54.73	65.65
中国香港	35.52	32.91	33.59	29.62	32.10	32.34	36.79	48.95	44.58	51.86	54.13
中国大陆	23.05	20.57	24.94	29.73	29.23	32.80	34.64	38.71	40.66	51.97	52.18
阿根廷	29.49	21.82	19.48	19.55	20.45	21.32	27.11	26.94	26.09	23.80	37.02
日本	38.46	43.84	29.73	46.92	19.09	27.56	29.02	56.99	40.74	44.17	36.43
法国	28.88	32.95	32.30	33.10	26.93	30.47	28.46	34.63	30.26	29.33	35.55
印度	25.20	26.29	26.30	28.23	29.70	27.63	27.94	29.87	29.34	29.61	31.42
德国	24.66	23.10	21.91	22.06	19.01	21.54	23.69	25.36	25.58	26.83	28.95
泰国	28.09	17.82	14.73	18.38	20.14	23.57	28.26	25.46	27.28	27.09	27.89
巴西	15.13	16.57	16.80	17.59	20.53	22.15	23.40	23.83	24.89	24.28	26.48
芬兰	23.05	27.00	27.88	28.01	27.44	25.20	22.97	24.45	24.24	24.31	25.83
意大利	24.80	26.72	26.91	27.26	29.43	31.78	31.76	28.78	32.62	25.80	24.74

表 9-3 世界主要国家或地区住房租金资本化率情况（2009 年至 2019 年初）（续表）

年份	2009	2010	2011	2012	2013	2014	2015	2016	2017	2018	2019（初）
英国	50.82	36.28	21.15	18.96	18.32	20.33	23.07	22.35	23.39	23.72	24.23
希腊	32.20	33.67	30.74	28.38	30.05	29.41	28.10	25.01	23.98	24.01	23.74
澳大利亚	33.89	26.69	23.13	19.75	20.19	18.86	19.19	22.52	20.12	19.77	21.31
西班牙	39.26	33.11	27.31	29.70	26.42	24.95	23.83	20.90	20.97	19.66	21.20
加拿大	18.91	20.29	18.24	17.08	16.69	17.28	16.36	17.55	17.26	17.66	20.98
比利时	13.60	13.60	22.28	19.85	20.83	17.32	17.54	15.27	17.03	20.31	19.94
俄国	26.30	28.25	27.40	20.41	15.42	14.75	15.02	15.28	16.62	15.71	16.85
美国	34.13	10.90	8.98	9.22	8.00	8.52	8.35	8.53	8.54	8.89	9.26

资料来源：Numbeo。

二 房地产开发企业金融风险分析

（一）有息负债规模高速增长

有息负债指房地产开发企业负债中需要支付利息的债务，主要包括短期债务、长期债务、应付债券和其他有息债务。从我们统计的 110 家 A 股上市房地产开发企业的有息负债情况来看，2007 年之后，A 股上市房地产开发企业有息负债年平均增速超过 30%，有息负债规模呈指数型增长，从 2007 年底的 1712.30 亿元快速攀升至 2018 年第三季度的 3.74 万亿元（见图 9-6）。从 2018 年第三季度 A 股上市房地产开发企业财务数据来看，其有息负债增速达到 37.33%，有息负债规模超过 500 亿元的房地产开发企业有 19 家，其中，超过 1000 亿元的房地产开发企业有 9 家。从行业总体来看，截至 2018 年底，我国房地产开发企业的开发贷款余额为 10.19 万亿元，投向房地产行业的信托资金余额为 2.69 万亿元，信用债存量余额为 2.02 万亿元，如果加上房地产并购贷款、委托贷款、私募融资、海外债券、民间借贷等其他融资方式的有息负债余额，我国房地产行业总有息负债规模可能已经超过 20 万亿元。

房地产开发企业有息负债规模快速攀升的主要原因是：1998 年住房制度改革以来，房地产市场发展迅速，住房市场需求旺盛，住房价格持续快速

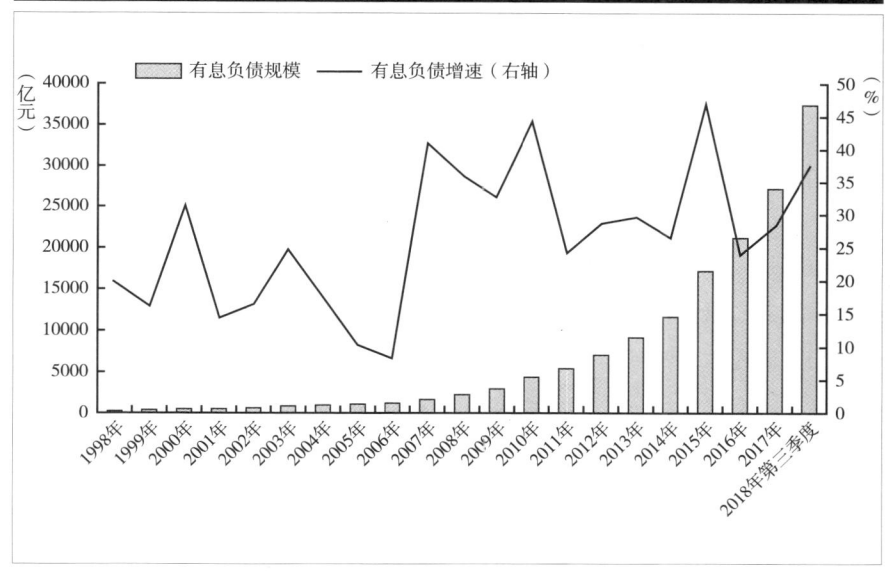

图 9-6 1998~2018 年 A 股上市房地产开发企业整体有息负债规模和增速

资料来源：WIND。

上涨带来巨大的财富效应使房地产行业收益率长期高于其他行业，房地产开发企业依靠大规模融资进行快速的规模扩张，利用高负债经营带来的杠杆效应最大化企业利润，有息负债规模快速增长。房地产开发企业有息负债规模的不断扩大，一方面表明房地产开发企业对房地产市场持续看好，不断加大房地产投资，并认为销售回款可以覆盖有息负债本息，对资金压力持乐观态度；另一方面意味着需要偿还的债务本息金额也在不断增加，企业偿债压力增大，财务风险在不断积累，房地产市场周期性波动导致房地产开发企业偿债能力减弱的风险也持续增大。

（二）偿债能力分析

1．短期偿债能力持续下降

短期偿债能力指企业偿还短期债务的能力，最常用的衡量企业短期偿债能力的财务指标是流动比率与速动比率。流动比率指流动资产与流动负债的比值，反映企业用可以快速转换为现金的流动资产偿还到期短期债务的能力，体现企业流动资产对短期负债的保障程度。速动比率指速动资产与流动负债的比值，速动资产为流动资产扣除存货等变现较难的资产后的余额，是流动比率的重要补充，可以更好地反映房地产开发企业短期偿债能力。一般认为，企业流动比率至少要大于1，理想的流动比率在2左右；企业速动比率至少要大于0.5，理想的比率在1左右。从我国A股上市房地产开发企业财务数据来看，行业平均流动比率[1]从2009年的峰值1.94持续下降到2018年第三季度的1.47，行业平均速动比率从2000年峰值的0.91持续下降到2018年三季度的0.52（见图9-7）。

虽然我国A股上市房地产开发企业的流动比率和速动比率指标均大于短期偿债能力的最低要求，但仍小于指标的理想数值，且速动比率数值接近经验值的最低要求。不断走低的流动比率和速动比率意味着短期偿债能力在明显下降，短期偿债风险在不断积累，若未来住房销售状况大幅下滑，房地产开发企业的流动资产中占比比较大的存货部分（2018年第三季度A股上市房地产开发企业平均存货占比为35.04%）无法快速转换为现金，房地产开发

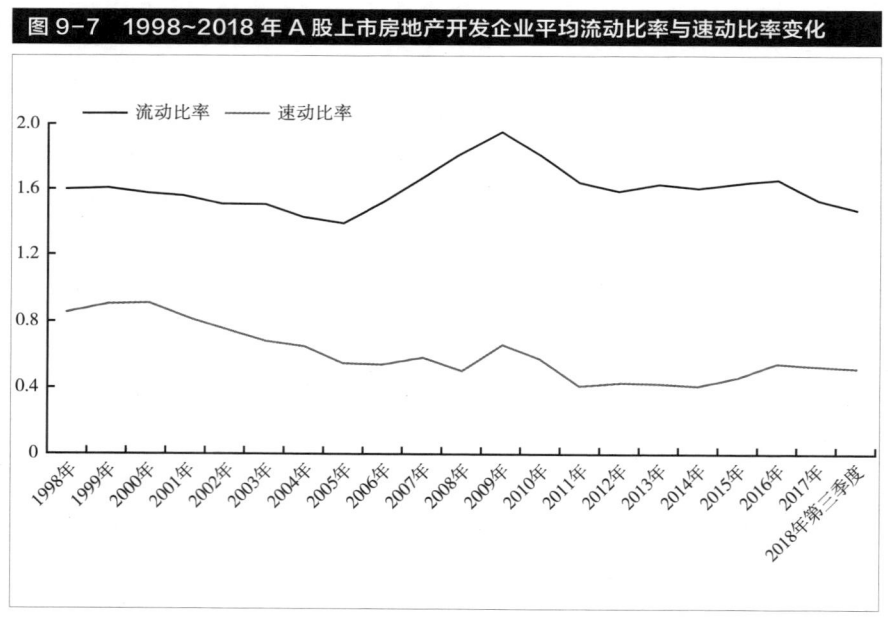

图9-7　1998~2018年A股上市房地产开发企业平均流动比率与速动比率变化

资料来源：WIND。

1　我们用110家A股上市房地产开发企业流动资产总额与流动负债总额的比值来计算房地产开发企业平均流动比率，本章其他房地产开发企业财务指标的平均数与此计算方法均相同。

企业很容易出现资金链紧张导致的短期债务违约。

2．长期偿债能力不断下滑

资产负债率指企业的负债总额与资产总额的比值，可以用来反映企业的债务水平和长期偿债能力，资产负债率高意味着企业的债务水平高而长期偿债能力弱。我们统计了110家A股上市房地产开发企业的加权平均资产负债率，考虑到我国新建住房大多实行预售制度，房地产开发企业负债中有较大部分为预收账款，传统资产负债率不能较好地反映其真实负债水平，我们还统计了A股上市房地产开发企业加权平均扣除预收账款后资产负债率和净负债率。其中，扣除预收账款后资产负债率为房地产开发企业负债扣除预收账款后的余额与总资产的比值，该指标剔除了预收账款对资产负债率的影响，可以认为是调整之后的资产负债率。但因其计算时在负债端扣除预收账款，资产端并未做相应扣除，会低估房地产开发企业负债水平，高估房地产企业偿债能力。而净负债率为房地产开发企业有息负债扣除企业货币资金后的负债余额与房地产企业净资产（所有者权益）的比值，剔除了预收账款等无息账款对资产负债率的影响，能更好地反映房地产企业的财务结构，更真实地反映房地产企业的杠杆水平，能更好地衡量房地产企业净资产对有息负债的覆盖能力。

从资产负债率来看，20多年来A股上市房地产开发企业加权平均资产负债率从1998年的45.74%上升到2018年第三季度的80.54%。从平均扣除预收账款后资产负债率来看，从1998年的41.92%上升到2018年三季度的59.92%。从净负债率来看，A股上市房地产企业加权平均净负债率从2009年的33.29%上升到2018年第三季度的151.59%（见图9-8）。从2018年第三季度A股上市房地产开发企业财报数据来看，资产负债率超过80%的房地产开发企业有35家，超过85%的企业有13家；扣除预收账款后资产负债率超过70%的房地产开发企业有44家，超过80%的房地产开发企业有16家；净负债率超过100%的房地产开发企业有48家。这表明2008年之后，我国房地产开发企业的偿债能力在不断下滑。

综合三个指标来看，2008年之后均呈现不断上升的趋势，且与一般企业相比，我国房地产开发企业这三个反映资产负债率的指标长期处于较高水平，仅次于商业银行和非银行金融企业，这表明我国房地产开发企业整体处于长期高负债经营状况，虽然高负债经营可以给房地产开发企业带来较大的财务杠杆效应，最大化企业利润，但也隐含较大的财务风险。尤其是加权平均净负债率在 2008 年之后上升速度较快，这意味着在去杠杆的宏观政策背景下，房地产开发企业杠杆率仍在不断提高，企业财务成本持续增加，债务偿付压力增大，长期偿债能力下降，资金链断裂的风险也在不断提高。在房地产市场快速发展时期，宽松的融资环境、持续上涨的房地产价格、理想的销售回款规模和利润规模，可以使房地产企业资金链顺利运转。一旦房地产市场需求减弱或者房地产融资环境大幅收紧，那些借助高杠杆激进扩张、负债率较高、债务结构不合理的房地产开发企业，尤其是中小型房地产开发企业就可能出现资金链断裂的情形，进而形成较大的债务违约风险。

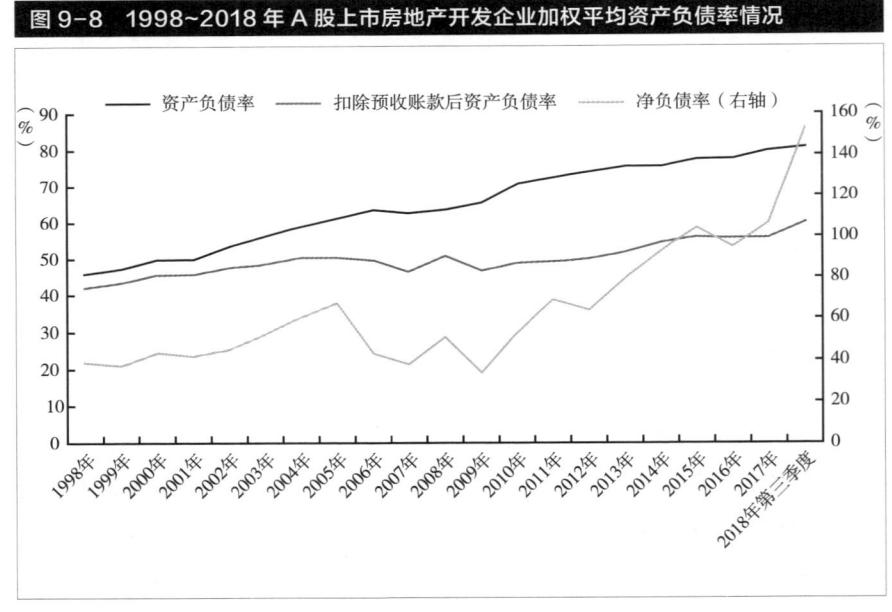

图 9-8　1998~2018 年 A 股上市房地产开发企业加权平均资产负债率情况

资料来源：WIND。

衡量企业长期偿债能力的一个重要财务指标是已获利息倍数（利息保障倍数），指企业息税前利润与利息支出的比值，反映企业经营性收益对债务利息的保障程度，一般情况下利息保障倍数越高，企业的长期偿债能力越强。通常认为，已获利息倍数最低值为 1，即企业经营性收入至少有偿还债务利息的能力，本金可以通过借新还旧向后展期，合理的已获利息倍数应在 3 以上。但从近几年的已获利息倍数来看，1999~2009 年 A 股上市房地产开发企业平均已获利息倍数在波动中不断提高，2009 年达到峰值 17.38 倍之后一直呈下行趋势，2018 年第三季度上市房企平均已获利息倍数为 5.26（见图 9-9）。已获利息倍数指标数值的不断下降，表明 A 股上市房地产开发企业长期偿债能力正在不断下滑。从这一指标来看房企的好日子在全球金融危机结束时就已经结束了。

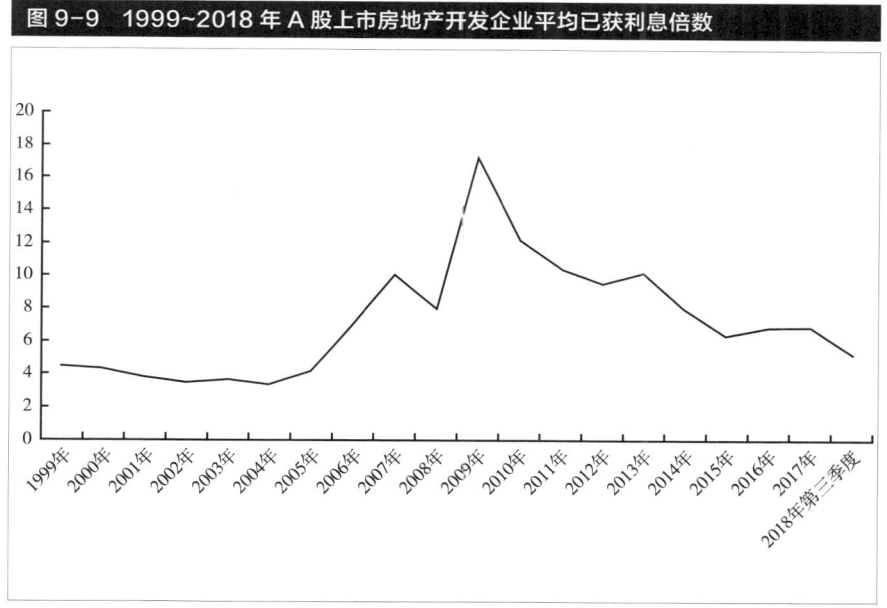

资料来源：WIND。

3．盈利略有好转，但正被高额债务侵蚀

企业经营性利润是债务偿还的重要来源，从净资产收益率来看，2007 年以来，我国 A 股上市房地产开发企业保持 10% 以上的平均净资产收益率，高于其他非金融上市公司平均净资产收益率（7.5% 左右），在整体宏观经济并不乐观的形势下，房地产行业的盈利增长情况相对乐观。从销售毛利率的时间序列来看，1999~2011 年房地产开发企业销售毛利率整体处于上升区间，2011 年达到 38.80% 的峰值后开始下降，这一指标反映的情况与已获利息保障倍数基本一致，即金融危机后国内房地产企业的经营状况已经大

不如前，可以说金融危机后房地产行业进入了"白银时代"。2016年之后，房地产企业的销售毛利率又有所上升，这主要受益于二线、三线城市的货币化棚改政策，而货币化棚改并不具有可持续性。另一个值得注意的现象是，净资产收益率的变动趋势与销售毛利率的变动趋势在2016年之前基本保持一致，而在2016年之后两者呈现喇叭口形走势。根据杜邦财务体系的分析，2016年之后销售所得并没有转化成股东利润，这意味着房企利润正被高额债务侵蚀，高杠杆模式面临不可持续的问题（见图9-10）。

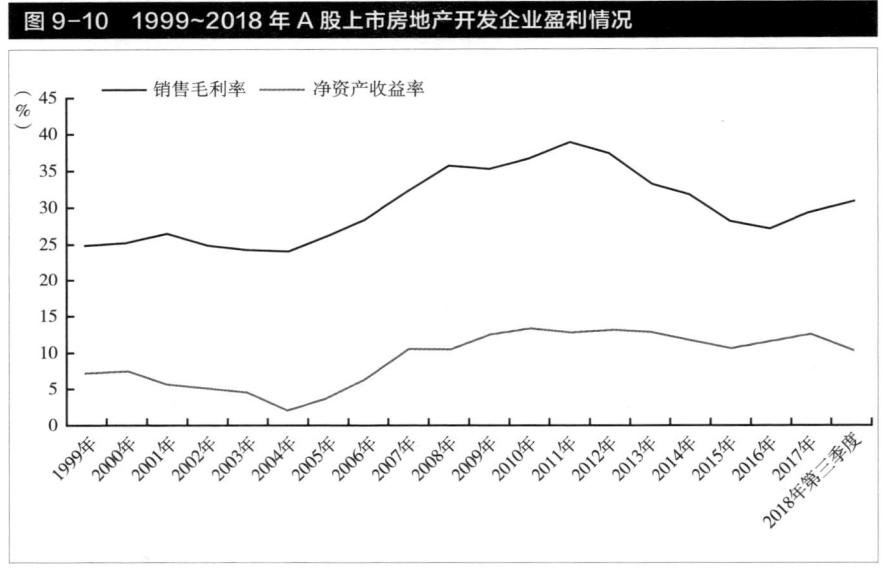

图9-10　1999~2018年A股上市房地产开发企业盈利情况

资料来源：WIND。

（三）融资环境趋紧

房地产市场是国家宏观调控的重点领域，房地产开发企业融资能力受融资环境影响较大。本轮房地产调控开始以来，房地产开发企业融资环境持续全面收紧，主要表现在以下几个方面。

第一，为防范和化解金融风险，控制房地产开发企业杠杆和负债规模的快速上升，商业银行提高了对房地产开发贷款的资质要求、发放门槛，2018年新增房地产开发贷款同比下降7.1%，房地产开发贷款额度进一步收紧，监管力度进一步加大。

第二,监管机构明确要求投向房地产行业的并购贷款必须按照穿透原则监管,受此影响并购贷款开始收紧。此外,金融监管机构加强了对房地产信托业务和非标融资的合规性监管,禁止信托资金违规进入房地产市场,2018年新增房地产信托融资规模大幅收缩。

第三,随着2016年10月《关于实施房地产、产能过剩行业公司债券分类监管的函》和2016年11月《关于企业债券审核落实房地产调控政策的意见》的相继发布,房地产开发企业公司债和企业债的发行政策全面收紧,2017年房地产行业信用债的发行规模同比下降66.26%,2018年房地产开发企业信用债的发行规模略有回升但主要被用于借新还旧,净融资额持续收缩。

第四,股权融资方面,2010年以来,房地产开发企业A股IPO基本陷入停滞,2017年证监会通过修改《上市公司非公开发行股票实施细则》来抑制资本市场过度融资和募集资金脱实向虚的现象,房地产开发企业通过增发进行股权融资的规模也大幅下降。

第五,在国内融资渠道全面收紧的背景下,海外融资成为房地产开发企业融资来源的重要补充。2018年5月《关于完善市场约束机制严格防范外债风险和地方债务风险的通知》发布,要求房地产开发企业境外发债主要用于偿还到期债务,房地产开发企业海外债券发行规模开始下降。融资环境的持续、全面收紧使房地产开发企业融资压力不断增大,部分扩张过快、负债水平过高或资信较低的中小型房地产开发企业可能会面临资金链断裂的风险。

三 房地产市场的系统性风险——基于横向关联的视角

无论是住户房贷还是房企开发贷,上文分析从时间角度表明其上升空间已经很有限,这意味着房价面临长期拐点,然而房价下跌不只是自身周期的修复问题,还关系到其他部门。目前,房地产市场已经将宏观经济、政府部门、金融体系捆绑在一起,是中国经济金融体系的系统重要性领域,其高度关联特性使房地产市场成为最大的"灰犀牛",其中蕴含的风险犹如"达摩克利斯之剑"高悬于中国经济之上。本节从横向关联的视角分析房地产市场与其他部门的风险共振效应。

（一）房价下跌直接影响稳增长

从投资视角看，房地产投资对 GDP 贡献巨大，一旦房价下跌，房地产投资将会大幅减少，从而引起经济增速的大幅下滑，从而影响稳增长的宏观诉求。2008~2016 年房地产投资对 GDP 的平均贡献率为 22.3%，最高时甚至达到 34.1%（见表 9-4）。

表 9-4　房地产投资对 GDP 直接贡献率

年份	房地产投资增量（亿元）	GDP 增量（亿元）	贡献率（%）
2008	7295	49283	14.8
2009	7213	29566	24.4
2010	14505	63949	22.7
2011	18031	76270	23.6
2012	16976	51067	33.2
2013	18740	54877	34.1
2014	12179	48730	25.0
2015	3148	45078	7.0
2016	8578	55075	15.6

资料来源：WIND，国家统计局，国家金融与发展实验室。

从消费视角看，房价下跌将通过财富效应引致消费驱动式衰退。目前，房地产在中国居民资产中占比最高，2016 年占比为 45.8%，同期美国仅为 24.41%（见图 9-11）；相比较而言，2016 年股票和证券投资基金在居民资产中的占比为 14.6%，同期美国则达到 32.79%。从这一数据来看，中国房价下跌产生的负面影响可能比美国次贷危机更深更广，在中国防范房地产市场风险比防范股票市场风险更加重要。

从产业关联视角看，房地产行业的关联产业众多，根据投入产出表的计算结果，房地产行业对各行业后向拉动效应为 2.11，前向推动效应为 10.23（见表 9-5），是各行业中与经济关联度最大的行业。因此房地产行业的衰退会通过产业链影响多个行业。

综上，房价下跌将通过投资、消费和产业关联对宏观经济产生直接的负面影响，导致共振式衰退。

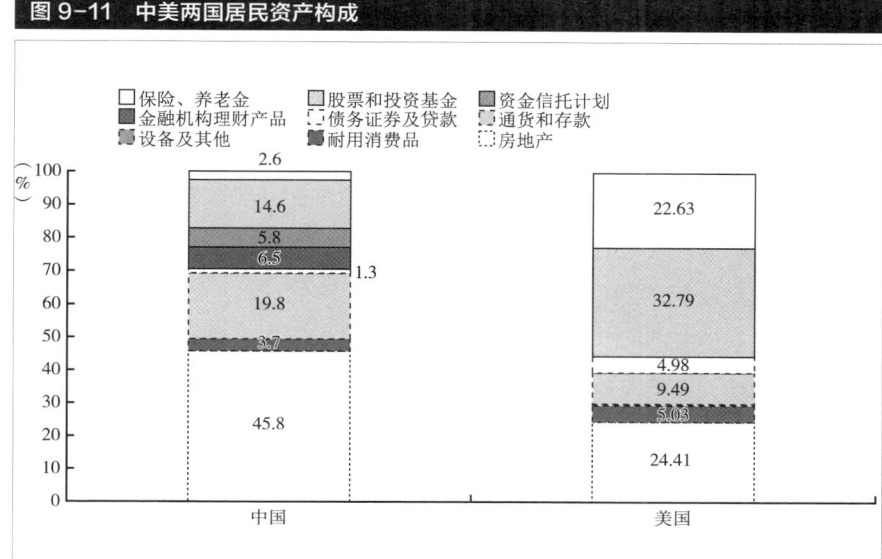

图 9-11 中美两国居民资产构成

注：资料来源 WIND，部分指标进行了合并，中国为 2014 年数据，美国为 2016 年数据。

表 9-5 2012 年不同行业的推动、拉动效应比较

行业	后向拉动效应	前向推动效应	总效应
房地产	2.1083	10.2261	12.3344
服务业	1.6709	9.5888	11.2597
化学化工	2.6954	8.3178	11.0132
黑色金属冶炼加工业	2.5437	8.3623	10.906
通信设备、计算机等	3.1918	5.9388	9.1306
电气机械及器材制造业	2.9282	5.1611	8.0894
有色金属冶炼加工业	2.5677	5.095	7.6627
汽车	2.9864	4.2654	7.2518
通用设备制造	2.6533	4.3325	6.9859
电力、热力生产业	2.2243	4.2112	6.4355

资料来源：原始资料来源于国家统计局，作者根据投入产出表数据计算。

（二）房价下跌累及地方财政和隐性债务

房价与土地财政之间关联密切，统计表明，住宅销售率与土地出让收入增速相关系数高达 80.1%，而土地出让收入约占地方可支配财力的 1/3。这使得地方政府有动力维持高地价、高房价，并向市场传递"房价不跌信仰"。在"房

价不跌信仰"的支撑下，地方政府投融资需求强烈，地方政府债务上升迅速。

我国政府债务风险表面上看并不高，但通过融资平台、购买服务、PPP、各类产业投资基金等形成的隐性债务规模巨大，风险水平远超国际警戒线。截至 2018 年 6 月，我国地方政府债务余额 15.99 万亿元，加入国债后的总债务余额为 29.76 万亿元，根据 BIS 的统计，我国政府部门杠杆率（包括中央政府）为 47.6%，远远低于发达国家平均水平，然而如果考虑隐性债务，地方政府的债务水平和杠杆率还是挺高的。我们仅考虑各省城投债，并假定各地 PPP 项目中 70% 的资金来源于债权融资，窄口径估算隐性债务的风险，结果表明 31 个省份中有 19 个省份的政府负债率高于 60% 的国际警戒线，贵州、青海、云南、内蒙古分别为 193.0%、175.3%、118.7%、106.9%，均超过 100%（见图 9-12）。

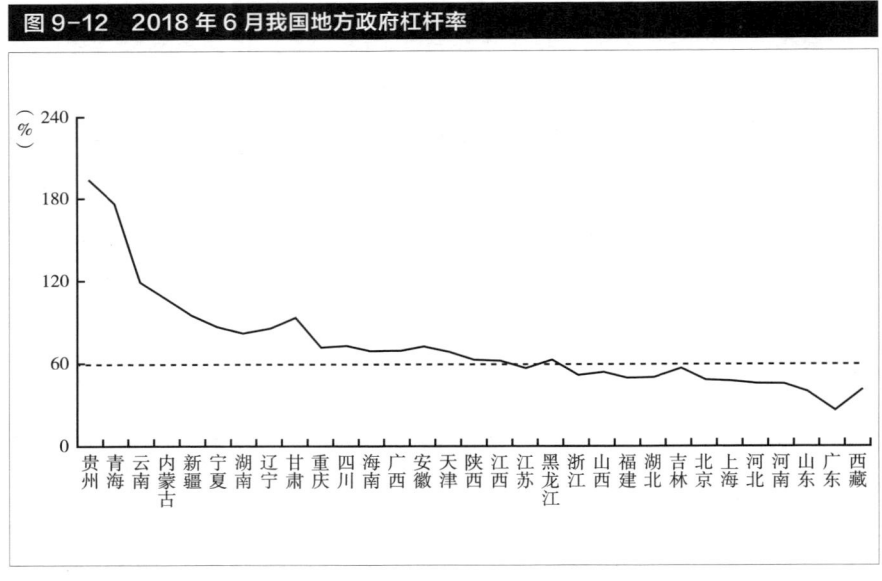

图 9-12　2018 年 6 月我国地方政府杠杆率

资料来源：国家金融与发展实验室测算。

大规模的隐性债务与房地产市场关联，一旦市场预期加速下跌，房地产风险将转换成财政风险。

（三）房价下跌危及金融安全

银行体系方面，四大国有银行在整个银行体系中的资产占比在 50% 左右，其个人住房贷款在整个银行体系中占比高达30%，因此房价大幅下跌将影响整个银行体系。从时间上看，工、农、中、建四大行的个人住房贷款余额分别于2008年、2013年、2014年和2008年成为本行贷款行业投向第一，此后一直保持首位，经过5~10年的发展，信贷对房价的杠杆支撑作用已十分明显。2017年四大行个人住房贷款余额分别为3.94万亿元、3.13万亿元、3.06万亿元、4.21万亿元，同期四大行对制造业的贷款余额分别为1.40万亿元、1.24万亿元、1.69万亿元、1.18万亿元，前者是后者的2~3倍，以上数据一方面表明银行对房地产支持过度，对实体经济支持相对不足；另一方面提醒我们应高度注意房价下跌引发的违约风险。

金融市场方面，房价下跌会影响房地产开发企业的资产负债表，引起股价下跌和债券违约；房价下跌会影响土地出让收入，进而影响平台公司和城投公司的现金流，进而造成违约。目前，房地产对金融市场的影响苗头已显现，2018年，中弘股份从A股市场摘牌，是5家退市企业中唯一的房地产开发企业。债券市场方面，2017年房地产开发企业零违约，2018年新增3家违约企业；城投公司方面，国有企业城投第六工程局公司违约10.5亿元。

从其他金融部门来看，信托业中投向房地产的资金信托余额在2018年第三季度达到2.62万亿元，占信托资金的13.4%；保险公司资金运用中其他投资在2018年底达到6.41万亿元，占资金运用的比例达到39.1%，其中大部分是投向房地产的；不太引人注意的是典当行业，2017年典当金额1516.0亿元，占当年发放当金总额的52.3%。

以上分析表明，房地产市场与多个部门横向联系紧密，房价下跌将通过宏观经济、地方政府债务、金融市场等多个渠道对实体经济造成负面冲击。

四 对策建议

（一）"稳"字当头，循序渐进降杠杆

房地产行业与宏观经济存在共振效应，与土地财政和多个金融部门密切关联，房地产政策可谓牵一发动全身。我们应认真反思2016~2017年的金融去杠杆政策，防止"防风险政策用力过猛"带来新的风险。针对依然严峻的房地产金融形势，应遵循"稳"字当头的原则，有重点有选择地降杠杆。

首先，住户部门杠杆上升空间有限，保持既有政策即可。一方面，居民购房意愿已明显下降，房价上涨预期也得以扭转；另一方面，个人住房贷款占国有银行贷款比例高达 30%，必须坚持"底线思维"，防止房地产风险向银行传导。其次，房地产企业应成为重点治理对象。房企既没有很好地落实"房子是用来住的"精神，又没有很好地执行去杠杆政策，必须通过整治房企违规行为维护中央权威。最后，关于地方政府的土地财政以及隐性债务问题，应针对不同城市采取分而治之的策略。

（二）重点治理房企高杠杆和违规囤地问题

首先，前期通过杠杆过度扩张的房企，如果已经出现资不抵债的情况，要让其风险充分暴露出来。债市上出现违约的要即时披露，股市上达到退市标准的要退市，通过市场向投资者传递房企风险的信息。其次，尚未出现资不抵债情形的房企，要严格落实"穿透式监管"，规范房企的"明股实债"行为，严格审查拿地资金来源，落实购地自有资金的规定。最后，对于购入后达到期限仍未开发的土地，采取政府收回或拍卖方式处理。

（三）地方政府隐性债务应分而治之

当前地方政府隐性债务主要集中在三线、四线城市，一线、二线城市相对并不严重。隐性债务扩张的根源在于地方政府的"房价不跌信仰"以及银行体系的"政府信用幻觉"。

三线、四线城市的治理策略是严格控制增量，妥善处理存量，其理由是三线、四线城市不是城市化的重点区域，房价上升空间有限。具体措施包括：首先，不再新增棚改计划，尤其不再实施货币化棚改；其次，加强金融的垂直领导，避免地方政府把金融当财政的错误观念；最后，动员民间资本进入基础设施和公共服务领域，盘活隐性存量债务。

一线、二线城市的治理策略是推动土地财政的增量改革，逐步化解隐性债务问题。具体措施是以集体土地建设租赁住房为抓手，形成村集体、地方政府、开发商分成共享的可持续发展机制，这不仅可以推动土地财政的增量改革，而且可将住房供给侧改革落到实处。相关配套措施包括：对个人出租房进行税收减免，扩大租赁市场，推动"租购同权、租购并举"制度落地。

第十章　住房租赁市场的金融支持*

- 从我国住房市场的格局以及城市化进程来看，我国住房租赁市场面临较大缺口。需求方面，流动人口和高校毕业生住房租赁需求持续增长，初婚年龄推迟增加住房租赁需求，限购政策间接影响住房租赁需求。我国目前流动人口 2.44 亿人，假定其中 2/3 是租赁人口，如月租金为 600 元 / 月，则租赁市场规模约 1.2 万亿元。供给方面，传统的以个人租赁为主的市场存在总量不足、房源结构性错配、住房品质低、中介不规范等问题。因此，我国住房租赁市场亟待引入专业化租赁机构，并提供相应金融支持。

- 2015 年以来，住房租赁市场快速发展，相应金融支持也迅速跟进。然而，快速发展中也存在诸多问题。金融支持的地域范围过于宽泛。2017 年 7 月，住建部等九部委出台的《关于在人口净流入的大中城市加快发展住房租赁市场的通知》中试点城市为 12 个，其中有些城市的常住人口过去 10 年基本持平，其中有些城市是人口净流出的，这样的城市显然不是金融支持住房租赁发展的重点区域。

- 个人端财政支持存在界限不清的问题。个人端的财政支持应仅限于低收入人群，而很多城市将租房补贴用于人才引进。引进的人才是有还款能力的，不应采取财政支持的方式。地方政府应用此法的目的实际上是通过"人才大战"突破限购政策，抬升房地产价格。

---

* 本章作者：蔡真，国家金融与发展实验室房地产金融研究中心主任、高级研究员，中国社会科学院金融研究所金融实验室副主任、副研究员；崔玉，国家金融与发展实验室房地产金融研究中心研究员。

- 个人端的金融支持存在乱象。对于有还款能力的租客而言，住房租赁贷款解决了期限错配问题，同时银行基于租客信用和场景形成了合理利润，得到多赢的结果。然而，一些长租公寓的不规范运营对市场产生了极大的负面影响。其一，存在掠夺性金融消费的情况。长租公寓并没有进行信息披露，也没有与租客进行充分的协商，大部分租客在不知情的情况下"被贷款"。其二，一些长租公寓利用租金收益权转移不清晰、租金消费贷款缺乏账户监管的漏洞，大肆收购房源扩张业务，甚至出现房屋空置与租金倒挂等现象，最后可能导致"暴雷"。

- 供给端存在过度扩张风险。从2017年开始，住房租赁证券化产品由数亿元规模迅速攀升到百亿元级别的储架发行规模。出现巨型股权融资，自如A轮的40亿元融资比此前最大规模的魔方公寓C轮融资3亿美元大一倍。目前，有多家租赁供给主体均提出了100万间长租公寓的运营目标，而参照发达国家情况，美国排名第一的公寓管理公司睿星（Greystar）成立于1993年，运行20年后管理公寓才达到40万间；日本排名第一的公寓管理公司大东建托（Daito）成立于1974年，运行40年后管理公寓才达到90万间。

党的十九大报告对住房市场进行了重新定位，"坚持房子是用来住的、不是用来炒的定位，加快建立多主体供给、多渠道保障、租购并举的住房制度，让全体人民住有所居"。这意味着在实践中加快租赁市场的发展成为下一阶段住房市场的工作重点。住房租赁这种持有方式具有资金规模大、占用期限长、资产流动性低的特点，自然离不开金融支持。本报告从三个方面分析金融如何支持住房租赁市场：首先，分析我国发展住房租赁市场的必要性；其次，考察金融支持住房租赁市场发展的国际经验；最后，指出当前我国金融支持住房租赁市场发展存在的问题并给出相关对策建议。

一 我国发展住房租赁市场的必要性

（一）我国住房租赁支持政策的出台背景及主要内容

自 1998 年全面深化住房制度改革，取消福利分房，实施住房商品化、货币化分配以来，购买住房是我国居民实现住有所居的主要途径，住房市场交易以买卖为主，保障房在整个住房市场中的比重由 2000 年的峰值 28.2%下降到 2008 年的 7.2%（见图 10-1）。在这个过程中，过度市场化的弊端

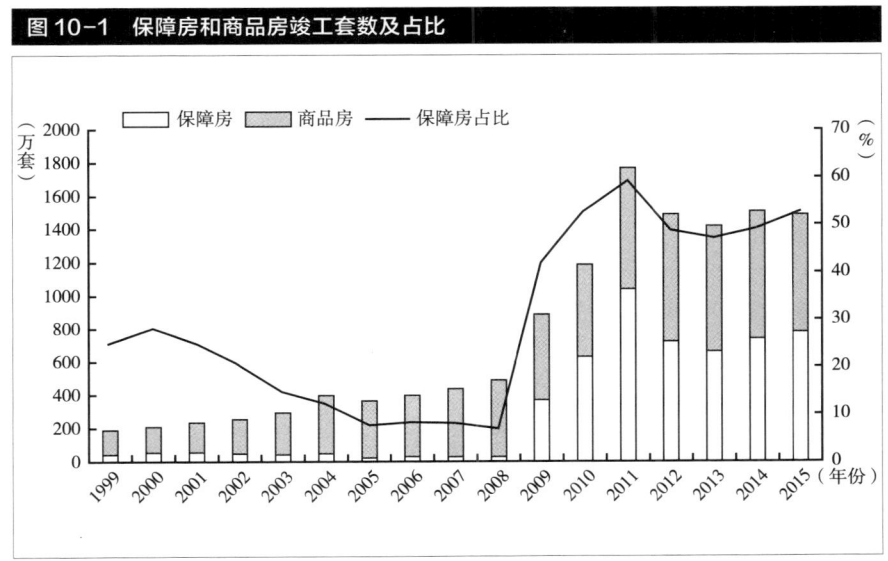

图 10-1 保障房和商品房竣工套数及占比

注：2008 年之前的保障房只包括经济适用房，2011 年之后的保障房数据为每年保障性安居工程的实际执行套数，2009~2010 年两者都包含。
资料来源：WIND。

逐渐凸显，房价泡沫积累严重。另外，随着城镇化进程的持续深入，流动人口总量不断增加，住房租赁需求也相应增加，这也使得我国住房市场"轻租重售"的结构性问题凸显。在此背景下，2015年以来，国家和地方政府陆续出台多项政策促进租赁市场发展、构建租售并举的住房制度，希望以此化解快速城市化过程中的租赁不足和高房价问题。

2014年3月，国务院发布的《国家新型城镇化规划（2014—2020年）》首次提出"租售并举"的概念。2015年1月，《住房城乡建设部关于加快培育和发展住房租赁市场的指导意见》（建房〔2015〕4号）进一步明确提出要"积极推进租赁服务平台建设，大力发展住房租赁经营机构，完善公共租赁住房制度，积极推进房地产投资信托基金（REITs）试点工作，拓宽租赁市场融资渠道，推动房地产开发企业转型并将其持有房源向社会出租，用三年时间基本形成渠道多元、总量平衡、结构合理、服务规范、制度健全的住房租赁市场"。自此发展住房租赁市场、建立租售并举的住房制度开始成为我国住房制度改革的重要内容。之后，中央及各部委按照指导意见的框架陆续出台了一系列支持政策，地方政府也积极跟进中央及各部委的部署，从供给、金融、财政等方面出台一些政策的实施措施和细则，具体来看可以概括为以下几个方面。

1．增加租赁房源供给

（1）鼓励住房租赁专业机构通过长期租赁或购买社会房源，直接向社会出租或根据市场需求装修改造后向社会出租，并积极引导经营住房租赁的机构从事中小户型、中低价位的住房租赁经营服务。

（2）支持房地产开发企业改变经营方式，从单一的开发销售向租售并举模式转变。鼓励有条件的房地产开发企业在新建商品房项目中长期持有部分房源，用于向市场租赁，或与经营住房租赁的企业合作，建立开发与租赁一体化、专业化的运作模式。支持房地产开发企业将其持有的存量房源投放到租赁市场，或转成租赁型的养老地产、旅游地产等。

（3）鼓励住房租赁国有企业将闲置和低效利用的国有厂房、商业办公用房等，按规定改建为租赁住房。改建后租赁住房的土地使用年限和容积率不变，土地用途调整为居住用地，水、电、气执行民用价格，并应具备消防安全条件。

（4）探索采取购买服务模式，将公租房、人才公寓等政府或国有企业的房源委托给住房租赁企业运营管理。

（5）在符合规划的前提下，鼓励利用集体建设用地以自主开发、合资合作等方式新建租赁住房。

2．完善租赁住房土地供给方式

（1）各地结合住房供需状况等因素，将新建租赁住房纳入住房发展规划，合理确定租赁住房建设规模，并在年度住房建设计划和住房用地供应计划中予以安排，引导土地、资金等资源合理配置，有序开展租赁住房建设。

（2）鼓励地方政府盘活城区存量土地，采用多种方式增加租赁住房用地有效供应。

（3）在超大、特大城市和国务院有关部委批准的12个试点城市，利用集体建设用地建设租赁住房，建立快速审批通道，允许自行开发运营、联营或入股运营集体租赁住房。

3．培育专业化住房租赁企业

（1）鼓励房地产开发企业、经纪机构、物业服务企业设立子公司拓展住房租赁业务，人口净流入的大中城市要充分发挥国有企业的引领和带动作用，支持相关国有企业转型为住房租赁企业。

（2）将住房租赁定位为"生活服务业"，对依法登记备案的住房租赁企业和机构给予税收优惠政策支持。房地产中介机构提供住房租赁经纪代理服务，适用6%的增值税税率；一般纳税人出租在实施营改增试点前取得的不动产，适用简易计税办法，按照5%的征收率计算缴纳增值税。

（3）加大在土地、规划、金融、财税等相关方面的政策支持力度，通过降低项目获取成本、拓宽融资渠道来提升住房租赁企业的营利空间和规模发展速度，调动住房租赁企业积极性，提高住房租赁企业规模化、集约化、专业化水平。

4．加大对住房租赁企业的金融支持力度

（1）打通间接融资渠道。鼓励商业银行和政策性银行开发适合住房租赁业务发展需要的信贷产品，在风险可控、商业可持续的原则下，合理测算未来租赁收入现金流，向住房租赁企业提供分期还本等符合经营特点的长期贷款和金融解决方案，给建设、购买、改建商品住房开展租赁业务的企业提供信贷支持。

（2）拓宽直接融资渠道。支持发行企业债券、公司债券、非金融企业债务融资工具等公司信用类债券，专门用于发展住房租赁业务。鼓励专业化、机构化住房租赁企业通过资产证券化的方式盘活资产，支持住房租赁企业建设和运营租赁住房。优先支持项目运营良好的发起人（原始权益人）开展住房租赁资产证券化，重点支持住房租赁企业发行以其持有的不动产物业作为底层支撑的权益类资产证券化产品，积极推动多类型具有债权性质的资产证券化产品，试点发行房地产投资信托基金（REITs）。

（3）支持金融机构创新针对住房租赁项目的金融产品和服务。

5．鼓励住房租赁消费

（1）落实租购同权。非本地户籍承租人可按照《居住证暂行条例》等有关规定申领居住证，在居住地享有义务教育、基本公共就业服务、基本公共卫生服务和计划生育服务、公共文化体育服务、法律援助和法律服务以及国家规定的其他基本公共服务。

（2）放宽提取住房公积金支付房租的条件，落实提取住房公积金支付房租政策，简化办理手续。职工连续足额缴存住房公积金满 3 个月后，本人及配偶在缴存城市无自有住房且租赁住房的，可提取夫妻双方住房公积金支付房租。

（3）推进公租房货币化，转变公租房保障方式，实物保障与租赁补贴并举。支持公租房保障对象通过市场租房，政府对符合条件的家庭给予租赁补贴，完善租赁补贴制度，结合市场租金水平和保障对象实际情况合理确定租赁补贴标准。

（4）制定出台人才政策，向在城镇稳定就业的外来技工人员、新就业大学生和青年医生、青年教师等专业技术人员提供人才住房租赁补贴。

（5）推进个人所得税改革，将个人承租住房的租金支出纳入个人所得税专项附加扣除项。

表 10-1 列出了国家层面的支持住房租赁市场发展的政策。

表 10-1　国家层面支持住房租赁市场发展的政策汇总

时间	文件或会议	发布部门	政策要点
2014 年 3 月 16 日	《国家新型城镇化规划（2014—2020 年）》	中共中央、国务院	实行租售并举、以租为主，大力发展住房租赁市场，推进住房供应主体多元化，满足市场多样化住房需求。调整完善住房、土地、财税、金融等方面政策，共同构建房地产市场调控长效机制

表 10-1　国家层面支持房租赁市场发展的政策汇总　　　　　　　　（续表）

时间	文件或会议	发布部门	政策要点
2015年1月6日	《关于加快培育和发展住房租赁市场的指导意见》（建房〔2015〕4号）	住建部	建立住房租赁信息政府服务平台，培育经营住房租赁机构，支持房地产开发企业将其持有房源向社会出租，积极推进房地产投资信托基金（REITs）试点，完善公共租赁住房制度（货币化租赁补贴）
2015年1月20日	《关于放宽提取住房公积金支付房租条件的通知》（建金〔2015〕19号）	住建部、财政部、中国人民银行	职工连续足额缴存住房公积金满3个月后，本人及配偶在缴存城市无自有住房且租赁住房的，可提取夫妻双方住房公积金支付房租
2015年11月22日	《国务院办公厅关于加快发展生活性服务业促进消费结构升级的指导意见》（国办发〔2015〕85号）	国务院办公厅	积极发展短租公寓、长租公寓等服务业细分业态，首次将住房租赁定位为"生活服务业"，可享受相应政策支持
2015年12月21日	中央经济工作会议		要加快住房租赁市场立法，鼓励发展以租赁为主营业务的专业化企业
2016年2月2日	《国务院关于深入推进新型城镇化建设的若干意见》（国发〔2016〕8号）	国务院	建立租售并举的城镇住房制度，加快发展专业化住房租赁市场，通过实施土地、规划、金融、税收等相关支持政策，培育专业化市场主体，引导企业投资购房用于租赁经营，支持房地产企业调整资产配置并持有住房用于租赁经营，引导住房租赁企业和房地产开发企业经营新建租赁住房
2016年3月5日	2016年政府工作报告	国务院	建立租售并举的住房制度
2016年6月3日	《关于加快培育和发展住房租赁市场的若干意见》（国办发〔2016〕39号）	国务院办公厅	在国家层面明确住房租赁市场的发展目标和培育重点，并出台系列措施支持和规范租赁市场发展
2016年12月19日	中央经济工作会议		要坚持"房子是用来住的、不是用来炒的"定位，加快住房租赁市场立法，加快机构化、规模化租赁企业发展
2017年5月19日	《住房租赁和销售管理条例（征求意见稿）》	住建部	鼓励专业化住房租赁企业长期经营，明确界定出租人与承租人的权利义务，切实保证租客利益

表 10-1 国家层面支持房租赁市场发展的政策汇总 （续表）

时间	文件或会议	发布部门	政策要点
2017年7月20日	《关于在人口净流入的大中城市加快发展住房租赁市场的通知》（建房〔2017〕153号）	住建部等九个部委联合发布	人口净流入的大中城市要大力发展住房租赁业务，选取广州、深圳、厦门等12个城市开展住房租赁试点，明确培育规模化住房租赁企业、建设政府住房租赁服务平台、增加租赁住房有效供应、加大财政金融支持力度等试点内容
2017年8月7日	《关于在企业债券领域进一步防范风险加强监管和服务实体经济有关工作的通知》（发改办财金〔2017〕1358号）	国家发改委办公厅	积极组织符合条件的企业发行企业债券，专门用于发展住房租赁业务
2017年8月21日	《利用集体建设用地建设租赁住房试点方案》（国土资发〔2017〕100号）	国土资源部、住建部	在超大、特大城市和国务院有关部委批准的试点城市利用集体建设用地建设租赁住房，建立快速审批通道；允许自行开发运营、联营或入股运营集体租赁住房
2017年10月18日	党的十九大报告		加快建立多主体供给、多渠道保障、租售并举的住房制度，让全体人民住有所居
2018年2月6日	中国人民银行工作会议		明确提出央行今年工作的主要任务包括"完善住房金融体系，建立健全住房租赁金融支持体系"
2018年3月5日	2018年政府工作报告		坚持"房住不炒"定位，落实地方主体责任，建立健全住房长效机制。培育住房租赁市场，加快建立多主体供给、多渠道保障、租售并举的住房制度，让广大人民群众早日实现安居宜居
2018年4月5日	《关于推进住房租赁资产证券化相关工作的通知》（证监发〔2018〕30号）	证监会和住建部	鼓励专业化、机构化住房租赁企业开展资产证券化，明确了开展住房租赁资产证券化的基本条件，优先支持大中城市、雄安新区等国家政策重点支持区域和利用集体建设用地建设租赁住房试点城市的住房租赁项目开展资产证券化，并提出加强对住房租赁资产证券化的监管

表 10-1 国家层面支持房租赁市场发展的政策汇总 （续表）

时间	文件或会议	发布部门	政策要点
2018年5月22日	《关于进一步做好房地产市场调控工作有关问题的通知》（建房〔2018〕49号）	住建部	要大幅增加租赁住房、共有产权住房用地供应，确保公租房用地供应。力争用3~5年时间使公租房、租赁住房、共有产权住房用地在新增住房用地供应中的比例超过50%
2018年6月19日	农村集体产权制度改革新闻发布会	农业农村部	在符合规划的前提下，利用闲置的各类房产设施、集体建设用地等，以自主开发、合资合作等方式发展租赁物业

资料来源：中央及各部委网站。

（二）我国住房租赁市场需求端分析

1．流动人口推升住房租赁需求

根据城市化发展规律，城市化可分为三个阶段。初始阶段：城市人口占总人口的比重在30%以下，城市化人口以当地人口的自然增长为主。加速发展阶段：城市人口占总人口的比重为30%~70%，这一阶段的城市化人口以由农村向城市转移以及由小城市向特大城市转移的人口为主。稳定阶段：城市人口占总人口的比重在70%以上，这一阶段城市化进程放缓，城市化人口以向郊区转移和形成城市带为主。截至2017年底，我国常住人口城市化率为58.52%（见图10-2），尚处于城市化的第二阶段，大量居民离开农村或原来居住的城市，自有住房因为远离自己的工作场所，已经无法满足自身居住需求，持续大规模的流动人口必然会带来巨大的住房租赁需求。

流动人口主力之一是新增高等教育毕业生。从历年本专科和研究生毕业生总数来看，2017年高等教育毕业生共852.8万人，这些毕业生除部分继续求学深造外，大部分成为住房租赁需求的主力（见图10-3）。

2．初婚年龄推迟增加住房租赁需求

"成家"是首次"置业"最重要的推动因素。在学历制度长、就业压力大、高等教育普及率提高、人均寿命增加和住房价格逐年上涨等诸多因素的作用下，我国人口平均初婚年龄逐年提高。相关社会调查数据表明我国人口

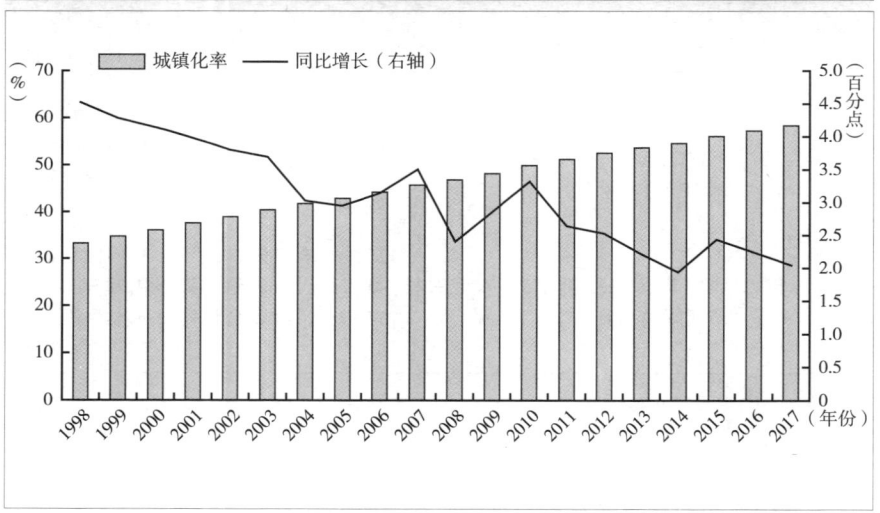

图 10-2 我国城镇化率（1998~2017 年）

资料来源：WIND。

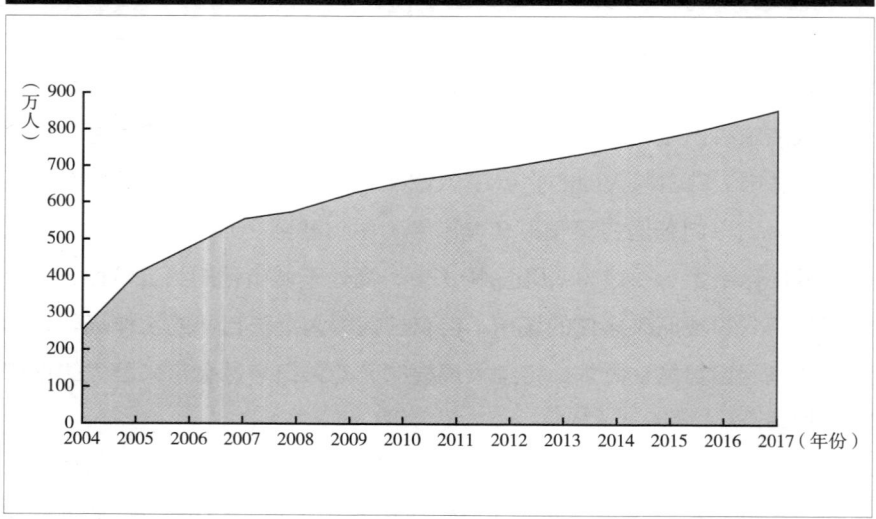

图 10-3 我国历年高等教育毕业生数量

资料来源：WIND。

平均初婚年龄从 20 世纪 70 年代的平均 21 岁左右，提高到 2010 年的 25 岁左右（见图 10-4）。最新的调查数据表明，目前我国平均初婚年龄已经超过 26 岁，部分经济发达地区如江苏、上海等的平均初婚年龄更在 30 岁以上，有的城市甚至平均为 34 岁以上。平均初婚年龄的逐年提高

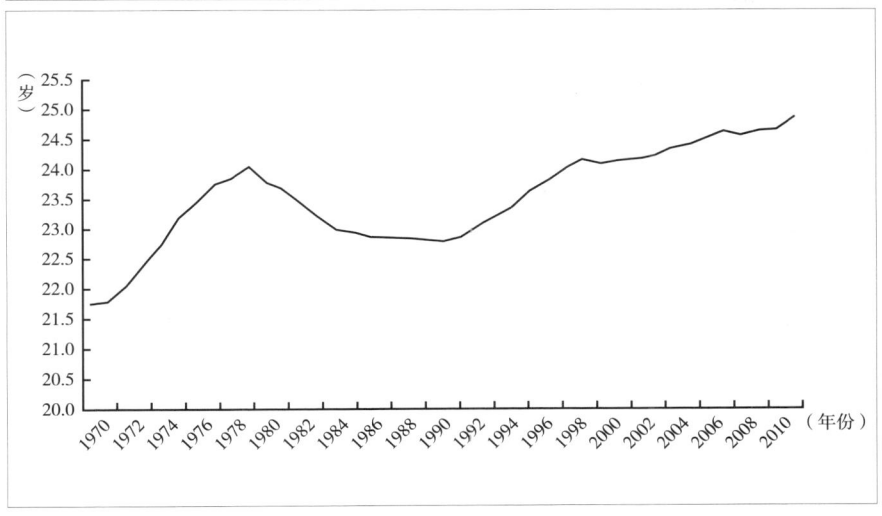

图 10-4　1970~2010 年我国人口平均初婚年龄

资料来源：李建新、王小龙《人口生育政策变迁与初婚风险——基于 CFPS2010 年调查数据》，《人口学刊》2017 年第 2 期。

导致购买住房年龄推迟，这将延长个人租赁住房的时间，进而间接增加住房租赁需求。

3．限购政策间接影响住房租赁需求

随着城市化进程的加快，一线城市房价出现了快速上涨的局面。以北京为例，二手住房平均成交价格从 2008 年初的 12479 元/平方米快速上涨到 2018 年 7 月的 63711 元/平方米，年平均增长率达到 39.10%（见图 10-5）。为控制热点城市住房价格过快增长，2015 年以后，部分城市采取了限售、限购、限贷的措施，截至 2018 年 6 月，出台限购、限贷政策的城市和地区已有 73 个，出台限售政策的城市和地区已有 52 个。这些政策导致部分购房者虽然有经济能力，但是没有购房资格，其居住需求被迫从住房购买市场转移到住房租赁市场。

4．从需求端看租赁市场规模巨大

总的来说，我国的住房租赁需求逐年增加，主要是因为城镇化带来大量人口在城市间流动，房价高企、限购限贷又将部分住房需求从住房购买市场转移到住房租赁市场，从而增加租赁人口，同时晚婚导致置业年龄延迟，进一步延长个人住房租赁的时间，间接增加租赁需求。从我国目前 13.9 亿人

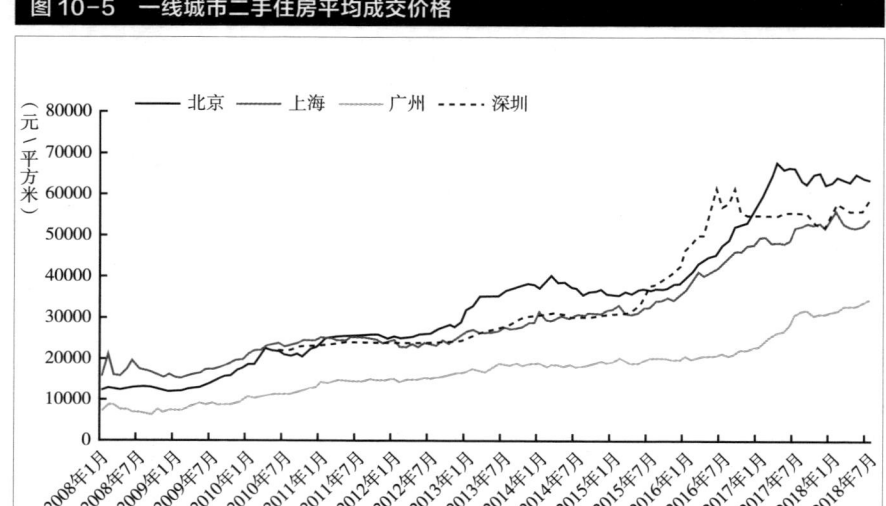

图10-5 一线城市二手住房平均成交价格

资料来源：国家金融与发展实验室。

口的总数来看，其中流动人口有 2.44 亿人，流动人口中又有大约 1.68 亿人为住房租赁人口，约占总人口的 12.1%，按人均 600 元/月的租金来估算，目前我国住房租赁市场规模约为 1.2 万亿元。参照美、英、德、日等发达国家住房租赁人口占总人口的比重在 30%~40% 的国际经验来看，我国住房租赁市场发展空间巨大。

（三）我国住房租赁市场供给端分析

1. 传统住房租赁模式的痛点

第六次全国人口普查数据显示，大约有 89.5% 的租赁住房由私人房东提供。传统的住房租赁供给模式为房东直接将自有闲置住房出租或"二房东"取得居民闲置住房后转租出去，专业化程度较低。这样一种以非职业化、非专业化出租人为主体的租赁住房供给，在很大程度上导致我国住房租赁市场长期存在一系列问题。

（1）租赁住房总量供给不足

表现在两个方面：第一，北京、上海、深圳等房价绝对水平高、流动人口占比高、人口总量大的城市，房屋存量与租赁需求本身即存在刚性的缺口，依靠传统私人房东将闲置住房用于租赁会导致租赁住房的实际和潜在供给能力都相对有限；第二，大部分二线、三线城市，虽然房屋存量相对较多，但是房价收入比很高，随着我国城镇化的持续推进，面对未来持续的人口净流入，其租赁供应的潜在能力十分有限，将远远无法满足持续增长的住房租赁需求，存在巨大的租赁住房缺口。

（2）租赁房源供需错位

目前，我国住房租赁市场上可供出租的房屋主要是居民闲置住房，此类住房在建造时以销售为目的，通常考虑住户家庭较长时间的生活需要，多以2~3房户型为主。而目前我国住房租赁市场应首先满足中低收入者因买不起住房而被迫产生的住房租赁需求，此类承租人属于高度价格敏感型，倾向于选择"小户型、低租金"的住房，租赁房源供给与需求错位，因此小户型租赁住房长期供不应求。在一些特大城市，部分外来务工人员甚至只能按床位承租住房，近年来屡禁不止的"群租房"现象正是租赁住房供需错位的必然表现。

（3）租赁房源品质待提升

在租赁市场占据主导地位的私人房东出租的房源类型多样，有商品房、保障房、老式公房、农村自建房、回迁房、小产权房等。据统计，商品房占比仅有40%左右，其他租赁房源普遍存在配套设施不足，房屋设计不符合居住需求，房源品质不佳等问题。租赁房源总体品质低，与以"85后""90后"为主体的新生代承租人对租赁住房品质要求的不断提升之间存在较大矛盾，房源品质亟待提升。

（4）承租人权益难保障

租房合同一般未经房管部门备案，产生纠纷时协调困难，且租户多处于弱势地位。主要表现为：租期不稳定，经常发生房东提前解约情形；租金调整频率高，上涨过快；租户入住后常常面临各种问题，比如房屋设备老化损坏而私人房东不予修理，房东擅自进入租赁住房等。一线、二线城市住房租赁市场基本处于卖方市场阶段，与出租人相比，承租人在经济实力、合同利益、市场地位等方面处于明显的弱势地位，在租赁过程中的谈判能力较低，加上目前租赁权益维护机制不完善，一旦发生租赁纠纷，私人房东违约成本较低，而承租人维权成本较高，租赁权益得不到有效保障。

（5）中介服务不规范

住房供给主体以私人房东为主，市场分散化造成租赁市场信息不对称问题严重，承租人对住房信息的了解只能借助住房租赁中介机构。而我国缺乏中介服务标准，中介行业准入门槛较低，从业人员良莠不齐，导致中介服务行为不规范，欺骗、误导、坑害出租人或承租人的现象时有发生，一些"黑中介""黑二房东"既不备案，也无资质，中介服务得不到保障，严重扰乱住房租赁市场。主要表现为：发布虚假房源信息，隐瞒重要事项，做出不实承诺；随意抬高租金，收取高佣金，扣留租房押金；私自进行隔断，违规"群租"，安全隐患大。这些行为直接导致住房租赁中矛盾纠纷多，投诉率常年居高不下。

2．专业化住房租赁企业应运而生

（1）以长租公寓为代表的专业机构的优势

从发达国家的经验看，住房租赁市场的专业化、规模化程度越高，即专业化住房租赁机构持有房源在住房租赁供给市场占比越高，租赁住房的居住稳定性和租赁住房品质越能得到比较好的保证。住房租赁机构化、规模化、专业化经营可以有效化解承租人面临的痛点问题，提升租赁服务水平、稳定租赁关系、规范租赁行为、提高居民租赁体验、推进住房供应主体多元化，进而促进住房租赁市场发展，满足市场多样化住房需求。长租公寓是发展健康住房租赁市场的重要举措，住房租赁市场长期以来散、乱的现状，也将因长租公寓的推出而得到有效缓解，专业化运营长租公寓的住房租赁企业也就应运而生。传统私人房东住房租赁模式与专业化住房租赁企业模式的对比情况见表10-2。

表10-2 传统私人房东住房租赁模式与专业化住房租赁企业模式对比

模式	传统私人房东住房租赁	专业化住房租赁企业
房源信息	中介、租赁信息网站，虚假信息多	住房租赁企业官网及App，信息真实
租金透明度	房东或中介定价，可能与租赁信息网站发布或中介给出的价格不一致，价格虚假不透明，但可能有一定的弹性	明码标价，透明度高，但普遍高于传统私人房东住房租赁
中介手续费	无（房东直租）或一个月租金（通过中介）	无
装修品质	品质参差不齐	装修风格统一，通常高于市场平均水平，符合年轻人的审美

表 10-2 传统私人房东住房租赁模式与专业化住房租赁企业模式对比 （续表）

模式	传统私人房东住房租赁	专业化住房租赁企业
家具家电配置	老旧或配置不全	全新且配置齐全
日常保洁	无	配有管家和保洁，定期进行公共区域保洁
水电维修	需自行寻找维修人员，并需要垫付维修费用，事后与房东协调报销事宜	通过 App 或向管家报修，长租公寓运营商会派专人维修，非人为损坏不用承担费用
配套公共设施	无	集中式长租公寓会配套健身房、图书馆、俱乐部等公共服务设备
社区、社交概念	无	集中式长租公寓通常体现较强社区、社交概念
租金、水电费支付	方式不尽相同，通常操作烦琐	与互联网结合，统一在 App 平台上缴纳，可以信用支付

资料来源：根据公开资料整理。

（2）长租公寓运行现状

从中央和各级政府机构出台的一系列政策来看，长租公寓市场将会迎来爆发式增长，这将给中国的房地产领域带来革命性的发展。在租赁崛起的大背景下，长租公寓迎来发展的黄金期，在万亿元级市场前景的吸引下各路资本纷纷涉足住房租赁业。

从资本运作层面看，主要可划分为重资产和轻资产两种模式。重资产模式是企业通过自建、购买获得租赁房源或对已经持有的住房进行装修和改造后对外出租，如万科旗下的泊寓、魔方公寓等；轻资产模式是企业通过租赁获得租赁房源的使用权，在和住房所有者（房东）签订的租约期限内，企业对住房进行装修和改造后对外出租获得差价收入，住房所有权仍归房东，如自如旗下的自如友家、我爱我家旗下的相寓等。相较而言，重资产模式前期资金投入和要求更高，但企业在后期不仅可以获得经营收益，还持有资产升值收益；轻资产模式前期资本沉淀较少，利于企业在短期内快速扩张，但获利方式较为单一，主要靠赚取租金差价获益。

从空间分布看，可分为集中式公寓和分散式公寓两类。集中式公寓以整栋建筑为基本单位，持有或租赁整栋住宅或社区，并进行改造设计和装修管理，运营成本较低，通过提供公共场所以及一些社群活动提升用户体验，如自如旗下的自如寓、龙湖冠寓、you+公寓、新派公寓、V领地青年社区等，但找到合适的楼盘物业并不容易，因此该模式下公寓规模扩张速度较慢。分散式公寓以房间为基本单位，分散于城市不同区域，优势是便于进行规模扩张，形成辐射面；劣势则是不方便规模化设计和集中施工，不便于提供公共设施，如自如友家、相寓、嗨住等。因为集中式公寓一般楼盘物业租赁期限更长、装修管理成本更低、统一管理下的安保能力更强且在扩大房源、抑制房价上具有更大可能性，因此一般来说集中式公寓更具营利空间。

目前，长租公寓市场上最主要的五类常规市场参与者有房地产开发商类、政府和国有企业类、中介类、酒店类、互联网和创业类，它们在各自的领域里有不同的优势。

房地产开发商类长租公寓企业，如万科泊寓、龙湖冠寓、旭辉领寓等，其可以充分利用母公司手中的闲置自持住房进行升级改造，同时借助集团整体的信用进行低成本融资。开发商背景的长租公寓企业凭借"富二代"的高起点在长租公寓领域占据先发优势，借助品牌的价值进行对外扩张，在长租公寓市场中是十分有力的竞争者。

政府和国有企业类长租公寓企业，如深圳安居集团、首开股份、淀山湖集团和西部集团等，其凭借在资源整合方面（包括各类存量房、土地、资金）的优势，响应国家政策号召，纷纷投入长租公寓的新"蓝海"。

中介类长租公寓企业，如链家的自如和自如寓、我爱我家的相寓等，主要由租赁中介业务延展而来，有天然的客源和分散式房源获取渠道。中介背景的长租公寓商主要以分散式公寓切入市场，将长租公寓作为租赁中介业务的变形投入市场，以期获得更高的收益空间，并逐步增加集中式公寓的比重，更好地发挥资金和客源优势，同时以集中式公寓为据点发展周边分散式租赁的托管服务，以轻重结合的方式进行扩张。

酒店类长租公寓企业，如华住的城家、窝趣的铂涛等，其主要优势在于住客和存量物业的管理经验比其他市场参与者丰富，运营效率有先发优势，并且在物业资源端与开发商相似，酒店集团也拥有较多存量物业可进行改造以转变物业运营功能，目前其业务主要集中在高端长租公寓领域。

互联网和创业类长租公寓企业是目前长租公寓领域中数量最多的参与

者，与其他市场参与者相比，它们在资源端和资金端都没有先发优势，但经营思路和方式灵活，通常能在一个细分领域中实现超速跨越。对于互联网和创业类长租公寓企业而言，领导者对细分市场的敏锐选择、商业模式的适应性、团队的执行能力都是重要的市场竞争武器。

除此之外，金融和互联网巨头等其他新型主体也通过建立住房租赁平台的方式参与进来，比如，支付宝正式推出信用租房模式，中国银联与沈阳、武汉签署住房租赁服务平台合作协议，京东成为北京住房租赁市场支持平台合作方。

二　金融支持住房租赁市场发展的国际经验

由于租金的回收期长、金额小，而专业化机构新建或收购租赁住房都需要大规模资金，因此住房租赁市场的发展离不开金融的支持。以下我们考察美国、德国、英国的金融体系如何支持住房租赁市场发展。

（一）美国金融体系如何支持住房租赁市场

1．美国住房租赁市场的现状和特点

美国是住房租赁市场发展最为成熟的国家，截至 2018 年 3 月末，美国共有在用住宅 1.20 亿套，其中，自有住宅 7697.8 万套，占比 64.16%；租赁住房 4300.1 万套，占比 35.84%。按供给形式分，租赁住房又可以分为社会租赁和市场租赁两大类。社会租赁一般由政府或非营利组织持有运营；市场租赁的供给主体主要是个人投资者和机构投资者。根据 2015 年的数据，美国约有 251 万单元的公共住房或其他基于项目租赁援助的住房，215 万单元的由联邦政府低收入住房税收抵免（Low Income Housing Tax Credits, LIHTCs）资助的住房，240 万单元的租房者通过获得的住房选择券加入租房行列，他们可以在私人住房租赁市场中自由选择租赁住房。虽然有不少租户是通过政府的援助获得租赁住房的，但从表 10-3 列出的 2015 年美国住房租赁市场补贴情况可以看出，约 83.8% 的租赁住房并未享受政府补贴，这说明美国的住房租赁市场是一个市场主导的市场。

表 10-3　2015 年美国住房租赁市场补贴情况

联邦政府补贴情况	住房数量（单元）	占比（%）
无补贴	36822095	83.8
住房选择券	2447016	5.6
公共住房或其他基于项目租赁援助的住房	2509520	5.7
LIHTCs（低收入住房税收抵免）	2151369	4.9
补贴	7107905	16.2
租赁住房总数	43930000	100

资料来源：Department of Housing and Urban Development，2015。

美国的租赁住房主要分布在大都市地区（Metro-Area），2016 年美国大都市地区共有租赁住房 3871.9 万套，占比 88.32%，其中，其他城市共有租赁住房 1833.7 万套，占比 41.83%（见表 10-4）。这一分布特点符合城市化过程中流动人口集中于大城市的规律。尽管美国的住房租赁市场是一个以个人投资者为主体的市场，但大都市地区租赁市场是以机构投资者为主的市场，根据美国人口普查局的统计，在 5~49 单元住房租赁市场中，REITs 和私募投资公司占比分别达到 6% 和 43%；50 单元及以上住房租赁市场中，两者占比分别为 11% 和 63%。在大都市地区开展住房租赁经营必须采取规模化经营的思路，这也是市场由机构主导的原因。以下我们考察机构投资者依托的住房租赁金融体系。

表 10-4　美国租赁住房的分布情况　　　　　　　　　　　　单位：千套

地区		单户家庭住房		多住户家庭住房						移动房屋/其他	合计
		独立式住宅	联立式住宅	2 单元	3~4 单元	5~9 单元	10~19 单元	20~49 单元	50 单元及以上		
大都市地区	主要城市	4294	1280	1519	2270	2551	2516	2210	3508	234	20382
	其他城市	5908	1336	1295	1742	2058	1970	1257	1720	1051	18337
非大都市地区		2265	174	440	499	427	255	219	167	671	5117

资料来源：JCHS tabulations of US Census Bureau, *2016 American Community Survey 1-Year Estimates*。

2. 美国住房租赁市场供给端的金融支持

（1）私募股权投资工具（Private Equity Vehicles）

房地产领域的私募股权投资工具又称为私募股权房地产基金（Private Equity Real Estate fund，PERE 基金），它一直以来都是创造和保持美国中低收入家庭住房可负担性的重要力量，PERE 基金是指通过非公开方式，面向少数高净值客户或机构投资者募集资金而设立的，以房地产为投资对象，从事房地产的收购、开发、管理和营销获得收入的集合投资制度，追求稳定连续的投资收益。需要注意的是，PERE 基金的大部分收购和开发活动针对的是私人持有的房地产。房地产企业或其他企业通过私募股权投资工具获得资本，然后获取和修缮租赁住房，并保证租赁住房对于收入处于"地区收入中位数"（Area Median Income，AMI）80%~100% 的家庭是可负担的。私募股权基金的主要目标是通过操作层面的亲为管理（Hands-on management，基金积极介入被投资企业的管理）来创造和提高价值。

PERE 基金能够吸引大量资金促进住房租赁市场发展的原因在于：第一，PERE 基金直接拥有所投房产的股权，直接所有权可以在更大程度上控制投资方向以及资产管理活动，能够更好地实现投资策略和投资目标，使投资者获得高于市场一般水平的收益；第二，PERE 基金致力于实现价值创造和利益重组，PERE 基金管理人通过对所投资房地产项目进行重新包装，比如对所投资租赁住房进行修缮或精装修等，以提升租赁住房价值，还可以将不同的房地产项目重新打包销售，或者对某一项目按比例分拆销售、出租，分拆后的价值会高于原价值；第三，PERE 基金的回报率与固定收益和股票市场的相关性很低，波动性较低；第四，PERE 基金具有灵活便捷的退出方式，既可以在所投房地产销售完毕后清盘退出，也可以将资产在非公开市场转让给其他投资者。

（2）房地产投资信托基金（Real Estate Investment Trusts，REITs）

REITs 是美国国会于 1960 年创立的，支持小规模投资者投资于创收商业、工业以及住宅地产的一种投资工具，REITs 为房地产开发商即租赁住房运营商提供了长期的融资机制。住宅 REITs 是 REITs 的一种创新方式，鼓励机构投资者投资住宅地产，达到增加住宅市场租赁供给的目的。住宅 REITs 以发行股票或收益凭证的方式，汇集投资者资金，由专业管理机构对租赁物业进行专业化管理并获得投资收益。美国住房租赁市场的快速发展与 REITs 的发展密不可分。住宅 REITs 于 20 世纪 90 年代在美国开始发展起来，截至 2018 年 4 月 30 日，美国住宅 REITs 总市值达到 1394.36 亿美元，数量达到 22 只，占 REITs 市场总市值的 13.92%，是美国第二大 REITs 行业。美国住宅 REITs 主要投向公寓市场，为租户提供了高质量的住宅地产。

美国发达的上市流通制度是 REITs 成功的主要因素，其中非常重要的是 REITs 的证券流通性。美国 REITs 主要采用公司制，即本身是公司制实体，上市流通的收益凭证是公司制实体的股票，因此 REITs 以直接投资于房地产或通过抵押贷款间接投资于房地产的证券形式存在，通常可以像股票一样在主要证券交易所交易，REITs 给投资者提供了极具流动性的房地产投资方式。上市流通具有小额、可转让的特点，可以会集众多的投资者，这为 REITs 的规模扩张打下了基础。美国大批的公寓运营商在 20 世纪 90 年代开始大规模上市 REITs 进行融资，三家最大的公寓运营商 MMA（Mid America Apartments）、AVB（Avalon Bay Communities, Inc.）和 EQR（Equity Residential）于 1994 年前后以 REITs 上市融资，从而实现了在管公寓数量的高速增长（见图 10-6）。

图 10-6　三大公寓 REITs 公司所拥有的公寓数量

资料来源：NMHC。

美国针对 REITs 的税收优惠政策是促进公寓 REITs 快速扩张的重要因素，主要表现在持有运营阶段，REITs 若将每年盈余的绝大部分（通常是

90%）以现金红利的方式分配给投资者，企业就不需要缴纳所得税；投资者若以个人不动产入股REITs的方式获得受益凭证，税法也不做税收处理，但是若投资者将受益凭证变现就需要缴税，这避免了对REITs及其股东的双重课税，表10-5为美国REITs的税收政策。

表10-5 美国REITs的税收政策

环节	纳税主体	税种	税基	征税条件
购置/处置阶段	卖方	15%的代扣代缴税	交易价格	境外个人、机构以购买、交换、受与、赎回或让与方式获得不动产须缴税
	买方卖方	0.5%~1%的转让税	交易价格	取得不动产时，由买方/卖方支付，REITs无税收优惠
	卖方	15%~35%的累进企业所得税	出售利得	不动产转让环节，出售方对超过成本部分的收入正常纳税，若不动产持有超过10年，则有可能享受税收优惠（出售物业利得用于分红部分免税）
持有运营阶段	运营公司/REITs	100%惩罚性税收	违规金额	收益来源和分配比例未达到REITs成立要求中的75%或90%
				从事禁止性交易
		1%~3%的房产税	物业价值	各州税法对于税率规定有所不同，但对REITs都无税收优惠
		15%~35%的累进企业所得税	未分配利润	租金收入只有用于分红的部分免税
投资者分红阶段	境内企业	分红、利得35%的所得税	分红、利得	股利分红收入、出售利得都须缴税
	境内个人	43.3%的所得税	分红收入	
		23.8%的所得税	出售利得	
	境外企业境外个人	30%的代扣代缴税	分红收入	
		35%的代扣代缴税	出售利得	
		10%的代扣代缴税	返还股本	

资料来源：兴业研究。

（3）低于市场利率的债务基金（Below-market Debt Funds）

该类基金的主要模式是当地公共机构（政府）、基金会、社区发展金融机构以及银行等金融机构将低于市场利率的债务基金提供给房地产开发商，房地产开发商只需要承担低于市场利率的贷款成本，就可以获取和开发土地、修缮已有的房产以及开发相关的基础设施，特别是开发多住户家庭住房和可负担性住房。低于市场利率的债务基金直接或者间接通过社区发展金融机构（Community Development Financial Institution，CDFIs）获得贷款。这些基金以低息贷款的形式，将政府和基金会的资金与金融机构（主要是银行和保险公司）的传统债务结合。政府和基金会资金对于传统债务来说是一种信用增强，可以促使贷款产品支持一些风险较高的活动或使借款方获得原先不可能的有利条款。低于市场利率的债务基金让经济适用房的开发商在激烈竞争的租赁市场上生存下来，填补了美国融资系统的重要空白，并给经济适用房开发商持续提供资金，这些基金提供的贷款通常是循环的，也就是说低于市场利率的债务基金可以在偿还之前贷款时发放新的贷款。

3．美国住房租赁市场需求端的支持

在美国，大约有 500 万名租房者得到了大量的补贴，这些补贴基本上确保了他们在房租上的支出不超过家庭收入的 30%。美国联邦政府对低收入的租房需求者主要有两种租赁住房援助方案，一种是公租房计划，为符合条件的低收入家庭、老年人或残疾人提供由当地公共住房机构拥有和管理的租赁住房；另一种是住房选择券计划（Housing Choice Voucher program），即低收入群体可以通过住房选择券在私人市场上选择适于自己租赁或购买的公寓。

由于 1965 年以前美国一系列供给导向的住房政策陷入困境，联邦政府开始对保障住房项目进行变革，尝试从需求角度制定更具适应性的住房保障政策。1965 年，美国国会通过了《住房与城市发展法》（*Housing and Urban Development Act of 1965*），并成立了"住房与城市发展署"（HUD），政府按市值购买私人住房，然后向保障住房申请者出租，并且为申请者提供房租补贴，补贴额度为住房租金与租户收入 25% 之间的差额。这是美国首次给低收入租房者提供租房补贴。

住房选择券计划的目的则是让符合条件的租户通过支付一定比例的租金获得包括公共设施的安全卫生的住房。1974 年，HUD 推出了住房选择券计划，向家庭收入不超过地区收入中位数 30%~50% 的低收入家庭提供援助，此时的住房选择券计划规定持有人不能以高于公共住房机构规定的租金标准租赁私人公寓。1983 年，为了提高使用住房选择券的灵活性，美国国会接受 HUD 的提议，允许住房选择券持有人租赁公寓的租金低于、等于或高于

支付标准，高于支付标准的部分，住房选择券持有人自行支付余款。为了防止住房选择券的滥用，公共住房机构会对申请者的收入水平进行复审，也会对租金水平的合理性进行审查，并有相应的惩罚机制。

（二）德国金融体系如何支持住房租赁市场

1. 德国住房租赁市场的现状和特点

德国的住房租赁市场较为发达，也是欧洲规模最大和最为规范的住房租赁市场，以租赁的方式居住是德国居民最为普遍的选择。德国总人口 8270 万人（2017 年），家庭总户数不足 4100 万户，住房约有 4170 万套（2016 年），平均两人拥有一套住房，人均居住面积为 43.8 平方米，其中，居住在自有房屋的人均居住面积为 49.9 平方米，居住在租赁房屋的人均居住面积为 37.4 平方米。长期以来，近半数德国居民选择以租赁的方式居住，2016 年，德国住房自有率为 51.7%，约有 48.3% 的家庭选择租房居住，35 岁以下年轻人住房自有率约为 20%，远低于欧盟国家平均 70% 左右的住房自有率，在欧盟所有国家中只有德国、奥地利和瑞士三个国家的住房自有率低于 60%（见表 10-6）。一些大城市或者城市中心区域的居民选择租房居住的比例更高，比如，德国首都柏林超过 85% 的居民、德国汉堡大约 77% 的居民选择在租赁的住房中居住。

表10-6 德国住房自有率 单位：%

年份	1978	1987	1994	2001	2006	2010	2013	2014	2015	2016
住房自有率	37.5	42	38	41	53.3	53.2	52.6	52.5	51.9	51.7
租赁比例	62.5	58	62	59	46.7	46.8	47.4	47.5	48.1	48.3

资料来源：德国联邦统计调查局（Statistics Bundesamt）。

德国政府一直致力于发展房屋租赁市场，增加租赁房源的供给，把确保满足居民住房需求作为重要的政策目标。尽管如此，德国住房租赁市场依然是一个以私人部门提供住房为主的市场。德国联邦统计调查局（Statistics Bundesamt）公布的数据显示，德国目前现存住房大约为 4170 万套，其中大约 2380 万套被用来出租，占房源总量的 57.1%。租赁市场房源中 42% 来自个人房东，22% 来自公寓出租业协会及其会员，13% 来自公共住房公司，9% 来自住房合作社，9% 来自房地产企业，4% 来自其他企业，1% 来自其他非营利性机构。可以看出，德国租赁房源多元化，只有 13% 的房源来自政府背景的公共住房公司，其他均来自企业和社会机构等私人租赁部门，住房租赁市场化程度较高，私人部门是租赁房源的主要供给者。

2．德国住房租赁市场供给端的金融支持

（1）抵押贷款

住房合作社建设用于租赁的房源，通常可以得到政府政策性住房金融机构长达 20 年的低息甚至无息贷款，贷款额度可以是租赁住房建设费用的 60%~70%，部分甚至可以达到 90%，在商业贷款方面政府也可以为住房合作社提供担保，为其资金筹集提供最大的支持。对于个人房东、房地产企业和其他非营利性机构建设的用于租赁的住房，政府也会通过政策性住房金融机构给予无息或低息贷款支持（贷款利率为 0.5%~1%）。同时，对于已有住房改装或翻新用于租赁时，也可以得到政府住房建设基金的无息或低息贷款支持。获得政府低息贷款支持的租赁住房必须以低于市场租金价格的成本租金出租给中低收入者，在低息贷款偿还完毕后才能以市场租金价格出租。

（2）房地产投资信托基金

房地产投资信托基金（REITs）是一种间接融资工具，德国租赁住房 REITs 从 2007 年开始发展，主要包括权益型 REITs 和抵押型 REITs 两种类型，权益型 REITs 投资并拥有房地产，收入主要来自其持有的租赁住房租金；抵押型 REITs 持有租赁住房的抵押贷款或抵押支持证券，收入主要来自标的按揭贷款的利息。虽然目前已有多只 REITs 在德国境内外上市，但其在德国住房市场的参与度很低，对租赁住房市场发展的支持有限。

3．德国住房租赁市场需求端的支持

租赁住房需求端的金融支持措施主要是对低收入家庭租赁住房进行货币补贴。租房租金货币补贴是保障低收入家庭居住权利的主要措施之一，根据《住房补助金法》《私人住房补助金法》，政府对低收入家庭根据人口数量、家庭总收入水平和住房租金支出水平提供适度的住房租金货币补贴。一般规定当居民家庭住房租金超过家庭收入的 25% 时，超出部分的 90% 由政府来补足，补助资金一般由联邦政府和州政府各负担一半。德国政府住房租金补贴覆盖范围较广，超过 10% 的承租者能够获得政府的住房租金补贴，补贴资金总额约占德国 GDP 总量的 1.2%。

特别值得一提的是，德国不仅对租赁住房的需求端进行补贴，而且对租赁住房的供给端也进行补贴，使得整个租赁市场的规模得以扩大，稳定了租金预期。对于住房合作社等非营利性组织，德国政府通常会以较低的价格提供土地用于建设租赁住房，并且免除其所得税、财产税、土地转移税、交易税等税费，但要求住房合作社履行成本租金原则，所得租金主要用于租赁住房的管理、维护和新建。为鼓励房地产公司新建用于租赁的住房，政府会专门规划土地用于租赁住房开发，相对于建设用于出售的住房，政府对于房地产公司开发的租赁住房给予更多的税收减免优惠，但要求其 10 年内将住房以低于市场租金水平的价格租赁给低收入家庭，对低于市场租金水平的部分给予一定的财政补贴。为鼓励私人房东新建或购买住房用于租赁，政府也会给予一定税收优惠，如 10 年内免缴租金所得税、地产税，前 8 年租赁住房累计折旧 40%，住房折旧、贷款利息支出计入个人所得税抵免额度等。

（三）英国金融体系如何支持住房租赁市场

1. 英国住房租赁市场的现状和特点

目前，英国居民选择的居住方式主要有三种，购买自有住房、租赁公共住房和租赁私有住房。2016 年，英国人口为 6657.3 万人，家庭约为 2350 万户，拥有住房 2370 万套。英国住房自有率在金融危机后逐年降低，从 2007 年的历史最高点 73.3%，下降到 2016 年的 63.4%，其中 25~34 岁年轻人住房自有率只有 37%，约有 36.6% 的居民选择居住在租赁的房屋中（见表 10-7）。

表 10-7　英国住房自有率　　　　　　　　　　　　　　　　　　单位：%

年份	1971	1975	1981	1985	1991	1996	2001	2002	2003	2006
住房自有率	49.00	50.00	54.00	61.00	66.00	67.00	68.00	69.00	70.00	71.40
租赁比例	51.00	50.00	46.00	39.00	34.00	33.00	32.00	31.00	30.00	28.60
年份	2007	2008	2009	2010	2011	2012	2013	2014	2015	2016
住房自有率	73.30	72.50	69.90	70.00	67.90	66.70	64.60	64.40	63.50	63.40
租赁比例	26.70	27.50	30.10	30.00	32.10	33.30	35.40	35.60	36.50	36.60

资料来源：Trading Economics.com。

英国在 1919 年第一次世界大战结束后就已经建立了现代住房制度，是发达国家里最先建立现代住房制度的国家。从供给侧来看，早期英国政府主要采取财政直接拨款的方式支持公共住房建设，并以低于市场租金水平的价格出租给中低收入家庭，政府几乎是租赁房源的唯一供给主体。进入市场化阶段后，为提高租赁住房市场供给水平、降低财政负担，部分政府持有的公共住房被转移到住房协会等非营利组织，由非营利组织代替政府提供公共住房。与此同时，政府通过逐步取消私人租赁住房的租金管制等措施来鼓励私人企业和个人房东向社会提供租赁住房，促使英国私人租赁部门迅速发展。目前，约有 17% 的英国居民选择租赁公共住房，约 20% 的居民选择租赁私有住房，公共住房一般以面积小的公寓式住房为主，更注重经济性；私有住房以面积大的独立式住房为主，更具舒适性。最终形成了目前英国租赁住房市场供给充足、租金价格可负担、公共住房租赁和私有住房租赁发展平衡的合理租赁房源供给结构。

2．英国住房租赁市场供给端的金融支持

（1）地方政府债券

早期政府公共住房的建设和维护靠单一的财政投入，这给政府财政预算支出造成较大压力，为满足公共住房的巨大资金需求，英国采取发行地方债券的方式来扩大资金来源，支持政府公共住房的建设和运营。

（2）PPP 模式

20 世纪 80 年代后期，英国政府将部分公共住房转移给私有性质的非营利性组织住房协会，并为其提供占全部资本金 50%~75% 的住房基金贷款作为住房协会运行的主要资本金，同时，住房协会向承租人出售部分旧公共住房，向专业住房金融机构、商业银行和建房协会申请租赁住房项目贷款，发行债券，通过多元化的方式引入社会资本作为协会的运行资本金，用于维修、改造旧公共住房和新建公共住房。目前，英国公共住房建设主要方式是公私合营的 PPP 模式，由中央政府提供资金支持，地方政府投资和规划，住房协会引入社会金融资本新建和运营公共住房，这种模式可以有效提高社会资金运行效率，充分发挥专业住房机构的投资和管理经验，提高公共住房的供给效率，保障公共住房的稳定、持续供给。

（3）政策性贷款及贷款注资计划

政府通常提供无息或低息的住房基金贷款作为住房协会新建和维护公共住房的资本金，也会为住房协会引入社会资金和银行贷款提供担保。对于私人企业建设用于租赁住房，住房金融机构可以提供期限一般为 15~25 年且最长可达 30 年的固定或浮动利率贷款，贷款比例高达 80%，在保险公司或政府提供担保的情况下，贷款额度甚至可以超过新建、购买房款总额的 90%。2015 年，英国政府投入 35 亿英镑成立基金专项用于为新建、购买住房出租的投资者提供贷款担保。

此外，为降低专业住房金融机构和商业银行的资金成本，鼓励其发放住房抵押贷款，英国央行和财政部 2012 年实施了向贷款市场注资的计划，向参加计划的专业金融机构和商业银行免费借出期限为 4 年的占其贷款余额 5% 的短期国库券。免费借入国库券可以改善金融机构流动性，增加金融机构的可放贷资金，进而增大金融机构租赁住房抵押贷款的投放力度。对部分政策性租赁住房贷款，政府还向发放贷款的住房金融机构提供利息补贴。

（4）买房出租计划

买房出租计划（Buy to Let）是英国的住房租赁经纪人协会在 20 世纪 90 年代推出的住房抵押贷款，与普通住房屋贷款不同之处在于，买房出租计划的贷款额度由租金收入水平决定，以能够以租养贷为标准，但贷款利率通常略高于普通住房抵押贷款，该品种贷款主要发放对象是私人房东。

3. 英国住房租赁市场需求端的支持

为保障英国居民住房需求，政府以租金水平可负担性作为租赁市场管理的政策目标，充分考虑中低收入群体住房支付能力，确保住房租金处于其可负担的范围内，通常以居民或家庭总收入的 25%~30% 作为可负担租金范围的上限。政府采取了以优惠的价格提供公共住房，对超出低收入群体可负担范围的房租支出给予货币补贴等方式。

这里同样要说明的是，英国不仅对租赁住房的需求端进行补贴，而且对租赁住房的供给端也进行补贴，从而促进住房租赁市场的扩大。对于住房协会等非营利性组织，政府向其提供前期注册资本金、低价或免费的建设用地，对低于市场租金水平的部分提供财政补贴，并且减免非营利性组织的收入税、增值税、房产税等。对于建设租赁住房的私人企业，政府提供低价土地并免征收入税、增值税、房产税。对个人在专业住房金融机构的存款免征利息税，个人收入用以支付贷款利息的部分计入个人所得税抵扣额。2012 年起，英国实施建房出租计划（Build to Rent）。政府在财政预算中划拨 10 亿英镑作为建房出租计划基金，专项用于支持住房合作社、私人开发商建设租赁住房。按照规定，得到该计划融资支持的项目至少要将 20% 的住房按市场租金 80% 的价格租赁给低收入群体。

（四）国外经验总结

发达国家金融支持住房租赁市场发展的经验包括如下几点。

第一，租赁市场主要集中于特大城市，金融支持也在相应地区展开。以美国为例，2016 年，美国大都市地区共有租赁住房 3871.9 万套，占比 88.32%。这说明金融支持租赁市场发展需遵循城市化规律，而城市化依然以大城市为主。

第二，应区分金融和财政的界限。从发达国家的经验来看，对租赁市场的需求端一般采取财政补贴的方式，而非金融支持的方式。究其原因，金融的本质是一定时间跨度内的资金交换，资金出借者之所以让渡资金是为了在未来获得相应的收益，因此借款人的还款能力至关重要，不少住房租赁者尤其是中低收入租赁者，其还款能力是不足的。从具体工具来看，如美国采用低收入住房税收抵免、住房选择券计划（Housing Choice Voucher program），德国和英国采取直接租金补贴，德国租房补贴资金总额甚至高达 GDP 总量的 1.2%。

第三，金融支持主要应用于租赁市场的供给端，这主要是由供给端资金规模大、期限长、流动性低的特性决定的。从具体工具来看，美国采用 REITs、私募股权基金，德国采用抵押贷款和 REITs，英国采取地方政府债券和 PPP 融资模式。这些融资方式中较为主流的是 REITs，以美国为例，5~49 单元的住房租赁市场中，REITs 的市场份额为 43%，50 单元以上的住房租赁市场中，REITs 的市场份额更高达 63%。REITs 能够成为主流的原因是，在大都市区开展住宅租赁经营必须采取规模化经营的思路，而 REITs 恰好满足了这一特性：一方面，较小的份额保证了大规模资金的募集；另一方面，强制分红和上市交易对投资者很有吸引力。

第四，供给端支持除了金融方面外，也包括一些间接的财政支持，这是由住房租赁市场的部分公益性特点决定的。适当的税收减免或政策支持可降低租金水平，进一步扩大租赁市场规模。就具体工具而言，既有针对个人的也有针对机构的。针对个人的，如德国对私人房东新建或购买住房用于租赁的，10 年内免缴租金所得税、地产税，住房折旧、贷款利息支付部分计入个人所得税抵免额度等；英国的买房出租计划（Buy to Let），个人投资者可以在住房租赁经纪人协会获得抵押贷款，只要其住房用于出租即可。针对机构的，美国有低于市场利率的债务基金（Below-Market Debt Funds），英国有建房出租计划（Built to Let）等。

三 我国金融支持住房租赁市场的问题及对策

住房租赁市场巨大的需求和发展潜力将会给金融带来很好的发展机会，为金融机构转型和创新发展提供无限空间。然而，住房租赁市场初期的野蛮增长也伴随金融支持的无序发展，此外一些既有制度也阻碍住房租赁金融市场的进一步发展，相关政策应予以完善。

（一）应明确金融支持的边界和范围

金融的本质是一定时间跨度内的资金交换，即过去与未来的交易。资金出借者之所以让渡资金是为了在未来获得相应的收益，因此借款人的还款能力至关重要，收益也基于风险。从这个角度出发，金融支持住房租赁市场的边界和范围应限定在以下三个方面。

第一，就个人端而言，低收入群体应被明确排斥在金融支持范围之外，因其不具备相应的还款能力，其租赁资金的缺口应由财政补足，这也是大部分发达国家在个人端采取财政补贴的原因，如美国的低收入住房税收抵免、住房选择券计划等。

第二，就企业端和项目端而言，应注意避免过度融资的风险，因为投资回报最终还是来自实体经济。从目前形势来看，我国住房租赁市场的金融支持明显增长太快：资产证券化产品从2017年初的数亿元规模迅速攀升到百亿元级别的储架式发行规模。出现巨型股权融资，自如A轮的40亿元融资比此前最大规模的魔方公寓C轮融资3亿美元高一倍。目前有多家租赁供给主体均提出了100万间长租公寓的运营目标，而参照发达国家情况，美国排名第一的公寓管理公司睿星（Greystar）成立于1993年，运行20年后管理公寓才达到40万间；日本排名第一的公寓管理公司大东建托（Daito）成立于1974年，运行40年后管理公寓才达到90万间。对比之下，国内的租赁供给主体对自身长期发展前景和资本需求可能均过度乐观。

第三，就金融支持的区域范围来看，应限定在一线城市和少部分二线城市。住房租赁需求主要来自流动人口，是城市化进程的内生结果。从美国情况来看，大都市地区租赁住房占全市场的比例高达 88%，而 REITs 运作的物业也主要集中于大都市地区。2017 年 7 月，住建部等九部委出台《关于在人口净流入的大中城市加快发展住房租赁市场的通知》（建房〔2017〕153 号），试点城市为 12 个，其中，有些城市的常住人口过去 10 年基本持平，其中有些城市是人口净流出的。

（二）加强供给端金融支持的配套政策

加大住房租赁市场的供给是当前推进租售并举、化解房价泡沫的关键所在，供给端产品无论是采用新建还是收购方式，都存在资金规模大、回收周期长的问题，无疑金融在此有用武之地。

从国外经验来看，发展住房租赁较为有效的工具是 REITs，而 REITs 在我国应用面临两大障碍。第一，税收方面的障碍。从国外经验来看，REITs 无论是在美国的发展还是在亚洲的发展都是由税收优惠驱动的，税收中性原则是 REITs 的核心特征。然而，在我国当前税法体系下，REITs 在设立期、存续期、退出环节中可能会涉及土地增值税、增值税、企业所得税、契税、印花税等诸多税种。例如，REITs 在将标的资产置入 SPV 结构的过程中，将触发高额土地增值税。从国际经验来看，根据资产、收入、利润、分红、股东等指标，针对 REITs 设计合理的税收优惠体系，是 REITs 发展的基础，如减免基础物业资产划转给 REITs 时的企业所得税、土地增值税，或减免 REITs 运营中的企业所得税，对于高比例分红的 REITs 免征分红部分在 REITs 层面的所得税，从而提高 REITs 投资者的最终收益，吸引更多的社会资本进入住房租赁市场。第二，公募上市的法律障碍。从我国现有的金融产品形态考虑，信托计划是 REITs 相对适宜的出发点。若以信托计划为蓝本，建立 REITs 的投资实体进而上市和公开交易，将遇到现有信托法律法规和政策制度在合格投资者认定等方面的障碍，因为单个信托计划的自然人投资者不得超过 50 人。因此，现有规则并不支持以社会公众或不特定人群作为委托人，也不支持基于标准、可流通和证券化的合同的委托方式。

此外，新建租赁住房还面临较高的合规风险。以集体建设用地兴建租赁住房为例，目前国家仅允许在部分农村集体经营建设用地上建设租赁住房，在实际业务中往往需要与地方主管部门沟通，以确定相关政策规定。对银行来讲，集体建设用地项目抵押权管理规定不清晰，一般难以抵押，且目前国家在土地价值的评估和变现等方面没有明确规定，租赁住房流通性差，银行面临较大的信用风险。

（三）需求端金融支持亟待规范

需求端的金融支持主要是住房租赁贷款，住房租赁贷款解决了房东与租客之间租金收取和支付期限不匹配的问题，同时银行基于租客信用和场景形成合理利润，从而得到多赢的结果。然而，一些长租公寓的不规范运营对市场产生了极大的负面影响。第一，存在掠夺性金融消费的情况。长租公寓并没有进行信息披露，也没有与租客进行充分协商，大部分租客在不知情的情况下"被贷款"。第二，一些长租公寓利用租金收益权转移不清晰、租金消费贷款缺乏账户监管的漏洞，大肆收购房源扩张业务，甚至出现房屋空置与租金倒挂等现象，最后可能导致"暴雷"。

第十一章　境外主要 REITs 市场发展*

- 美国于 1960 年在全球范围内推出了首只 REITs 金融产品，到 2018 年中期，已经有 38 个国家和地区建立了 REITs 市场，市场规模则高达 3 万亿美元。从目前来看，美国仍是最成熟的 REITs 市场，在历史经验、市场规模和制度完善性方面均位于前列；而日本、新加坡和中国香港等亚洲经济发达地区也在 2000 年前后纷纷推出了 REITs，经过近 20 年的发展也实现了长足的进步。

- 从 REITs 的制度架构来看，美国形成了公司化、公募化和权益化的发展模式，并要求将 90% 以上的收入分配给股东以保证 REITs 资质，充分体现了 REITs 消极管理、过手支付（Pass Through）的特点。日本对美国的制度架构进行了较为深入的学习，整体思路保持高度一致，在具体的参数设置上进行了地域化处理。新加坡 REITs 采用信托模式，至少 90% 的收入分配给股东才能享受税收优惠。香港 REITs 同样采取信托模式，也要求分配 90% 以上的收入给股东，同时对杠杆率做出最高 45% 的明确限制。

- 在税收安排上，主要国家和地区的 REITs 大多秉持税收中性的原则，即达到强制分配标准后可进行一定的税收减免，这充分体现了 REITs 的过手支付特性。

- 主要国家和地区 REITs 的发展情况特别是作为 REITs 核心的制度架构体系和税务制度体系，对中国境内推出 REITs、促进房地产行业良性发展、推动经济结构转型具有非常重要的参考意义。

---

* 本章作者：陈晓，国家金融与发展实验室房地产金融研究中心特聘研究员，中国民生银行信用卡中心金融同业部副总经理，曾任第一创业证券股份有限公司结构化产品部总监，拥有丰富的资产证券化实践经验。

一 全球 REITs 市场发展情况

（一）主要市场概况

自 1960 年推出以来，全球 REITs 市场历经多次改革创新，规模逐步扩大，到 2018 年中期，共有 38 个国家和地区建立 REITs 市场，相继推出 REITs，全球 REITs 市场总市值已经达到约 3 万亿美元。各主要国家和地区 REITs 市场情况如表 11-1 所示。

各国家和地区建立 REITs 市场的时间和背景不尽相同。开始，部分国家和地区主要是在经济或房地产市场遭遇困难时，通过 REITs 提高社会资本对房地产市场投资的积极性，通过增加投资来带动经济发展；而后，推出 REITs 主要是为了增强本国房地产市场竞争力，提高不动产的流动性，改善融资渠道。

从组织架构类型来看，REITs 一般以公司形式或信托形式设立，美国市场允许公司与信托两种形式并存，多数国家和地区以信托形式设立，但从实际市场运行规模来看，公司形式更为普遍。

就成熟度而言，根据安永会计师事务所发布的《全球视角：2016 年 REITs 报告》(Global Perspectives: 2016 REITs Rreport)，以资本流动情况、财务报告可靠程度、公司治理、风险控制、监管环境、交易活跃程度、融资规模、物业属性等指标为衡量维度，美国属于成熟市场，加拿大、澳大利亚、法国、英国、荷兰、日本、新加坡和中国香港等属于初步成熟市场，其他国家和地区属于新兴市场或雏形市场。从规模上看，差距很大。美国市场遥遥领先，上市 REITs 数量和市场规模都是其他国家和地区的十倍甚至数十倍，占全球 REITs 指数比重 2/3 以上，日本、澳大利亚、英国次之，占比只有 5%~7%。

（二）收益情况

多数国家和地区都要求 REITs 至少将收入的 90% 分配给持有人，投资者的主要收益来源是 REITs 分红。REITs 发行成功的关键因素之一就是收益率高于国债等低风险固定收益产品，而风险和波动性小于股票等中高风险产品，从美国市场的长期数据来看，REITs 甚至可以在波动性较低或持平的情况下取得高于权益市场的收益。由于 REITs 不仅在大部分时间都能获得

表11-1 主要国家和地区REITs市场情况

国家/地区	市场建立年份	法律基础及条款	组织架构类型	REITs数量（只）	在EPRA REIT指数中的数量（只）	市值（百万欧元）	在全球REITs指数中占比（%）
美国	1960	《国内税收法》《房地产信托投资法》	几乎无限制，实际主要为公司形式	200	132	939016	64.84
荷兰	1969	《财政投资制度体系》《公司所得税法》	原则上是公司形式	5	5	30616	2.89
澳大利亚	1985	《公共单位信托法和股权法》《所得税评估法》《税收管理法》	信托形式	50	12	77451	5.76
加拿大	1994	《所得税法》	信托形式	47	16	46686	2.92
新加坡	1999	《证券及期货法》《集合投资法则》《地产基金指南》《所得税法》	信托形式	35	9	45974	1.81
日本	2000	《投资信托和投资公司法》	信托形式和公司形式均可，但实践中只有公司形式	61	32	97556	7.24
法国	2003	《财政法》及法国税务机构官方解释	公司形式	29	6	52091	2.02
中国香港	2003	《房地产投资信托基金守则》	信托形式	9	3	27253	1.87
英国	2007	《财政法》及后续法则和修订等	公司形式	52	31	66709	5.56
南非	2013	《集合投资计划控制法》、《公司法》、《所得税法》，约翰内斯堡证券交易所上市要求，《证券转让税法》	信托和公司形式都合法，但是公司形式享受税收优惠	31	9	21372	1.19

资料来源：European Public Real Estate Association, FTSE EPRA/NAREIT Global REITs Index。

稳健收益，而且其公募化、小型份额化的安排具有极强的流动性，目前已成为投资人青睐的重要金融产品，特别是对于保险公司、年金管理机构等重视投资稳定性和流动性的机构，REITs 已经成为不动产金融市场的重要选择。

（三）税务规定和税收优惠情况

总体而言，REITs 的设立必然会考虑税务中性原则，即 REITs 的设立不会增加新的税务负担，同时多数国家和地区对于 REITs 给予了不同程度的税收优惠。一般而言，分配达到一定比例之后，投资者获得的分配收益就可以减免企业或个人所得税。需要指出的是，多数国家和地区的 REITs 可以投资境外不动产，这些规定只适用于境内 REITs，境外 REITs 需要遵守当地法律和税收规定。

二 美国 REITs 市场发展情况

（一）基本情况

美国是最早推出 REITs 的国家。1958 年，美国经济增长跌入负值区间，"二战"后大量房地产供应无法消化，1960 年发布的《国内税收法》（Internal Revenue Code，REITs 关键条款在第 856 和第 857 部分）是美国 REITs 立法的开端，允许符合要求的 REITs 在公司层面免缴企业所得税，同年又正式发布《房地产投资信托法案》（Real Estate Investment Act）允许设立 REITs，标志着 REITs 制度正式建立。1961 年，美国首只 REITs 正式设立。

由于制度不成熟，直到 1967 年美国政府放开抵押型 REITs，又遇到石油危机带来的通货膨胀之后，具有高收益和低波动性的 REITs 才开始迅速成长，其间历经制度的不断优化和市场自我完善，到 20 世纪 80 年代中后期，美国 REITs 的市场规模已经超过 100 亿美元，并且权益型 REITs 的占比迅速扩大。之后，随着关于制度架构、税务、投资人范围等方面的有利政策的出台，在 21 世纪初全球金融危机发生之前，美国 REITs 经历了一个超过十年的快速发展期。2009 年之后，随着 REITs 自身杠杆调整和财务报表的改善，其市场规模很快超过了金融危机之前的水平，目前在美国的规模已经达到万亿美元体量。

目前，美国是全球最大、最重要和最成熟的 REITs 市场，到 2018 年年中期，美国共有 200 只 REITs，总计拥有约 4 万处物业，其中 132 只在 EPRA REIT 指数中，市值高达 9390 亿欧元，在全球 REITs 指数中占比达到 64.84%。二级市场交易非常频繁，从 1990 年 3 月到 2018 年 12 月，交易量快速增长，一度达到 90 亿美元，美国 REITs 日均交易规模如图 11-1 所示。

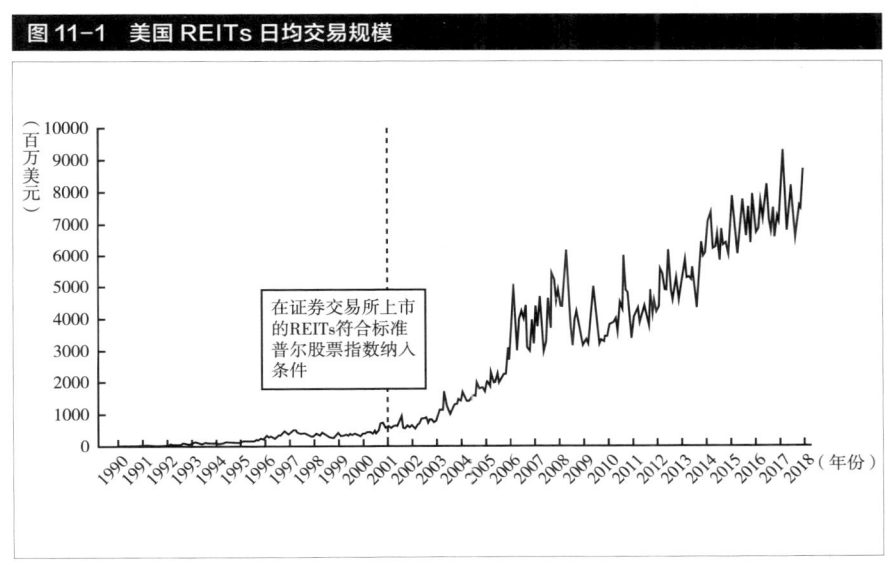

图 11-1 美国 REITs 日均交易规模

资料来源：NAREIT。

（二）市场特点

美国 REITs 市场在长期发展中虽然曾经出现过多次规模下滑和市场危机，但都成功实现了自我修复，目前已经高度成熟。金融危机后，美国市场 REITs 数量和市值迅速增加，呈现全新发展特点。

一是投资领域多元化。2008 年发布《房地产投资信托投资及多样化法》（*REIT Investment and Diversification Act*），从法律层面推动 REITs 投资多元化。除传统的工业、办公、商业零售、住宅等领域外，REITs 开始更多地向医院和健康中心、自用仓储、林场、基建设施等领域投资，风险进一步分散。这些非传统领域份额较小，从项目数量来看，占比约为 30%，从市值规模来看，占比约为 40%，但是收益率并不逊色，良好的投资收益将进一步深化 REITs 投资领域多元化发展的趋势（见表 11-2）。

表11-2 美国REITs投资细分领域情况

投资领域	数量（只）	2017年总收益率（%）	2018年总收益率（%）	分红率（%）	市值规模（百万美元）
工业	12	20.58	−2.51	3.36	76533
办公	23	5.25	−14.50	4.04	82871
商业零售	33	−4.77	−4.96	5.28	154740
住宅	21	6.63	3.09	3.21	144811
多种行业混合经营	16	−0.10	−12.52	5.78	48427
酒店、旅游休闲物业	17	7.16	−12.82	6.49	47170
医院和健康中心	18	0.87	7.58	5.83	98691
自用仓储	5	3.74	2.94	3.99	57830
林场	4	21.92	−31.96	5.76	22447
基建设施	6	35.38	6.99	2.66	137379
数据中心	5	28.43	−14.11	3.27	60975
特别种类	11	13.22	−6.68	6.95	42028
总体	171	8.67	−4.04	4.37	973902

资料来源：NAREIT。

二是回报稳定。与其他投资产品相比，美国REITs提供了稳健且较高的收益，受到投资者青睐。20年来，月度总收益（Monthly Total Return）指数增长了18倍，2008年以来，大幅跑赢美国主要市场指数；分红率一度超过10%，近5年有所下降，基本保持在5%的水平，但是仍然高于10年期国债分红率，具体如图11-2和图11-3所示。

三是募集资金规模较大。2010~2018年，基本每年保持在500亿~1000亿美元的较高水平，股权募集资金规模占比在50%左右，最高年份占比超过2/3，杠杆率较为合理，资本结构较为稳健，具体如表11-3所示。

四是税率提高影响投资收益及价格。2013年，奥巴马税收计划调高了年收入高于40万美元以及45万美元家庭的税收，税率由15%永久提高至20%，且额外征收3.8%的投资预增税。税率的提高影响了REITs投资者的收益和REITs的价格，市场一度出现跌价抛售的局面。但是随着美国经济明显回暖，商业地产基本面改善，REITs也将迎来租金与商业地产价格的较快提高。

图 11-2 美国 REITs 月度总收益指数与主要指数对比

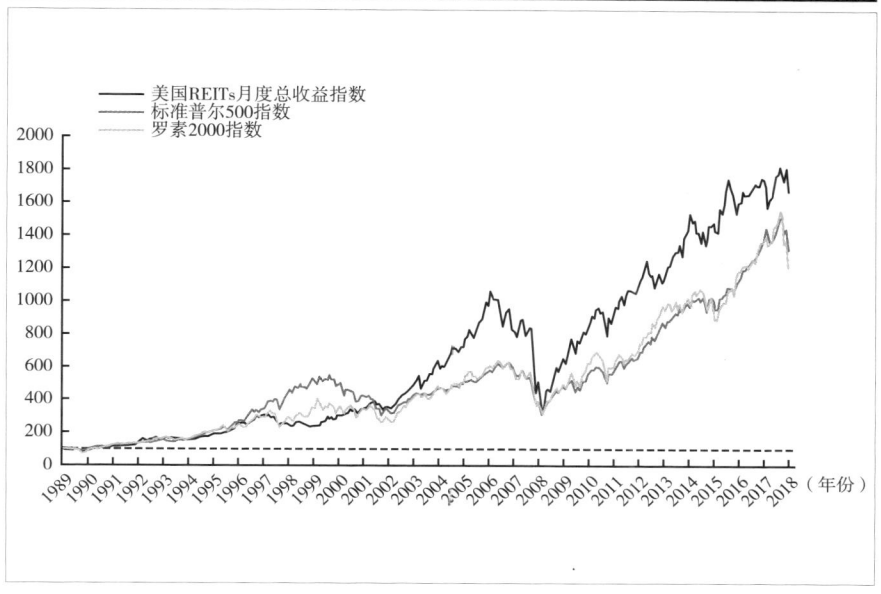

注：美国 REITs 数据采用 FTSE NAREIT 所有股权型 REITs 数据。
资料来源：NAREIT。

图 11-3 美国 REITs 与 10 年期国债的分红率对比

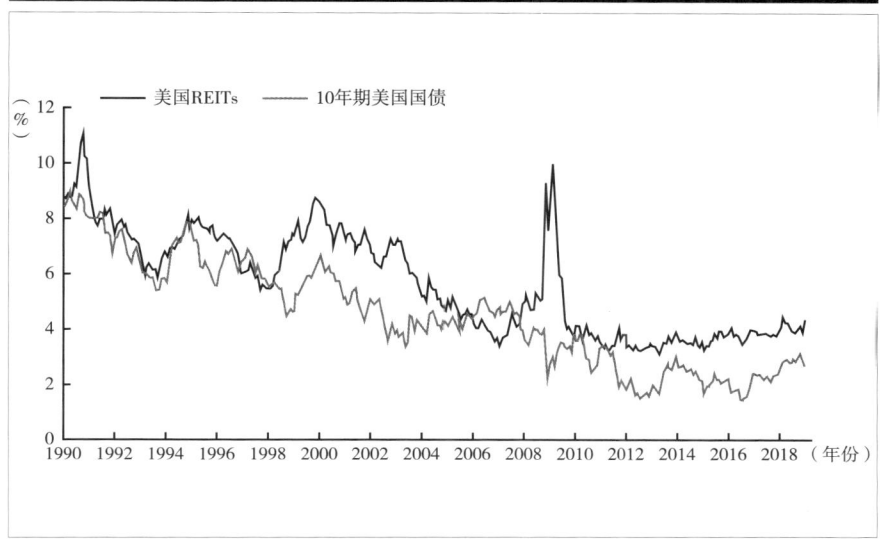

注：美国 REITs 数据采用 FTSE NAREIT 所有股权型 REITs 数据。
资料来源：NAREIT。

第十一章 境外主要 REITs 市场发展

表 11-3 美国 REITs 年度募集资金规模　　　　　　　　　　　　单位：百万美元

年份	总规模	首次公开发行	股权再融资		债权再融资
			普通股	优先股	
2010	47450	1975	23629	2617	19230
2011	51280	2307	31075	4108	13790
2012	73326	1822	35143	10631	25730
2013	76983	5732	35756	4755	30739
2014	63726	4067	24106	4618	30934
2015	59293	1423	23433	2236	32201
2016	69763	1690	26158	4655	37261
2017	92562	2950	27875	10970	50767
2018	46720	3264	16654	1580	25222

资料来源：NAREIT。

（三）REITs 制度架构

总体而言，美国 REITs 的法律制度相对较为宽松，对于形式和发行方式几乎没有禁止性内容，但经过市场的自我发展已经形成了公司化、公募化和权益化的成熟模式。在资产构成方面，要求 75% 以上投资于不动产，并对其他权益性和金融资产的投资进行了严格规定。同时，严格限制非房地产来源的收益比例，要求房地产相关收入占比超过 90%，并将 90% 以上的收入分配给股东以保证 REITs 资质，充分体现了 REITs 的消极管理[1]、过手支付（Pass Through）和税务中性特点。具体情况如表 11-4 所示。

（四）REITs 税务安排

美国的 REITs 是从税务开始建设的，1960 年《国内税收法》、1976 年和 1986 年《税收改革法》、1993 年《综合预算调整法》及 2001 年《房地产投资信托现代化法》都涉及关于 REITs 的税收政策，

1　此处的消极管理是指不能参与房地产开发事宜，避免免税结构被用作套利工具，内部管理团队或 TRS 针对所辖不动产价值提升进行的物业管理和增值服务不在此列。

表 11-4　美国 REITs 制度架构核心内容

项目	主要内容
组织结构	• 可以采取公司形式或信托形式或其他形式，目前大部分为公司形式。实际上，除银行和保险公司外，企业、合伙企业、商业信托、有限责任公司等任何合法的美国纳税主体都可以成为 REITs • 必须由一个或多个受托人或董事管理 • 可以设立和组织应税 REITs 子公司（Taxable REIT Subsidiary，TRS），包括在境外 • 没有最低股本金要求 • 需要每年要向股东提交详细信息
股权结构	• 自然人、法人都可以作为持股主体成为 REITs 的股东；除 1980 年《境外投资不动产税法》约束的（Foreign Investment in Real Property Tax Act of 1980）情景外，没有境外持有人限制 • 在每一个税务年度后半年，前五大投资者持股比例不得超过 50%，该比例会需要穿透考察*，保证投资者分散化 • 从第二个税务年度开始，需要至少 100 位投资者（纳税年度保证 335 天以上即可） • 可以拥有不同的股东类型，包括普通股和优先股 • 股权必须可以交易，但没有强制上市要求，公募或者私募形式均可，并且存在公募非上市 REITs（在美国证券交易委员会注册但不在全国性交易所流转）这一特殊类型
资产要求	• 需要将总资产 75% 以上投资于不动产或抵押贷款、政府债或现金（包括货币基金）。不动产具体包括土地、天然的永久结构和结构组件，也包括境外物业 • 除上述政府债券外，投资于证券的总资产不得超过 25%；持有一个或多个 TRS 的证券在总资产中所占比例不得超过 25% • 除其他 REITs 或 TRS，REITs 持有单个证券发起人的证券不得超过发行人总资产价值的 5%，持有其他公司股权不能超过该公司有表决权股权的 10%，持有任何公司股权不得超过总资产的 10%
收入要求	• 至少 75% 的总收入必须来源于不动产租金，不动产抵押贷款利息；转让或者以其他方式处分不动产资产（包括不动产权益和不动产抵押权益）的收入；来自其他不动产投资信托的股息收入；不动产税的减免；来自取消回赎权财产的收入；不动产抵押贷款合同或者转让及出租不动产合同的承诺费；转让或以其他方式处分非资产不动产的收入；合格的临时投资收入 • 前述各项收入再加上来自其他贷款利息，转让或以其他方式处分证券资产（不包括其他不动产投资信托发行的股票或受益凭证）的收入以及非属于其他不动产投资信托分配的股息在总收入中所占比例不得低于占 95% • 出售或者以其他方式处置持有期不满一年的股票或其他证券、出售或者以其他方式处置持有期不满四年的房地产资产收入不得超过总收入的 30%
分配要求	• 除资本利得与确定的非现金应税收益外，至少 90% 的应税收入需要以股息方式分配给投资者，这样才能享受税收优惠。（2001 年之前为 95%） • 不需要分配资本收益，未分配的资本收益需要缴纳企业所得税

表 11-4 美国 REITs 制度架构核心内容 （续表）

	主要内容
杠杆限制	・由于美国市场存在较为健全评级体系，过高的负债率会影响评级体系进而影响股价和融资，因此没有法定外部负债比例限制 ・目前外部整体负债率约为 45%

注：持股包括"间接持有"与"直接持有"，1993 年出台的《收入调节法案》(Revenue Reconciliation Act) 对 REITs 税收优惠的"五或更少规则"(The Five-or-Fewer Rule) 进行了重大完善，按照穿透模式计算养老金投资人的纳税额，改变了养老金这一重要的机构投资人因投资比例过低而较少投资 REITs 的情况。《国内税收法》进一步明确，实际管理人应向所有股东提交股权份额证明。这些规定在最大限度上保护了中小投资者在 REITs 运行中的利益，提高了他们参与 REITs 投资的热情。
资料来源：European Public Real Estate Association。

形成了一套非常复杂的税收依据系统，需要区分不同收入情况适用的一般税收规则。

1. 购置／处置物业阶段

美国的税收优惠政策较少，纳税人一般要按规定缴纳转让税、企业所得税、代扣代缴税等，特别是企业所得税率高达 21%（之前为 35%），因此卖方仍要承担大量税费。另外，REITs 在第一个税务年度结束时，必须把发行 REITs 之前数年的所有收益和利润进行分配，必须就发行 REITs 时的资产价值与资产税务评估价值的差额缴纳企业所得税；此外，REITs 必须就"内置收益"（转换为 REITs 时资产的价值与资产税务评估价值的差额）缴纳公司税。REITs 只有在 5 年内不以应税交易方式出售或交换这些资产时，才可以免除该项税款。

2. 持有运营阶段

按照《国内税收法》规定，至少要将 90% 的应税收入以股利的形式分配给投资者，只有在此种情况下，所分配股利的对应部分可从 REITs 的应税所得额中税前扣除，剩余未分配应税收入适用企业所得税；REITs 可以在当年 12 月底之前将部分收入计提预留，在次年 1 月之前完成分配，但当年分配不应少于 85%，否则应缴纳 4% 的消费税。资本利得没有强制性分配规定，但留存收益须缴纳企业所得税，股东按比例分摊税款提升税基，同时获得 REITs 支付税款的税前抵扣。

REITs 的 TRS 不适用免税规定，TRS 的应税所得适用 100% 税率，同时 TRS 与应税 REITs 子公司进行的非公平交易以及与 REITs 承租人之间的非公平交易获得的收入应 100% 征税。美国税务当局还设置了惩罚性措施，未满足关于不动产租金收入占比 75%、95% 规则的，需要承担 100% 的惩罚性税率。未通过资产测试的非合格资产的所得需要缴纳企业所得税。如果未提供未通过测试的合理理由，可能面临丧失 REITs 资格的处罚，一旦处罚成立，需要经过 5 年的观察期才能再次申请。这在一定程度上降低了 REITs 募资后进行短期投机操作的可能性，进一步保证了收益分配比例。

另外，与采用投资公司模式的 REITs 不同，采用交易商模式的 REITs 需要对销售利润按 100% 税率征收消费税。REITs 如果能通过多目标检验，则符合税务避风港的要求，可以免于缴纳消费税。

3．投资人分红阶段

根据目前美国的税法体系，分红和资本利得都不享受税收减免，均按照现行所得税率缴纳。境内法人的分红也要按照 21% 的税率缴纳所得税，自然人根据不同情况按阶梯税率缴纳，最高税率为 33.4%；境外持有人按照收入分红、资本利得和资本返回分别实施 30%、21% 和 10% 的税率。

表 11-5 美国 REITs 分红阶段税率

纳税人	法人	自然人
境内	・统一税率 21%	・对于来自 REITs 的一般收入（包括运营收入和资本利得）税率降低至 20%，考虑附加税后最高为 33.4% ・对于 REITs 持有超过一年物业的资产溢价分红，税率低至 23.8%（如来源于折旧回收则为 28.8%） ・资本返还按 23.8% 的税率纳税
境外	・收入分红税率 30% ・资本利得税率 21% ・资本返回税率 10%	・收入分红税率 30% ・资本利得税率 21% ・资本返回税率 10%

资料来源：European Public Real Estate Association。

三　日本 REITs 市场发展情况

（一）基本情况

日本是亚洲最早推出 REITs 的国家。20 世纪 90 年代，日本经历了漫长的经济衰退，再次跌入负增长区间，房地产市场泡沫破灭，一蹶不振、长期低迷，日本选择 REITs 作为商业地产新开发项目的资金来源，推动资金流入房地产市场。2000 年发布的《投资信托和投资公司法》（Investment Trusts and Investment Corporations Law, ITL）标志着日本 REITs 市场的开端。该法案提供投资信托和投资公司两种载体，对 REITs 采用外部管理结构，规定日本 REITs 必须向资产管理公司、资产托管公司和一般管理公司外包其管理。2001 年，东京股票交易所挂牌第一只 REITs，2007 年 5 月，东京股票交易所 REITs 指数达到 2612.98 点的顶峰，遭受金融危机冲击后，2008 年，最低跌落到 704.46 点，2018 年 6 月恢复到 1782.36 点，逐渐走出危机，开始稳步增长。

目前，日本成为全球第三大 REITs 市场，2017 年，日本 REITs 并购资产总值达到 1.34 万亿日元，到 2018 年中期，日本共有 61 只 REITs，其中 32 只加入 EPRA REIT 指数，市值达到 976 亿欧元，在全球 REITs 指数中占比达到 7.24%。但日本 REITs 收益率表现受房地产市场影响，长期没有跑赢主要的股票指数。

（二）REITs 制度架构

虽然《投资信托和投资公司法》提供了投资信托和投资公司两种 REITs 载体，但目前日本 REITs 市场上的 REITs 均采用投资公司模式。2007 年，《金融工具和交易法》（Financial Instruments and Exchange Law, FIEL）生效，用以规范金融服务。在资产管理公司方面，FIEL 体系的规定超越了原有的 ITL 体系，要求资产管理公司必须注册为投资管理人。首先，向地方政府和国土交通省等申请不动产交易代理牌照并全权委托交易代理牌照，之后申请注册成为投资管理人。资产管理公司可以设立 REITs 作为投资公司的发起人。REITs 成立后，必须在当地财政局注册才能开始业务。REITs 可以发行股票、债券或贷款进行融资。在整体制度架构上，日本对美国进行了较为深入的学习，整体思路保持高度一致，在具体的参数设置上进行了地域化处理，具体情况如表 11-6 所示。

表 11-6　日本 REITs 制度架构核心内容

项目	主要内容
组织结构	• 通常采用公司形式，只能是壳公司，不能有雇员，资产管理职能外包给资产管理人，由托管机构进行资产托管 • 最低发行金额为 1 亿日元 •（上市必须）封闭式基金模式 •（上市必须）净资产超过 10 亿日元，总资产超过 50 亿日元
股权结构	• 没有持有人限制，但是如果适用《特别税收措施法》税收优惠，则需要满足一些特别条件 • 没有强制上市要求，但是如果需要在东京股票交易所上市，必须满足一些特别条件 •（上市必须）满足最低自由浮动需求：已发行股份数不少于 4000 股，十大股东持有的股份总数不超过已发行股份总数的 75%，除十大股东以外的股东人数不少于 1000 人
资产要求	• 需要将总资产的 50% 以上投资于证券（包括典型的证券和信托受益权）、衍生产品权利、房地产、房地产租赁权、地权、期票、货币债权、不属于证券的 Tokumei Kumiai 合伙企业的权益、商品、某些商品衍生产品、可再生能源发电厂和公共设施运营权* • 不得拥有其他公司超过 50% 的有表决权的股份，但是收购、租赁和处置外国房地产不受此限制 •（上市必须）70% 以上资产投资或期望投资于房地产、房地产租赁权、地权、地役权、拥有房地产资产的信托受益权等不动产；95% 以上的资产投资或期望投资于不动产或不动产相关资产（如在 Tokumei Kumiai 合伙企业中的权益或在 50% 以上资产为房地产的投资公司中的股份）、现金或现金等价物
收入要求	• 没有明确限制
分配要求	• 至少 90% 的收入和至少 90% 的资本利得需要分配给投资者
杠杆限制	• 可以发债或对外借款进行融资；没有外部负债比例限制 • 只可以向合格机构投资人**借款

注：* 2014 年，可再生能源发电设施和运营公共设施的权利被纳入"合格资产"，以促进基础设施资产投资。** 合格机构投资人包括证券公司、银行、保险公司、年金等。
资料来源：European Public Real Estate Association。

（三）REITs 税务安排

1．购置/处置物业阶段

物业交易时，需要缴纳不动产购置税和登记税，符合一定要求的可以减免。出售建筑需要缴纳消费税，出售土地不需要缴纳。

2. 持有运营阶段

租金收入、业务收入和资本收益需要缴纳税率为 35% 的企业所得税。根据《特别税收措施法》(Special Taxation Measures Law)，如果满足以下所有要求，可以从应税收入中扣除分配的股息。

（1）对合格 REITs 的要求

· 必须根据 ITL 第 187 条进行注册；

· 在 REITs 成立时，必须公开发行股票，总发行价格为 1 亿日元或以上，或在相关会计期末已发行股份由至少 50 名股东或合格的机构投资者持有；

· 公司章程规定，必须在国内发行超过 50% 的股份；

· 会计周期不能超过 1 年。

(2) 对会计年度中经营行为的要求

· 不得从事资产管理以外的任何业务，不得在其总部以外的任何营业场所营业或雇用任何员工；

· 资产管理职能必须外包给 ITL 第 198 条规定的合格资产管理人；

· 拥有的资产托管职能必须外包给 ITL 第 208 条规定的合格托管人；

· 在相关会计期末，任何股东或其关联方不得共同持有超过 50% 的已发行股份或表决权；

· 可分配利润的 90% 以上必须在同一会计期间进行分配；

· 除收购、租赁和处置外国房地产而持有的某些外国公司外，不得持有其他公司 50% 或以上的股权；

· 截至相关会计期末，基于 ITA 强制命令的特别资产不得低于 REITs 净资产的 50%，但是其中不包括某些可再生能源发电厂和公共设施运营特许权资产；

· 不得从《特别税收措施法》规定的机构投资者以外的其他方获得贷款。

其他持有期间税种：消费税，租赁商业地产需要缴纳，租赁住宅地产不需要缴纳；固定资产税，根据每年 1 月 1 日拥有的土地和建筑物的政府评估价值征收，建筑物内可独立核算的可折旧固定设备也需要缴纳固定资产税；城市规划税，人根据所在位置征收。

3．投资人分红阶段

根据目前日本的税法体系，分红和资本利得，一般不享受税收减免，均按照现行所得税率缴纳。境内法人获得的分红和资本利得均须按 35% 的税率缴税；境内自然人获得的分红和资本利得税率为 20.315%，但分红可以选择与其他收入合并后按累进税率缴税；境外法人和自然人获得的分红和资本利得的税率分别为 15.315% 和 25%

表 11-7　日本 REITs 分红阶段税率

纳税人	法人	自然人
境内	・分红按 15.315% 的税率缴纳预扣税，最终与其他收入合并按约 35% 税率征收 ・资本利得与其他收入合并按约 35% 的税率征收	・分红与其他收入合并，按累进方式缴税；或者单独缴纳 20.315% 的预扣税 ・通过日本证券公司处置上市 REITs 股票所得的资本利得，单独缴纳 20.315% 的所得税
境外	・分红缴纳 15.315% 的预扣税 ・在有限的情况下对境外法人持有的资本利得征税，税率大约为 25%	・分红缴纳 15.315% 的预扣税，持股比例超过 3% 的，单独缴纳 20.315% 的预扣税 ・在有限的情况下对境外自然人持有的资本利得征税，大约 25% 税率

资料来源：European Public Real Estate Association。

四　新加坡 REITs 市场发展情况

（一）基本情况

新加坡是亚洲继日本之后第二个成功利用 REITs 进行金融创新的国家。当时，亚洲金融危机余波还未散去，银行坏账高企使得民众不愿回到房地产市场，市场整体十分低迷。1999 年，新加坡证券交易所审核委员会提出设立上市 REITs，发布《地产基金指南》(*Property Fund Guidelines*)，并在次年进行了更新。2001 年，新加坡最大的房地产开发商之一凯德集团尝试在新加坡发行 REITs，以在市场中低价收购房地产资产，2002 年，新加坡上市第一只 REITs。

最近 5 年，新加坡 REITs 市场呈现回暖趋势，到 2018 年中期，新加坡共有 35 只 REITs，其中 9 只加入 EPRA REIT 指数，市值为 460 亿欧元，在全球 REITs 指数中占比为 1.81%，目前有 10 只新加坡 REITs 持有中国大陆约 60 处物业。与其他投资产品相比，除了在 2008 年金融危机的极端情况下，REITs 能够保证较为稳健的收益率，与大盘相比有更为良好的走势。

(二) REITs 制度架构

1999 年，新加坡发布《证券及期货法》(Security and Future Act, Cap.289)、《集合投资法则》(Code on Collective Investment Schemes) 及后附的《地产基金指南》(Property Fund Guidelines)、《所得税法》(The Income Tax Act)，对 REITs 做出规范要求。整体上，新加坡 REITs 采用信托结构，也重点对资产投向限制、收入分配比例等条款进行了设置，并针对杠杆率做了定量要求。具体情况如表 11-8 所示。

表 11-8 新加坡 REITs 制度架构核心内容

项目	主要内容
组织结构	· 采用信托形式 · REITs 管理人需要在新加坡有实体办公室，注册资金最低为 100 万新加坡元 · 托管人需要独立于管理人，可以进行内部或外部管理
股权结构	· 没有强制上市要求，但是只有在新加坡证券交易所上市才有资格享受税收优惠。在新加坡证券交易所上市的 REITs 最低资产规模需要达到 3 亿新加坡元 · 以新加坡元标记的 REITs，至少 25% 的信托单位由至少 500 个公众投资者持有。在新加坡证券交易所上市的以外币计价的 REITs，要满足有序市场所需的持有人分散度 · 居民和非居民持有人不存在差异，允许境外持有人持有
资产要求	· 《地产基金指南》规定 REITs 投资的资产可以包括： a. 在新加坡境内或境外的不动产，无论是自由保有或租赁 b. 房地产相关资产 c. 上市或非上市债券、上市股权的发行人应为非地产公司 d. 政府证券、由超国家机构或新加坡法定机构发行的政府证券 e. 现金和现金等价物 · REITs 的投资活动限制如下 a. 至少 75% 的受托资产投资于具有现金流的房地产 b. 不从事房地产开发活动，不投资非上市房地产开发公司，除非 REITs 打算在退出时持有已开发房地产 c. 不投资空置土地或抵押资产（抵押担保证券除外） d. 房地产开发和未完工房地产投资的合同总价值不应超过 REITs 受托资产的 10%（该限额可增加至 25%，以符合一定条件的 REITs 为准） e. 不超过 5% 的 REITs 受托资产可允许投资上述 c、d 和 e 三项所列资产 f. 不能有超过 10% 的收入来自 REITs 持有的不动产承租人支付的租金或其他被许可的来源（如来自 SPV 和 REITs 其他允许投资的利息、股息和其他类似款项） · REITs 可以通过直接持有所有权或持有未上市特殊目的工具（SPV）的方式投资房地产。作为共同所有人投资房地产时，REITs 应以共同承租人（Tenant-in-common）的身份直接投资房地产，或通过收购持有/拥有房地产的非上市 SPV 的股份或权益进行投资。SPV 可以采取公司、信托或合伙等形式

表 11-8 新加坡 REITs 制度架构核心内容 （续表）

项目	主要内容
收入要求	・没有明确限制
分配要求	・"税务透明收入"（不包括资本利得）的至少 90% 需要分配给投资者，这样才能享受税收优惠，未分配的收入金额需要缴纳企业所得税 ・资本利得无最低分红要求
杠杆限制	・单层杠杆，外部负债比率上限为 45% ・获得信用评级的，外部负债比率可以提升至 60%

资料来源：European Public Real Estate Association。

（三）REITs 税务安排

1. 购置／处置物业阶段

出售或转让位于新加坡的不动产通常需要缴纳 3%~4% 印花税（根据不动产的分类），除非买卖双方另有协议，否则买方支付印花税（Buyers' Stamp Duty, BSD）。有时为调控房地产市场，需要缴纳额外买方印花税（Additional Buyer's Stamp Duty，ABSD）和卖方印花税（Seller's Stamp Duty, SSD）。

特别需要强调的是，出售房地产产生的收益或损失可能被视为资本收益或损失，除非 REITs 确实从事房地产交易，否则资本利得不需要缴纳企业所得税（税率 17%），这是非常重要的税收优惠。转让或出售在新加坡注册成立的公司的股份，需要缴纳 0.2% 的印花税，按购买对价和资产净值孰高确定税基。2017 年 3 月 11 日后，在新加坡拥有住宅物业的控股实体购买或出售股份需要缴纳额外转易税（Additional Conveyance Duties, ACD）。

2. 持有运营阶段

"税务透明收入"可以减免企业所得税，这是最大的税收优惠。"税务透明收入"包括：租金收入、管理或持有不动产所得、附属于管理或持有不动产的所得、预期来自租金的收入、在新加坡管理或持有不动产的收入中支付的收入，以及 2016 年 12 月 29 日或之后支付给受托人的租金支持款项，但上述收入均不包括处置不动产所得。税务透明和税务减免诉求必须事前提交申请，必须在新加坡证券交易所上市才能享受税收优惠，退市不可享受。境外房地产投资一般不存在税收透明等要求，境外收入可以免税。

3．投资人分红阶段

根据目前新加坡的税法体系，在一般情况下，仅需要缴纳所得税，境内外法人的区别在于非税务透明部分是否纳税。目前，自然人获得的分红或资本利得均不缴税。REITs 份额的交易目前在新加坡无须缴纳印花税。

表 11-9 新加坡 REITs 分红阶段税率

纳税人	法人	自然人
境内	・分红中税务透明收入部分需要缴纳 17% 的企业所得税 ・资本利得免税	・均免税
境外	・境外企业缴纳 17% 的预提所得税，在 2020 年 3 月底之前可以按照 10% 的优惠税率纳税	・均免税

资料来源：European Public Real Estate Association。

五　中国香港 REITs 市场发展情况

（一）基本情况

尽管中国香港市场 REITs 总体规模较小，但是由于经济、文化和社会等各方面与中国内地联系紧密，且大量内地物业在港上市，香港 REITs 的发展对于内地具有重大的借鉴意义。香港的 REITs 制度体系从 2003 年发端，当年香港证券和期货委员会发布《房地产投资信托基金守则》推动首只 REITs 上市，后经多次修订，不断以 REITs 方式优化房地产投资模式，经过多年发展，市场日趋成熟。

到 2018 年中期，香港共有 9 只 REITs，总计拥有约 4 万处物业，其中 3 只加入 EPRA REIT 指数，市值为 273 亿欧元，在全球 REITs 指数中占比为 1.87%，其中有 5 只 REITs 持有约 20 处内地物业。中国香港基于其国际金融中心和物流中心的特殊地位，房地产市场具有收益稳定、回报率高的特点，十分适宜发展 REITs，在 2008 年金融危机之后市场已经好转和并得到进一步发展。

（二）REITs 制度架构

香港 REITs 以信托形式设立，可以直接或间接持有不动产份额，需要在香港联合交易所上市。《房地产投资信托基金守则》对REITs受托人、管理公司、会计师等相关机构均提出了明确的要求，并且明确该计划只可以投资房地产项目，同时明确禁止投资空置土地或参与房地产开发，具有鲜明的中国特色。类似其他成熟市场，也要求分配90%以上的收入给股东，同时对杠杆比例做出最高45%的明确限制。具体情况见表11-10。

表11-10　香港REITs制度架构核心内容

项目	主要内容
组织结构	• 采用信托形式，需要在香港联合交易所上市，被SFC批准 • 需要指定独立由证券期货委员会认可的管理公司，指定独立于管理公司的受托人，指定独立评价人 • 需要每年进行REITs资产的评估计价 • 如果发生交易，需要聘请独立财务顾问 • 没有最低股本要求
股权结构	• 没有持有人限制要求
资产要求	• 主要投资于产生可持续经营性现金流的不动产，可以购入空置及未产生收入或正在进行大规模发展、重建或修缮的建筑物的未完成单位，但这些房地产项目的累计合约价值不得超过该计划进行有关购买的总资产净值的10% • 除投资获许可房地产开发的重要部分，不得投资空置土地或从事房地产开发（修缮、加装及装修除外） • 如果名称中含有某一类资产，需要将70%以上的非现金资产投资在这一领域 • 除非信托持有人大会通过特别决议，否则不动产持有期限不得低于2年 • 可以设立并拥有SPV持有物业，酒店、休闲公园或服务式公寓的投资应该由SPV持有。必须拥有SPV的多数所有权和控制权，除非香港证监会特别批准，SPV一般不能超过两层 • 不可购入任何可能使REITs承担无限责任的资产 • 可以投资本土或海外不动产（2005年修订撤销了REITs投资海外房地产的限制，同年越秀集团REITs赴港上市）
收入要求	• 收入的较大部分必须源自房地产项目的租金收入，但"较大"未量化
分配要求	• 经审计的净税后经营性收入的至少90%以分红形式分配给投资者 • 按上市时信托文件约定分配资本利得
杠杆限制	• 可以直接或间接借入款项，可以将资产抵押作为借入款项的抵押品，但是借款总额不得超过总资产的45% • 不可以借出、承担、担保、加签或以任何其他方式直接或间接就任何人的任何责任或债务承担责任，或与任何人的任何责任或债务有关，同时亦不可以在获得受托人的书面同意之前，利用该计划的资产为任何人的债务做担保，亦不可以利用该计划的资产作为任何责任、负债或债务的担保

资料来源：European Public Real Estate Association。

（三）REITs 税务安排

总体而言，香港 REITs 未体现特别的税务优惠安排。可能因为香港本地房地产投资热情较高，无太大必要推行税收优惠政策，另外，从综合税率来看，香港作为自由贸易港，整体税率已经处于较低水平。

1．购置/处置物业阶段

卖方出售利得不需要缴纳企业所得税，但需要缴纳印花税，且根据交易对价或市值孰高确定税基。在税率方面，转让物业时，非住宅物业的转让对价或房地产价值高于一定水平时，最高税率为 8.5%；住宅物业除特别豁免或另有规定，执行 15% 的统一税率。2010 年 11 月 20 日，香港开始实施特别印花税，属于双向税种，根据物业持有时间采用阶梯税率，6 个月以内为 20%，6~12 个月为 15%，超过 12 个月为 10%。2012 年 10 月 27 日，香港还推出了买方印花税，税率 15%，转让股份时须缴纳 0.2% 的印花税，买卖双方各 0.1%，每笔交易额外征收 5 港元的印花税。

2．持有运营阶段

持有运营物业阶段，REITs 层面未分配利润、收入、资本利得以及 SPV 之间的分红都不需要缴纳企业所得税，租金收入缴纳 15% 的房地产税。通过 SPV 间接持有的房地产一般可以减免房地产税，但是需要缴纳 16.5% 的企业所得税。来自境外的不动产收入和资本利得免除物业税及所得税，SPV 之间的分红免除所得税。

3．投资人分红阶段

投资者分红阶段，按照税收中性的原则，REITs 层面减免的所得税一般需要在投资者层面征收，但是香港较为特殊，REITs 的税收优惠力度更大，境内外投资者都不需要缴纳所得税，也不需要缴纳利息、股息或分配的预提税。对于 REITs 份额的转让交易，按照 0.2% 征收印花税，买卖双方各缴纳 0.1%，同时，每笔交易额外征收 5 港元的印花税。

图书在版编目(CIP)数据

中国住房金融发展报告.2019/蔡真等著.--北京：社会科学文献出版社，2019.6
ISBN 978-7-5201-4933-4

Ⅰ.①中… Ⅱ.①蔡… Ⅲ.①住宅金融-研究报告-中国-2019 Ⅳ.①F299.233.38

中国版本图书馆CIP数据核字（2019）第102152号

中国住房金融发展报告（2019）

| 顾　　问 / 李　扬 |
| 著　　者 / 蔡　真　等 |

| 出 版 人 / 谢寿光 |
| 组稿编辑 / 恽　薇　陈　欣 |
| 责任编辑 / 陈　欣 |

| 出　　版 / 社会科学文献出版社·经济与管理分社（010）59367226 |
| 　　　　　　地址：北京市北三环中路甲29号院华龙大厦　邮编：100029 |
| 　　　　　　网址：www.ssap.com.cn |
| 发　　行 / 市场营销中心（010）59367081　59367083 |
| 印　　装 / 三河市东方印刷有限公司 |
| 规　　格 / 开　本：787mm×1092mm 1/16 |
| 　　　　　　印　张：17　字　数：287千字 |
| 版　　次 / 2019年6月第1版　2019年6月第1次印刷 |
| 书　　号 / ISBN 978-7-5201-4933-4 |
| 定　　价 / 98.00元 |

本书如有印装质量问题，请与读者服务中心（010-59367028）联系

▲ 版权所有　翻印必究